Klaus Ottomeyer

Prinzip Neugier

Einführung in eine andere Sozialpsychologie

Unter Mitarbeit von Michael Wieser

Roland Asanger Verlag Heidelberg 1992

Der Autor:
Klaus Ottomeyer, Jahrgang 1949, ist Ordentlicher Universitätsprofessor für Sozialpsychologie in Klagenfurt. Darüber hinaus ist er als Psychotherapeut und ehrenamtlicher Bewährungshelfer tätig und arbeitet wissenschaftlich in der Friedens- und Konfliktforschung

Die Deutsche Bibliothek – CIP-Einheitsaufnahme

Ottomeyer, Klaus:
Prinzip Neugier : Einführung in eine andere Sozialpsychologie /
Klaus Ottomeyer. Unter Mitarb. von Michael Wieser. –
Heidelberg : Asanger, 1992
ISBN 3-89334-224-9

Umschlaggestaltung: Doris Bambach / Ingrid Decher
Umschlagabbildung: Doris Bambach
Printed in Germany
ISBN 3-89334-224-9

Inhalt

Einleitung und Entmystifizierung des Autors 7

Notwendigkeit einer dialektischen Sozialpsychologie - wiederentdeckt z.B. von der modernen Systemtheorie 12

Freud und Marx - Erster Teil 25

Freud und Marx - Zweiter Teil 44

Woher die Hoffnung nehmen? Von der Frankfurter Schule zu Jürgen Habermas 56

Begegnung in Chicago - Rollentheorie erster Teil 69

Über Rolle, Entfremdung, Psychotherapie - sowie das Werk eines verrückten Erfinders 78

Ethnopsychoanalyse und Forschersubjektivität 88

Verstehende Psychologie als Alternative zu New Age 95

Widersprüchliche Verhaltenszumutungen und die Schwierigkeiten von Identität 115

Ramboismus, Gewalt und Aggression 120

Modernisierung und Fremdenhaß 129

Die Haider-Faszination 134

Zur Sozialpsychologie des Automobils 146

Der Vormarsch des Computers 155

Einleitung und Entmystifizierung des Autors

Ein Montagabend um viertel vor acht. Ich habe noch einen interessanten Einfall zum Problem der Emanzipation im Verhältnis von Individuum und Gesellschaft. Während ich ihn in Sätze formuliere, sehe ich, wie einige der Studentinnen und Studenten vor mir ihre Bücher zuklappen; andere haben schon die Jacke an, der Rest macht höflich zuhörende Gesichter. Die letzten Sätze klingen an mein Ohr, als wenn sie ein anderer spräche. Ich bringe sie zu Ende, wünsche den Hinausgehenden einen schönen Abend und schlucke den Ärger hinunter. Dieses Horrorszenario, verbunden mit dem Umstand, daß ich immer mehr graue Haare bekomme und bald Mitte vierzig bin, war es wohl, was mich den Titel und das Projekt für das vorliegende Buch entwerfen ließ. In den psychotherapeutischen und Selbsterfahrungsgruppen geht es ganz gut, da trifft sich meine Sprache mit der der Teilnehmer. Aber an der Uni scheinen die wissenschaftlichen Theorien, Bücher und Forschungsergebnisse, die mich in den letzten 25 Jahren geprägt und bewegt haben, immer weniger Leute vom Hocker zu reißen. Dabei ist doch im Zeitalter der unterm Ozonloch und über Müllberge, Arbeitslose und Seelenkrüppel fröhlich dahinmarschierenden Marktwirtschaft die Kapitalismuskritik notwendiger denn je. Manchmal male ich mir aus, wie es wäre, wenn ich statt der themenbezogenen Arbeitsgruppen am Ende des Semesters eine Prüfung mache, in der ich streng, aber ungerecht die Referate und den Diskussionsverlauf als positives Wissen abfrage. Oder wie es wäre, wenn für ein Jahr als Vertretung ein Sozialpsychologie-Professor käme, der, statt die Studenten um schwierige Texte herum zum Fragen und Assoziieren aufzufordern, ihnen klare Hypothesen und statistisch abgesicherte Ergebnisse vorträgt, die sie in ihrer Lebenswelt nicht beunruhigen? – Womöglich würde das gar nicht als Strafe wirken, und das Festhalten an Griffel und Mitschrift gäbe den Studenten ein Minimum von Sicherheit in unserer unsicheren Welt.

Bin ich schon so narzißtisch und kränkbar geworden wie die "bürgerlichen" Professoren, über die ich als Student gelacht habe? – Nach allem, was ich weiß, z. B. von Peter Brückner gelernt habe, müßten sich die Fronten und Empfindlichkeiten doch in Richtung Dialog auflösen lassen, wenn man sich gegenseitig als "historische Wesen" betrachtet, also die Vermitteltheit der eigenen Lebensgeschichte durch die Gesellschaftsgeschichte bedenkt. Die Kultur der Studenten und jungen Leute in der Bundesrepublik und Österreich hat sich in den letzten 25 Jahren mehrfach stark gewandelt. Es wird unsinnig, wenn ich erwarte, sie sollten sich umgehend für ähnliche Theorien und Reflexionsbewegungen begeistern wie ich. Schon die starke "hauptberufliche" Identifikation mit der (kritischen) Studentenrolle, die für uns selbstverständlich war, ist in einer Zeit der wahrscheinlichen Arbeitslosigkeit vieler Absolventen der humanwissenschaftlichen Fächer unpraktisch und biographisch riskant geworden. Kein Wunder, wenn man das studentische Zeitsegment zwischen Existenzsorgen, Taxifahren, "Beziehungsarbeit", Therapieausbildung, Ökologiegruppe und anderen Zugehörigkeiten ökonomisch hinter sich bekommen möchte. Eine gewisse "coolness" ist lebensrettend. Der Lebenshintergrund Ende der 60er und Anfang der 70er Jahre war im Vergleich dazu ganz anders. Die wirtschaftlichen Probleme (z. B. die "Wirtschaftskrise 1966/67") hatten eher mit dem Mangel an Fachkräften zu tun, und bis in die Mitte der 70er Jahre konnten sich die jungen Intellektuellen trotz ihres teilweise ungebärdigen Verhaltens als "gefragte Leute" sehen, die sich die Umwege einer verlängerten Adoleszenz gefahrlos leisten konnten. Wir haben darüber kaum nachgedacht, aber es so empfunden. Erst 1982, als ich als überspezialisierter Wissenschaftler und junger Vater über ein Jahr lang arbeitslos war, habe ich in meinen Knochen unleugbar die moderne "Überzähligkeitsangst" gespürt, von der Jean-Paul Sartre gesagt hat, daß sie ein Grundlebensgefühl im zyklischen Prozeß der kapitalistischen Industriegesellschaft ausmacht. 1983 fand ich mich dann schon aufatmend in der Rolle eines höheren österreichischen Beamten mit Pensionsanspruch wieder.

Ungefähr 1975 las ich in Ernst Blochs "Prinzip Hoffnung" Sätze, die mir wie ein Schlaglicht deutlich machten, was das Glück und die Prägung der Schüler- und Studentengeneration gewesen war, zu der ich mich zählte:

"Mit der Pubertät beginnt das Geheimnis der Frauen, das Geheimnis des Lebens, das Geheimnis der Wissenschaft; wie viele unerforschte Regale sieht die lesende Jugend vor sich glänzen. Die grüne Zeit ist mit Dämmern nach vorwärts überfüllt, sie besteht über die Hälfte aus noch nicht bewußten Zuständen. (...) Die Sehnsucht nach dem Leben als Erwachsener treibt an, doch so, daß dieses Leben gänzlich umgeändert werden sollte. Fällt Jugend gar in revolutionäre Zeiten, also in *Zeitwende*, und steht ihr nicht, wie heute im Westen so oft, der Kopf, durch Betrug, im Nacken, so weiß sie erst recht, was es mit dem Traum nach vorwärts auf sich hat. Er geht dann vom vagen, vor allem privaten Ahnen zum mehr oder minder sozial geschärften, sozial beauftragten über."

Das klingt für manchen Leser vielleicht schon etwas pathetisch, am Anfang auch leicht patriarchalisch. Und vom pubertär-narzißtischen Höhenflug zum Selbstmitleid nach der Bauchlandung ist es oft nur ein kleiner Schritt. Aber die letzten Jahre der Adoleszenz sind wahrscheinlich noch einmal ähnlich prägend und entscheidend für den weiteren Lebensweg wie die (von Freud entdeckten) ersten Kindheitsjahre. Die Militärs und Volkserzieher auf der ganzen Welt wissen das und versuchen deswegen, ihr Menschenmaterial in jenem zweiten Präge-Alter in die Dressuranstalten zu bekommen.

1967/68 war ich auf einer – zum Glück koedukativen – Internatsschule. Eine Gruppe von älteren Schülern hatte große Freude daran, die Lehrer mit der Diskussion um die Notstandsgesetze und den Vietnamkrieg zu beunruhigen. Nachts kletterten wir aus den Fenstern und verzierten die Kleinstadt Holzminden mit gesprühten Parolen gegen den Vietnamkrieg. Ich wurde Schulsprecher, wir trieben mit nur teilweise fairen Methoden einen Geschichtslehrer, der sich immer noch mit der deutschen Wehrmacht im Rußlandfeldzug identifizierte, zur Versetzung, und eines Tages gelang es mir, die versammelte Oberstufe als Publikum für meine erste Sozialpsychologie-Vorlesung zu benutzen. In den Ferien zuhause hatte ich Herbert Marcuses "Triebstruktur und Gesellschaft" gelesen. Plötzlich wußte ich, daß der deutsche "autoritäre Charakter" in seinen väterlichen und sonstigen Erscheinungsformen mein bisheriges Triebleben an der Entfaltung gehindert hatte, und mußte dies samt dem Aufruf zur gemeinsamen Befreiung umgehend an die Mitschüler weitergeben. Nachdem sich mit einem Mädchen, das im Publikum saß, kurz darauf eine Liebesgeschichte ergab, war mir die Politik für einige Monate sehr gleichgültig. Ein neuer Schulsprecher mußte gefunden werden.

An der Universität in Frankfurt, wo ich mich bald darauf mit dem Schwerpunkt Soziologie einschrieb, gab es dann zuerst eine große Bauchlandung, weil der von mir als Schüler erlebte erfolgreiche Größenentwurf gegen die lehrenden Autoritäten sich nicht durchhalten ließ. Einsamkeits- und Kleinheitsgefühle in den Massenvorlesungen und angesichts wirklicher Autoritätsfiguren wie Habermas, Adorno und Mitscherlich trieben mich nach Freiburg im Breisgau, wo alles kleiner und übersichtlicher schien. Der Versuch eines soliden Jura-Studiums wurde nach kürzester Zeit abgebrochen; es folgten Ethnologie, Soziologie und später Psychologie als Studienfächer.

Meine "Lust am Denken" erhielt in Freiburg einen ungeahnten Auftrieb durch die Freundschaft mit Peter Schafmeister. Er war ungefähr 15 Jahre älter als ich, in Frankfurt Adorno-Assistent gewesen und hatte in Freiburg ein Habilitationsstipendium. Wir veranstalteten zu zweit stundenlange Spaziergänge und Lokalbesuche in der Umgebung von Freiburg, auf denen wir buchstäblich alles diskutierten und im großen Zusammenhang der gesellschaftlichen Entfremdung reflektierten. Die Gespräche sprangen von der Positivismuskritik auf Freud und die geniale Marx'sche Dreiteilung des Gesellschaftsprozesses in Produktion, Zirkulation und Konsumtion, von der letzten unglücklichen Liebesgeschichte auf Adornos Idee von Sinnlichkeit und von unseren Arbeitsschwierigkeiten auf den "absoluten Unsinn" der Habermas'schen Trennung von Arbeit und Interaktion. Habermas hatten wir zu unserem besonderen Gegner auserkoren. Obwohl wir uns, in den Worten von Freud, sicher oft am Rande einer "kombinatorischen Paranoia" bewegten, waren es diese Gespräche, in denen ich so etwas wie dialektisches Denken, insbesondere die "Dialektik von Besonderem und Allgemeinem" gelernt habe. Ich habe dann in Bremen meinen ersten Studienabschluß gemacht und wurde nach einigen Umwegen als eine Art altkluger Student schon im Herbst 1975 Assistenzprofessor am legendären Psychologischen Institut der FU Berlin, wo Klaus Holzkamp und Ute Osterkamp die "Kritische Psychologie", die Idee einer ganz neuen systematischen Psychologie im Anschluß an Marx vertraten. Wir hatten zwar Differenzen, vor allem wegen meiner unausrottbaren Neigungen zur Frankfurter Schule und zur Psychoanalyse, aber ohne Klaus Holzkamps beharrliche Solidarität wäre ich bei meinem Habilitationsvortrag in einem mehrheitlich gegnerisch gesinnten Fachbereichsrat durchgefallen. Noch in Berlin habe ich meine Psychotherapieausbildung als Psychodramatiker begonnen, die mir unter anderem deshalb so großen Spaß machte, weil ich lernte, den im Vergleich zum großen Entfremdungszusammenhang mikroskopischen Lebensentwürfen von Menschen, ihren sinnlichen Wünschen, Ängsten und Abwehrmechanismen nachzuspüren und diese dann – sehr vorsichtig und ohne Schubladisieren – wieder mit den großen gesellschaftlichen Strukturen und Bewegungen in Verbindung zu bringen. Gesellschaftskritik und "szenisches Verstehen" – und auch das Sich-Einmischen in die Politik, in dieser Kombination machte mir das Denken auch in den düstersten Zeiten immer noch Spaß. Ich bin froh, daß ich 1986/87 Alfred Lorenzer, den "Erfinder" des szenischen Verstehens in der Psychoanalyse und Kulturanalyse, näher kennengelernt und mich von ihm in vielen Gedanken unterstützt gefühlt habe. In anderer Hinsicht sind Paul Parin und Goldy Parin-Matthèy, die die Ethnopsychoanalyse maßgeblich entwickelt und immer auch Politik betrieben haben, für mich ermutigende Figuren der Elterngeneration. Im letzten Jahr habe ich eine wissenschaftliche Erfahrung gemacht, in der einiges von meinen alten Utopien verwirklicht wurde. Mit Hannes Krall und Harald Goldmann habe ich eine größere sozialpsychologische Untersuchung der politischen Inszenierung des erfolgreichen rechtsextremen Politikers Jörg Haider unternommen, die in einem der vorliegenden Buchkapitel referiert wird. Zumindest in unserer kleinen Forschergruppe war noch oder wieder etwas von der Marx'schen Idee der "Assoziation der freien Produzenten" zu spüren, die ihre Teilprodukte zu einem sinnvollen Ganzen aufbauen und sich dabei selbst entdecken. Und wenn es gelingt, die Aggression und Kritiklust an die richtige Adresse zu wenden, so hilft das auch gegen die depressiven Neigungen, die angesichts der Gesellschaftsentwicklung und anderer Faktoren manchmal die Herrschaft zu übernehmen drohen. Die Haider-Studie wurde zu unserer Freude von Journalisten aufgegriffen und öffentlich diskutiert.

Dieses Buch ist auch für Anne und Jacob geschrieben, die beiden Kinder, an deren Aufzucht ich in unterschiedlicher Weise beteiligt war. Sie werden bald 17, sind sehr aufgeweckt und wollen mit wechselndem Schwerpunkt Psychologin, Psychotherapeut, Künstler und Naturwissenschaftlerin werden. Nachdem sie längst den Beweis erbracht haben, daß sie Bücher lesen können, und das vorliegende ziemlich einfach geschrieben ist, wird es nicht eben leichter, weiterhin einen weiten Bogen um die Produkte des (ansonsten freundlich behandelten) Vaters zu machen.

Notwendigkeit einer dialektischen Sozialpsychologie – wiederentdeckt z. B. von der modernen Systemtheorie

Wie kann eine dialektische Sozialpsychologie aussehen? – Vielleicht haben Sie jetzt Angst, daß mit dieser Frage eine trockene philosophische Erörterung oder ein endloses Putzen und Herrichten der erkenntnistheoretischen Brille über Sie hereinbricht – statt eines neugierigen Ausprobierens des Instruments. Das sollte nicht so sein, weil Dialektik, wie ich sie verstehe, nicht mit toten Instrumenten, Begriffsgeklapper, sondern sehr viel mit Lebendigkeit zu tun hat, mit der Logik, die in Lebensprozessen steckt.

Die meisten von Ihnen haben sicher von Sokrates gehört, von dem nicht nur der ebenso widersprüchliche wie kluge Satz: "Ich weiß, daß ich nichts weiß" stammt, sondern der auch sein dialektisches Denken aus *Dialogen* zwischen einem Fragenden und einem Partner, aus Rede und Gegenrede, entwickelt hat. Wir wissen von Sokrates' Denken übrigens nur durch die lebendige Überlieferung seiner Schüler, er selbst hat nichts aufgeschrieben oder "festgelegt". Mit seinem geistigen Enkel Aristoteles, dem Erfinder der starren "aristotelischen" Logik, war das ganz anders. Auf seine Festlegung einer zweiwertigen Logik, in der es immer ein klares "Richtig" oder "Falsch", "Ja" oder "Nein" und damit auch ein rasches Ende des Streitgesprächs oder der Dialektik geben soll, konnten sich später viele berufen. (Sein Vorläufer in diesen Fragen war freilich ein viel älterer Philosoph namens Parmenides, auf den ich später noch eingehe.)

Fragen aufwerfen, Antworten geben, widerstreitende Äußerungen machen, können nur lebendige Wesen. In einer elementaren Weise können das schon Hunde, Krähen und Schnecken; ein Kugelschreiber oder ein Stein kann das nicht, und der Computer scheint es nur zu können, weil Vertreter der Gattung homo sapiens ihn in ihren komplizierten Frage- und Beantwortungsprozeß als Instrument eingebaut haben. Lebewesen entwickeln sich dadurch, daß zwischen ihnen und ihrer Umwelt, aber auch *in ihnen* – bei den Menschen auf einer komplizierten *Vorstellungsbühne* – ein spannungsreiches Frage- und Antwortspiel abläuft. Und zwar in bezug auf Probleme und Störungen ihrer Umwelt, in bezug auf die Lebewesen selbst und in bezug auf die Lebewesen-Umwelt-Beziehung. Insbesondere die beiden letzteren Prozesse sind rückbezüglich: re-flexiv, auf die Logik des handelnden Lebewesens bezogen. Was sich dabei entwickelt, ist unter anderem *Intelligenz*, welche, wie der wichtigste Intelligenzforscher Jean Piaget sagt, immer "reversibel" ist, d. h. auf eine Rekonstruktion (und mögliche Neugestaltung) der Handlungen eines Organismus hinausläuft. Unser "Selbstbewußtsein", der menschliche Geist, beginnt schon mit der Entwicklung des Lebens bis hin dann zu unseren komplizierten und vielfach vernetzten Formen.

Dialektik hat es immer auch mit der *Bildung von Selbstbewußtsein* in Organismen zu tun. Selbstbewußtsein ist ein ganz wichtiger Begriff bei Hegel, der vor etwa 180 Jahren eine riesige dialektische Philosophie schuf. Und Sokrates ist u. a. deshalb zum Giftbecher verurteilt worden, weil er mit seinen Frage- und Dialogmethoden seinen Anhängern ein Maß an kritischem (reflexivem) Selbstbewußtsein vermittelt hat, das den damals Herrschenden nicht in den Kram paßte. Selbstbewußtsein beinhaltet verbesserte Möglichkeiten zur Selbststeuerung, Selbstgestaltung der Organismen, zu ihrer "Autopoiese", wie die moderne Systemtheorie sagen würde. Freilich kann bei Menschen die erhöhte Reflexivität auch dazu führen, daß die eigenen Probleme deutlicher gespürt und gesehen werden, ohne daß gleich Lösungen absehbar sind. Auch die Möglichkeiten des Unglücklichseins (mit denen der praktische Psychologe oder Therapeut zu tun hat) sind durch die Reflexivität vervielfältigt und gesteigert. Und sogar Schimpansen scheinen bereits die seltsame Handlungsverzögerung, Lähmung des Handelns zu kennen, die aus der stammesgeschichtlich neuen Möglichkeit der Vergegenwärtigung der eigenen Handlungsmöglichkeiten ("Was man alles tun könnte") resultiert. Die Angehörigen der species Mensch schließlich verfügen über eine hochkomplizierte, innere "Vorstellungsbühne" (Norbert Bischof), auf der beständig ein Simulationsdrama unter Einbeziehung der Bilder von der eigenen Person (oder des "Bühnenbesitzers") gegeben wird. Dieses Drama ist dialogisch: an der teils lustvollen, teils aggressiven Auseinandersetzung mit anderen Organismen orientiert; es beinhaltet aber auch jede Menge Handwerkergeschichten, rekapitulierte und kombinierte Gebrauchsanweisungen, technische und praktische Entwürfe, welche dann in Verbindung mit den Entwürfen anderer Lebewesen unserer Art in *Arbeit*, in die kooperative Verbesserung der Lebensbedingungen umgesetzt werden können. Schimpansen sind hier – u. a. wegen des Fehlens einer differenzierten Lautsprache – noch ziemlich hilflos. Sie können wohl auch schon denken, sind bereits auf elementare Weise selbstbewußt, können z. B. ihr Spiegelbild erkennen und finden es interessant; sie können mit Werkzeug umgehen, sich das gegenseitig abschauen – aber sie sind kaum in der Lage, Arbeitsentwürfe und Arbeitshandlungen zu koordinieren, z. B. einen Tisch zu mehreren von hier nach dort zu transportieren, ohne daß er jemandem auf die Füße fällt. Eine Ausnahme bildet die sehr seltene gemeinsame Jagd auf kleinere Tiere, die als Fleischlieferanten beliebt sind. Anthropologen vermuten deswegen, daß sich die kooperativen und reflexiven Spitzenleistungen unserer Vorfahren wesentlich mit der Perfektionierung der "sozialen Jagd" entwickelt haben – eine Geschichte, die ich immer wieder gerne in Anwesenheit passionierter Vegetarier erzähle.

Es gibt jetzt viele Bücher, die "Evolution des Geistes", "Baum der Erkenntnis" oder ähnlich heißen und die – vornehmlich von Biologen verfaßt – zeigen, daß sich schon seit der frühesten Entwicklung der Lebewesen, die im Austauschprozeß mit ihren Umwelten stehen, in der Natur so etwas wie geistige Gebilde, ja sogar Vorformen von "Selbstbewußtsein" gebildet haben[1]. Die Phänomene werden in der Sprache der modernen Systemtheorie, Kybernetik und Informationswissenschaft beschrieben, laufen aber auf dasselbe hinaus. Die Frage, ob der Geist oder die Natur primär ist, ob der Idealismus oder der Materialismus recht hat, ob Hegel recht hat, der in allem den Weltgeist wirken sah, oder sein Schüler Marx, der den Menschen als (selbstbewußtes) Naturwesen betrachtet hat, das seinen Stoffwechsel mit der umgebenden Natur vor allem durch Arbeit reguliert – diese Fragen stellen sich im Lichte der modernen Biologie so gar nicht mehr. Oder besser, sie sind dialektisch zu beantworten: mit dem Hinweis auf die Einheit der Gegensätze im Lebensprozeß. Spätestens bei der Beschäftigung mit lebenden Systemen, Organismen erweist sich unsere zweiwertige Denktradition: entweder Materie oder Geist, Idealismus oder Materialismus mittlerweile als Hindernis.

Jetzt ist es schon gelungen, einige Prinzipen einer dialektischen Sozialpsychologie vorzustellen – auch wenn das für Sie vorläufig noch wie ein Überraschungsangriff aussieht. Sie muß auf die *dialogische Auseinandersetzung* der untersuchten Lebewesen eingehen, von der sie ein Teil ist. Sie muß die manchmal vertrackte *Bildung von Selbstbewußtsein*, Reflexivität rekonstruieren – wozu auch das Aufzeigen von festgefahrenen, destruktiven Formen des sozialen Lebens und Selbstbewußtseins gehört. (Festgefahrene und destruktive Formen sind etwa die Neurose oder der moderne Nationalismus, in dem ja auch Menschen auf eine seltsame Art reflexiv sind, sich eine scheinbar endgültige Antwort auf die aufgetauchte Frage ihres Selbstwerts geben.) – Die Sozialpsychologie sollte zudem in der Lage sein, mit der *Einheit der Gegensätze* produktiv umzugehen (ein Aspekt, der noch erläutert wird). Und es ist schon auf die gerne vergessene Dimension der *Arbeit* und der kooperativen Gestaltung von Umwelt hingewiesen worden.

Die sozialpsychologischen Probleme sind immer solche zwischen Individuen. Diese haben eine Lebensgeschichte, die eingebettet ist in die Geschichte ihrer Gesellschaft. An der Bewegung der Gesellschaftsgeschichte wirken die Individuen zwar gestaltend mit – z. B. über die tagtägliche Verausgabung ihrer Arbeitskraft. Mehr noch und öfter haben sie aber das Gefühl, auf den Geschichtsprozeß keinen Einfluß nehmen zu können, von ihm wie von einer blinden Gewalt mitgeschleift zu werden. Das ist das moderne Problem der Entfremdung, an dem eine dialektische Sozialpsychologie nicht vorbeikommt. Die Individuen versuchen immer wieder Entfremdung rückgängig zu machen oder zu mildern. Viele sozialpsychologische Phänomene – z. B. der Nationalismus, Kriege, auch Drogenmißbrauch – lassen sich als mehr oder weniger kurzschlußartige Projekte der Überwindung von Entfremdung verstehen. Es entstehen eigenartige Gemeinschaften, tröstende Systeme, die den entstandenen Riß zwischen Individuum und Gesellschaft verdecken sollen.

Die an den Universitäten herrschende Sozialpsychologie ist aus dem Dialog mit den heute lebenden Menschen, ihrem Suchen und Fragen weitgehend ausgestiegen. In diesem Punkt und in fast allen anderen genannten Punkten ist sie undialektisch. Sie versucht die Phänomene des Selbstbewußtseins, der Reflexivität zu überspringen, ist in einer altertümlichen (eher physikalischen als biologischen Weise) naturwissenschaftlich orientiert und landet fast nie bei einem Denken, das sich für die aktuellen geschichtlichen und kulturellen Trends interessiert. Ihr Denken bewegt sich weitgehend in einem starren "Entweder-Oder", welches sich als notwendige Strenge und Klarheit ausgibt. Die "Einheit der Gegensätze" verursacht nur Grausen. – Ich bringe Ihnen zunächst ein Beispiel aud dem weichenstellenden Anfangskapitel eines sozialpsychologischen Lehrbuchklassikers von Krech, Crutchfield und anderen aus den USA:

"Wo kann man die Probleme, die sich aus der sozialen Situation ergeben, beginnen lassen? Ein möglicher Ansatzpunkt für das Studium der Sozialpsychologie ist die Analyse der heutigen gesellschaftlichen Szene; insbesondere könnten wir uns mit den vielen schwierigen sozialen Problemen auseinandersetzen, vor denen unsere Gesellschaft heute steht. Kriege, Straßenkriminalität, Drogenmißbrauch, Ethik in Wirtschaft und Regierung – all dies und mehr sind sicherlich Probleme, denen das Individuum in der Gesellschaft begegnet. Aber ihrer Natur nach können diese Probleme sinnvollerweise nur in einer bestimmten Gesellschaft zu einem bestimmten Zeitpunkt ihrer Geschichte untersucht werden. Wir haben uns daher für einen anderen Ansatz entschieden, der nicht so zeitgebunden und kulturabhängig ist. Wir werden uns mit einigen der allgemeinen Prozesse und Konzepte befassen, die für eine sinnvolle Analyse der Probleme relevant sind, welche sich aus dem Zusammenleben von Menschen in einer sozialen Gemeinschaft ergeben. Wir hoffen, daß der Leser aus einer solchen konzeptionellen Präsentation größeren Gewinn ziehen kann als aus einer Erörterung von Problemen der heutigen gesellschaftlichen Situation."[2]

Der ursprüngliche Dialog, das Drama, welches sich an den Universitäten mit dem Studienbeginn einer jeden Generation von Psychologie-Studenten immer wieder neu abspielt, ist hier gerade noch wie durch eine Milchglasscheibe zu erkennen. Die Studentinnen und Studenten sind es, die regelmäßig den zu Beginn des Zitats erwähnten "möglichen Ansatzpunkt" verkörpern, der dann verworfen wird: das Interesse an der "gesellschaftlichen Szene", in der sie leben, an drängenden Themen wie Krieg, Gewalt auf den Straßen und im Alltag, an Themen wie Drogen, vielleicht auch Sexualität, Liebe und Befreiung. Die weniger schüchternen unter ihnen bedrängen ihre Psychologie-Lehrer mit diesen Fragen. Aber die Professoren (Professorinnen sind seltener) haben sich *entschieden*, nach einem *anderen Ansatz* vorzugehen – der die Lernbegierigen leider, leider enttäuschen muß (was u. a. zu der hohen Studien-Abbrecher-Quote bei Psychologie-Studenten führt). Die ziemlich subjektive Entscheidung der etablierten

Wissenschaftler tritt im weiteren Verlauf als "Objektivität" auf. Wissenschaftler geben natürlich eine Begründung. Wir müssen im Text etwas herumsuchen, um sie zu finden. Die Begründung steckt in der Aussage, daß die angesprochenen brennenden Probleme "nur in einer bestimmten Gesellschaft zu einem bestimmten Zeitpunkt ihrer Geschichte untersucht werden" können. "Daher" muß man einen anderen Ansatz wählen, der nicht "so zeitgebunden und kulturabhängig" ist. Es geht nämlich um das Herausfinden "allgemeiner Prozesse und Konzepte". Diese Sozialpsychologie ist an den Naturwissenschaften orientiert. Das Ideal ist es, Gesetze aufzustellen und zu überprüfen, die *immer und überall* gelten, so wie die Gesetze der Schwerkraft, die auf der Erde, auf dem Mond und (wenn sie ausreichend allgemein formuliert sind) sogar in einer Raumkapsel gelten. Man hat hier unter dem Einfluß des sogenannten "Kritischen Rationalismus" des Wissenschaftstheoretikers Karl R. Popper ein methodisches Ideal aus der (älteren) Physik in die Menschen- und Kulturwissenschaft der Sozialpsychologie übertragen. Die Geschichte der "bestimmten" Gesellschaften und der Individuen, die immer zu einem "bestimmten Zeitpunkt" leben, Ängste, Wünsche und Phantasien haben, kommt nicht vor, weil sie etwas Einmaliges und Unwiederholbares ist. Man kann sie nicht im Labor wiederholen und variieren. Die Gegenwartsindividuen sind unter solchen Umständen bestenfalls Lieferanten für Beispiele, an denen sich die allgemeinen und überhistorischen Gesetze zeigen lassen. So fühlen sich dann die meisten Studenten auch, wenn sie die universitären Vorlesungen und Lehrbücher konsumieren dürfen. Zur Strafe vergessen sie den subjekt- und erlebnisfernen Stoff bereits kurze Zeit nach der Prüfung oder wenden sich voller Enttäuschung einer der blumigen außeruniversitären Modepsychologien des New-Age zu.

Dabei ist es interessant, sich mit Popper auseinanderzusetzen. Dessen Hauptgegner war ein dogmatischer (falsch verstandener) Marxismus, der tatsächlich die Idee des "ehernen" Naturgesetzes fälschlich auf historische Übergänge angewandt, die Parteieliten zu den wissenschaftlichen Verwaltern der "Einsicht in die Notwendigkeit" ernannt und die Gruppen, welche sich gegen die angeblich zwingenden historischen Abläufe wandten, tendenziell zur Liquidation freigegeben hatte. Von daher ist Poppers Horror vor "Entwicklungsgesetzen" zu verstehen. Popper landet aber nicht nur bei einer pauschalen Abwertung der Marx'schen Theorie der Gesellschaftsentwicklung, sondern auch bei einer Entwertung von Freud's Theorie der individuellen Entwicklung und von Darwins Evolutionstheorie. Die Entwicklung zum aufrechten Gang unserer Vorfahren gab es nur einmal in einer bestimmten erdgeschichtlichen Epoche, meine Neurose beruht auf einer einmaligen Lebensgeschichte, und der Übergang vom Mittelalter in den Kapitalismus wird sich nie wiederholen. Einzelne Gesetze, wie die (allgemein-biologischen) Gesetze der Vererbung oder das Gesetz vom Zusammenspiel zwischen Mutation und Selektion, stecken zwar in der großen

Darwin'schen Entwicklungshypothese, sind jedes für sich überprüfbar ("falsifizierbar"), aber die Gesamtkonstruktion hat für Popper den "gleichen Charakter wie der historische Satz 'Charles Darwin und Francis Galton hatten einen gemeinsamen Großvater'".[3]

Allerdings gesteht Popper dann doch ein, daß es naturhistorische und gesellschaftliche "Trends" gibt, die wie Gesetze aussehen. "Haben wir nun Gründe zu der Annahme, daß die betreffenden Randbedingungen andauern werden (also z. B. bestimmte singuläre Klimabedingungen, Anm. K. O.), dann können wir selbstverständlich annehmen, daß diese Trends oder 'dynamischen Quasi-Gesetze' auch andauernd gelten werden, so daß man sie wie Gesetze zur Grundlage von Vorhersagen machen kann."[4] Bestimmte gesellschaftliche "Großwetterlagen", die für sich genommen einzigartig sind, sagen wir das relativ stabile (aber nicht universelle) Vorhandensein der Geldwirtschaft oder des Patriarchats, ermöglichen Aussagen über Zusammenhänge, begrenzte Erklärungen und Prognosen. Popper legt allerdings Wert darauf, daß man echte Gesetze, Quasi-Gesetze und – vorübergehende – Trends nicht verwechselt. Derlei kommt tatsächlich vor und hat – z. B. im Falle mancher Marxisten, aber auch mancher Denker des "bürgerlichen" Lagers – sehr viel mit Phantasielosigkeit zu tun. Wer sich nur das Patriarchat oder eine Gesellschaft des beständigen exponentiellen Wachstums vorstellen kann, wird ihre Regeln für ewige Naturgesetze halten. "Er glaubt fest an seinen Lieblingstrend und Bedingungen, unter denen dieser verschwinden würde, sind für ihn undenkbar."[5]

Popper ist zwar der Methodenpapst der akademischen Sozialpsychologie, aber alle Ansätze zu einem Geschichtsbewußtsein, die sich bei diesem noch finden – z. B. das Interesse an "Trends" –, sind bei den Gläubigen verschwunden. Auf der Suche nach dem möglichst allgemeinen, "echten" Gesetz finden die Autoren des zitierten Lehrbuches einige Seiten nach dem programmatischen Zitat beispielsweise folgendes heraus:

"Einer der faszinierendsten Befunde, die sich aus den Forschungsarbeiten über Gerechtigkeit ergaben, ist, daß Menschen dazu neigen, ihre Wahrnehmung des Charakters oder Schicksales eines Opfers zu verzerren, um an ihrer wichtigen Überzeugung festhalten zu können, daß es Fairneß gibt bzw. daß die 'Gerechtigkeit siegen wird' (...). Die Tendenz, Opfern unfairerweise die Schuld an ihrem Schicksal zuzuschieben, ist ein Mittel, um die Vorstellung von Gerechtigkeit zu erhalten, und scheint besonders häufig in Fällen aufzutreten, wo es nicht möglich ist, dem Opfer Gerechtigkeit widerfahren zu lassen." [6]

Da haben wir also ein allgemeines "Gesetz der Viktimisierung", nach welchem Menschen immer und überall die Neigung haben, den Opfern die Schuld zuzuschieben. Die besondere Situation von vergewaltigten Frauen, denen das im Patriarchat mit einer quasi-gesetzlichen Regelmäßigkeit angetan wird, die Situation der jüdischen KZ-Opfer, die von den Nazis gequält und in der deutsch-österreichischen Nachkriegskultur dann noch für irgendwie "mitverantwortlich" erklärt wurden – all diese komplizierten geschichtlichen und lebensgeschichtlichen Konstellationen und Prozesse schnurren zusammen auf den Ausdruck einer universellen Gesetzmäßigkeit, die in unserer menschlichen Natur zu liegen scheint. Selbst wenn es so etwas gibt – so ist es nicht zwingend, daß die Wissenschaft sich einseitig auf die "allgemeinen Prozesse und Konzepte" werfen muß und darüber die Fragen vernachlässigt, durch welche historischen Prozesse und Ängste (z. B. Konkurrenzängste) der "Trend" zur Judenverfolgung entstanden ist und anhält und wie die lebensgeschichtliche Situation von Opfern und Tätern besser verstehbar wird. Auch "allgemeine Prinzipien" werden erst interessant, wenn man gegenüber den Forschungsobjekten *gleichzeitig* (oder fast gleichzeitig) historisch und verstehend, mit Hilfe von Einfühlungsversuchen verfährt. Das ist aber dem herrschenden Wissenschaftsbetrieb schon zuviel.

Ich bringe Ihnen noch ein Beispiel aus einem Lehrbuch. Diesmal geht es um eine allgemeine Theorie der Emotionen, um eine Diskussion der (an sich interessanten) "Schachter-Singer-Hypothese", die besagt, daß Menschen ihre Emotionen nicht unmittelbar aufgrund der Registrierung von Körperregungen, sondern in Abhängigkeit von den Einteilungen interpretieren, die andere ihnen vorgeben. Sie neigen zur Fehlattribuierung von Erregungszuständen. Ich belasse die Stelle im amerikanischen O-Ton:

"*False feedback.* Related effects were found by a number of studies that played several variations on the misattribution theme. In one such study, male subjects were provided with false feedback about their own internal sensations in matters of romance. They were allowed to listen to an amplification of their own heartbeats rigged by the experimenter; they were sometimes faster and sometimes slower than the subjects' own. The subject's task was both pleasant and simple. He had to rate the attractiveness of each nude. The results showed that the subjects based their judgments not just on what they saw but also on what they heard – or thought they heard. If their heartbeat was rapid, they were more likely to judge the nude as especially attractive. She had to be, for she made their hearts race. It appears that in erotic situations, we listen to our hearts in a more than figurative sense."[7]

Als Aussage über das allgemeine Wesen der menschlichen Emotionen ist diese Darstellung kaum tauglich. Einen kirgisischen Nomaden oder afrikanischen Buschmann würden Sie in eine solche Versuchsanordnung gar nicht hineinbekommen. Zudem paßt sie nur für Männer. Es wird eine Geschichte über eine Anzahl von Männern in der westlichen Kultur der Gegenwart erzählt, die zeigt, wie stark deren Vorstellung von Liebe und Erotik bereits durch den Trend in Richtung auf die Meßbarkeit von Gefühlen geprägt ist. Es handelt sich um leistungsorientierte männliche Warenbesitzer. Auch das typische Überlistungsarrangement der sozialpsychologischen Forschung – man darf dem

Forschungsobjekt niemals sagen, was man wirklich von ihm will – hat mehr mit den Umgangsformen von Warenbesitzern und westlichen Erfolgsmenschen zu tun als mit der menschlichen Natur. Da der dialogische, fragende, suchende und widerspruchsetzende Charakter der menschlichen Interaktion trotz allen Bemühens um "naturwissenschaftliche" Objektivität aber nicht abgeschafft werden kann, und weil Menschen im Unterschied zu allen anderen Forschungsobjekten auf ihrer "Vorstellungsbühne" zum phantasievollen Rollentausch mit dem Gegenüber fähig sind, versuchen die Erforschten den Sozialpsychologen immer wieder auf die Schliche zu kommen, besonders nachdem sich deren Maskierungskunst langsam herumgesprochen hat. Diese entdecken dann das sogenannte "Reaktanzproblem", entwickeln methodische Überlistungsstrategien auf einer höheren Ebene und so fort. Wäre es da nicht oft einfacher, gleich in einen offenen Dialog mit den Menschen einzutreten, die die Sozialpsychologen so sehr interessieren? Alternative Methoden in dieser Richtung gibt es, wir werden sie später noch diskutieren.

Ich will nicht abstreiten, daß die objektivistische Überlistungspsychologie einige interessante Ergebnisse zutage gefördert hat, etwa im Rahmen des bekannten Milgram-Experiments zur Gehorsamsbereitschaft von Menschen. Das Problem ist nur, daß sie als *Alternative* zu einer historischen und verstehenden, den Rollentausch offen riskierenden Sozialpsychologie konzipiert ist und z. B. zur Verdrängung einer kritischen Psychoanalyse aus den Universitätsinstituten beigetragen hat.

Diese Art Sozialpsychologie versucht beständig, die Logik von menschlichen Organismen, die autopoietische Systeme sind, die über viel Phantasie, Einfühlung, Leidens- und Lustfähigkeit in einem Umweltkontext von übergeordneten, relativ stabilen historischen Systemen (Patriarchat, spätkapitalistische Industriegesellschaft etc.) verfügen, in Richtung auf die Logik von überschaubaren mechanischen Systemen zu vereinfachen. Ein systemtheoretischer Psychiater, Fritz Simon, spricht in einem ähnlichen Zusammenhang von "Trivialisierung". Er unterscheidet (mit dem Wissenschaftstheoretiker v. Foerster) sogenannte "triviale Maschinen" und "nicht-triviale Maschinen". Eine Waschmaschine wäre in dieser Terminologie eine triviale Maschine, ein Hund eine nicht-triviale Maschine. Wenn Sie Waschmaschinen vom Typ X an eine bestimmte Stelle klopfen, so sind diese in berechenbarer Weise entweder kaputt oder sie funktionieren wieder. Wenn Sie das bei Hunden tun, werden sie merken, daß Möglichkeiten extrem vielfältig sind. Es kann alles Mögliche passieren, der Hund kann den Schwanz einziehen, weglaufen, Sie beißen, sich vielleicht sogar unterwerfen und Ihnen die Hand lecken und so fort. Der Pawlow'sche Hund, der auf den immergleichen Reiz, den Glockenton, die immer gleiche Speichelreaktion zeigt, ist ein Kunstprodukt der Laborpsychologie, das erst durch extremen Reizentzug und Einsperrpraktiken hergestellt wurde. Dann funktionieren Lebewesen wirklich wie Waschmaschinen.

Fritz Simon schreibt in bezug auf die Notwendigkeit einer Hermeneutik, das heißt Verstehenskunst, auf seiten des Forschers:

"Während die triviale Maschine *geschichtsunabhängig* stets nach der gleichen Regel funktioniert, ist das Verhalten der nicht-trivialen Maschine *geschichtsabhängig*, d. h. durch frühere, interne Zustände bestimmt. Die Maschine verhält sich zwar stets ihrer aktuellen Struktur entsprechend (sie ist strukturdeterminiert), die Entwicklung dieser Struktur ist jedoch ein historischer Prozeß, die aktuelle Struktur Folge früherer Strukturen.

Die Voraussetzung für die Vorhersagbarkeit des Verhaltens einer solchen Maschine ist die Möglichkeit der Beobachtung ihrer aktuellen inneren Zustände. Soweit es menschliche Handlungen angeht, muß der Mensch als solch eine nichttriviale Maschine betrachtet werden, deren innere Zustände (mit)bestimmen, welche Verhaltensweisen er zeigt. Die Hermeneutik versucht dieser Tatsache gerecht zu werden, indem sie per Einfühlung durch Analogieschlüsse die nicht direkt beobachtbaren inneren Zustände, d. h. das Denken und Fühlen irgendwelcher Menschen zu verstehen – zu rekonstruieren – sucht."[8]

Dennoch sind wir im Alltagsleben und in der Wissenschaft ganz große Trivialisierer:

"Der einzelne Mensch ist keine triviale Maschine, und soziale Systeme, die sich aus Menschen konstituieren, sind ebenfalls keine trivialen Maschinen. Im Kontrast dazu steht, daß Menschen in einem hohen Maße das Bedürfnis haben, ihre Lebenswelt zu trivialisieren (eine stabile Realität zu errechnen). Ihr Versuch, sich die Welt handhabbar, 'die Erde untertan' zu machen, nutzt auf mindestens zwei Ebenen die ökonomisierende Funktion von Regeln (man kann den speziellen Fall einem allgemeinen Gesetz unterordnen): es werden deskriptive und präskriptive Regeln aufgestellt. Wo sich menschliches Handeln an diesen beiden Formen der Regeln orientiert, wird der Mensch trivialisiert. Er wird durch die Kenntnis dieser Regeln in gewissem Maße berechenbar."[9]

Trivialisierung ist nie ganz zu vermeiden; aber man sollte wissen, was man tut, und unangebrachte Trivialisierung, wie etwa im Behaviorismus, der lange genug die Psychologie geprägt hat, möglichst vermeiden. Vor allem sollte man nicht den trivialisierenden Zugang zur Welt auf Kosten eines verstehenden und geschichtsbewußten Zugangs zum allein seligmachenden Weg der Wahrheitsfindung erklären. Das Verständnis von lebendigen Gruppenprozessen oder Psychotherapie ist auf diese Weise z. B. ganz sicher nicht möglich.

Die Vorherrschaft trivialisierender Denksysteme und einer damit verbundenen zweiwertigen Logik, in der es immer ein klares Ja oder Nein, Richtig oder Falsch geben muß, hat etwas mit dem Bestreben zu tun, "sich die Welt handhabbar, die Erde untertan zu machen". Wenn sich dieses Bestreben auf menschliche Lebewesen und Beziehungen erstreckt, die sich eben mehrdeutig, dialogisch und dialektisch entwickeln, dann wird – ähnlich dem Pawlowschen Hund –

Entwicklung sistiert. Es drohen buchstäblich *Gewalt* und *Krankheit*. Ich möchte das zunächst mit einem Exkurs in die Friedensforschung und dann mit einem Ausflug in die Krankheitstheorie einer systemisch denkenden Psychiatrie erläutern.

Die Friedensforscherin Ulrike C. Wasmuth sieht die dualistische Logik als wesentlich mitverantwortlich für die Friedlosigkeit der Welt an. Sie zitiert eine feministische Wissenschaftlerin:

"Die Einteilung der Welt in Entweder/Oder, das Auseinanderdividieren in zwei und nur zwei Seiten, ... die Welt als Streitplatz von prinzipiell zwei Welten: das schafft Ordnung, das schafft klaren Überblick, da sind die sortierenden Fähigkeiten nicht überfordert und bei genügendem Selbstvertrauen ist leicht eine Über- und Unterordnung herstellbar. Zwei Auseinanderdividierte provozieren geradezu die Herrschaft der einen über die andere, das Vorziehen oder Hintansetzen einer von beiden (Seiten)."[10]

Der Dualismus war im Golfkrieg wirksam. Als Logik der Abschreckung in den Militärdoktrinen: entweder Rückzug oder Strafaktion; als Logik des westlichen Ultimatums, welche der orientalischen Kultur des langen Dialogs oder "Palavers" fremd ist, bei welcher es letztlich kein klares Bild vom Sieger oder Besiegten geben braucht. Und als Logik eines klaren Bekenntnisses: Entweder Du bist für den Westen oder für Saddam Hussein – eine Logik, die sogar bis dahin differenziert denkende Menschen wie H. M. Enzensberger oder Wolf Biermann zu schrecklichen Vereinfachern werden ließ. Das Denken wurde vor-systemisch, bipolar:

"Saddam wird als 'verrückt' oder 'krank' bezeichnet und nicht als Symptomträger einer tief verankerten und Krieg verursachenden internationalen Struktur gesehen. Auch hier besteht ein Dualismus: das eine, das andere. Die Komplexität der Beziehungen wird negiert. Ein fataler Trugschluß, denn eine Konfliktprävention – noch bevor es zu spät ist und ein Ultimatum läuft – verlangt nach einem multikausalen Denken: einem Denken in Vielfalt." [11]

Letztlich hängen die klaren Vereinfachungen mit einem sozialen Zwang zum Konsens, dem Druck von Angst und Wut in der eigenen Gruppe zusammen. Hinter dem Ausschluß einer "dritten Möglichkeit" im Denken steht eine Angst vor dem eigenen Ausschluß. "Der Irak" als Gegner ist schon eine vereinfachende logische Konstruktion, die erst das dualistische Denken ermöglicht. 45% seiner Bevölkerung sind bekanntlich Kinder unter 15 Jahren. Viele von ihnen sterben derzeit an den Spätfolgen des Golfkrieges.

Die Logik der Nationalstaaten und "eindeutigen" Volksgruppenzugehörigkeiten ist überhaupt ein Beispiel für die Gewalt des Dualismus, der derzeit wieder besonders modern ist. Entweder Kroate oder Serbe, entweder Grusinier oder Russe, auch wenn die Volksgruppen längst durcheinanderwohnen und zahlreiche Mischfamilien existieren. In Kärnten ist es – bei Drohung der Ausgrenzung – für die Menschen wichtig, auf die Frage, ob man Slowene oder "Deutschkärntner" ist, sofort ein klare Antwort geben zu können, obwohl fast jeder "Deutschkärntner" ein oder zwei slowenische Eltern- oder Großelternteile hat und fast jeder Slowene einige deutsch sprechenden Vorfahren. Nur nach dem Schlaganfall oder in der Psychose auf der Psychiatrischen Abteilung sprechen die Deutschkärntner dann wieder die Sprache der Mütter oder Großmütter. Man darf nicht beides sein oder vielleicht beides ein bißchen und außerdem noch Weltbürger, was der zunehmenden weltweiten Vernetzung, Wanderung und Mischung von Menschen eigentlich viel angemessener wäre. Die – angstgetriebene – Verleugnung der realen Vielfalt und Mehrdeutigkeit ermöglicht kurzfristigen Überblick, produziert aber schon mittelfristig Chaos und Gewalt.

Die Autorinnen haben wahrscheinlich recht, wenn sie den zweiwertigen Ordnungszwang mit dem Patriarchat assoziieren. Es gibt mindestens zwei Erforscher der griechischen Frühgeschichte, die darauf hinweisen, daß Parmenides, der bereits lange vor Aristoteles das Prinzip vom ausgeschlossenen Dritten ("Tertium non datur") aufgrund einer Offenbarung der strengen Göttinnen der Notwendigkeit (Ananke) und der Gerechtigkeit (Dike) formuliert hat, dieses Prinzip gegen die verdächtige Mischwelt des Matriarchats und seiner Restbestände in der griechischen Kultur durchsetzen wollte.[12] Das war eine Welt, in der Tod und Leben, Gebären und Sterben, Negation und Bejahung, Herrschaft und Knechtschaft zu nah beieinander lagen, als es für die sich neu durchsetzenden Patriarchen mit ihrer Geld- und Sklavenwirtschaft aushaltbar gewesen wäre.

Seit Freud wissen wir, daß unser Unbewußtes und dementsprechend ein großer Teil unserer zwischenmenschlichen Beziehungen sich den Gesetzen der zweiwertigen Logik nicht fügen wollen. Es wird in bunten Misch-Bildern, Paradoxien und Gleichnissen gesprochen, Negationen werden einfach nicht zur Kenntnis genommen und das verschlungene Nebeneinander von Zuwendung und Ablehnung, Betrug und Treue, heftiger Liebe und tödlichem Haß, Weggehen und Dableiben scheint eher die Regel als die Ausnahme. Unsere Kultur und unsere Familiensysteme neigen aber immer noch dazu, derlei Ambivalenzen zu verbieten. Fritz Simon schreibt am Ende einer langen Untersuchung von krankmachenden Familiensystemen:

"Sobald ein Kind (und jeder, der lebt, ist Kind) auffällige Verhaltensweisen zeigt, beginnt also – ganz im Sinne eines geradlinig-kausalen Denkens – die Suche nach dem Täter, nach dem Schuldigen. Entweder derjenige, der dieses abweichende Verhalten zeigt, ist selbst der Täter (= 'stark'), dann löst er eher in seiner Umwelt Angst aus. Auf der Beziehungsebene wird dann versucht, ihn zu dominieren, um damit seine 'Stärke' zu neutralisieren. Oder aber diejenigen, die ihn 'zu dem gemacht haben, was er ist' (d. h. die Eltern) werden als die Täter angesehen, er selbst als Opfer. In diesem Falle muß er dann 'gerettet' werden, aus den Klauen der Täter befreit. Sie sind dann die 'Aktiven', 'Starken' und 'Bösen', er selbst der 'Gute', 'Passive' und 'Schwache'.

Folge dieser geradlinig-kausalen Interpunktion ist, daß auf jeden Fall immer einer der Schuldige, der Täter, und einer das unschuldige Opfer ist.

Für die in diesem 'Schwarzer-Peter-Spiel' Beteiligten ist die Frage des Gewinnens oder Verlierens von existentieller Bedeutung: ihr Selbstwert und ihre Identität hängen in hohem Maße davon ab, ob sie als handelnde Subjekte ihren selbstgesetzten Werten gerecht werden bzw. geworden sind. Wann immer in einer Familie ein Mitglied sozial unerwünschte Verhaltensweisen zeigt, besteht die große Gefahr, daß sich ein Nullsummenspiel entwickelt, in dem nur einer gewinnen kann.

In dieser Situation bietet das Konstrukt 'Krankheit' einen Ausweg, der einen für alle Beteiligten akzeptablen Kompromiß ermöglicht. Wird eine Verhaltensweise als 'krank' etikettiert, so ist damit eine Kontextmarkierung vollzogen, die von vornherein die Frage nach 'gut' oder 'schlecht' ausklammert. Sobald jemand 'krank' ist, ist er per definitionem nicht für seine Symptome verantwortlich. Es ist vielmehr 'die Krankheit', die 'schuld' ist an dem, was er tut. Der 'Kranke' ist in bezug auf sein Symptomverhalten nicht mehr handelndes Subjekt, nicht mehr Täter. Er ist wiederum Opfer, nicht mehr 'aktiv', sondern 'passiv'. Aber in diesem Falle sind es nicht die Eltern oder irgendwelche anderen, greifbaren Interaktionspartner, sondern die 'Krankheit', die 'stark' und 'aktiv' und 'schlecht' ist. Sie ist der Täter, der Gegner, dessen Bekämpfung alle vereinen und alle von Schuld freisprechen kann".[13]

Das Konzept Krankheit entlastet kurzfristig vom schmerzenden Entweder-Oder, aber es bringt die Gefahr der *Chronifizierung* mit sich. Die gerufenen Hilfsgeister nisten sich unter Umständen für Jahre ein und produzieren eine dumpfe Qual, die kein Ende nehmen will. Simon vergleicht die Krankheit mit einem imaginären Interaktionspartner, einem neu aufgenommenen Familienmitglied und mit der imaginären Zahl i in der Mathematik:

"... sie ermöglicht es, dort weiter zu 'rechnen', wo das Gleichungssystem, durch das Menschen ihre Realität errechnen, Gefahr läuft, sich in Paradoxien zu verstricken. Ob es die 'Krankheit' wirklich gibt oder nicht, spielt keine Rolle: wenn man so tut, als ob es sie gäbe, ergeben sich neue Konstellationen, die alle Widersprüche auflösen.

Konkret bedeutet dies, daß es dem Patienten und seinen Angehörigen durch das Konzept der 'psychischen Krankheit' ermöglicht wird, den Bedingungen ihrer organismischen Organisation entsprechend ihre Ambivalenzen zu leben, ohne ihr epistemisches System, das auf den Prämissen einer zweiwertigen Logik und einer geradlinigen Kausalität beruht, in Frage stellen zu müssen."[14]

Ich hoffe, es sind einige Elemente einer dialektischen Sozialpsychologie deutlich geworden. War es zu schwierig, zu theoretisch? – Ich kann Ihnen versprechen, das nächste Kapitel wird schon leichter.

Anmerkungen:

1. Vgl. H. Maturana/F. Varela, Der Baum der Erkenntnis, Bern/München/Wien 1987.
2. D. Krech, R. S. Crutchfield u. a., Sozialpsychologie. Grundlagen der Psychologie Bd. 7, Weinheim/Bern/München/Wien 1987 und Basel 1985, S. 13.
3. K. R. Popper, Das Elend des Historizismus, Tübingen 1965, S. 84.
4. ebenda, S. 99.
5. ebenda, S. 102.
6. Krech, Crutchfield u. a., a. a. O., S. 16.
7. H. Gleitman, Psychology, Third Edition, New York/London 1991, S. 483.
8. F. B. Simon, Unterschiede, die Unterschiede machen. Klinische Epistemologie: Grundlagen einer systemischen Psychiatrie und Psychosomatik, Heidelberg 1988, S. 22.
9. ebenda, S. 23.
10. M. Andreas-Grisebach, Zwischen Vielfalt und Ganzheit, in: Arbeitsgemeinschaft interdisziplinäre Frauenforschung und -studien (Hrsg.), Feministische Erneuerung von Wissenschaft und Kunst, Pfaffenweiler 1990, S. 20 (zit. n. U. Wasmuth, s. Anm. 11).
11. U. C. Wasmuth, Wider den westlichen Fundamentalismus. Über den Zusammenhang von Krieg, Bellismus und dualistischem Denken, In: Blätter für deutsche und internationale Politik, Heft 4/91, S. 22.
12. K. Heinrich, Tertium datur, Frankfurt/M. 1981; G. Thomson, Die ersten Philosophen. Forschungen zur altgriechischen Gesellschaft II, Berlin 1974 (S. 242 ff.).
13. F. B. Simon, a. a. O., S. 340/41.
14. ebenda, S. 342.

Freud und Marx - Erster Teil

Wir befinden uns in einem Raum, der dem Café Museum am Karlsplatz in Wien ähnlich ist. Bloß ist er nicht überdacht, die Wände werden zum Teil von rankenden Pflanzen gebildet. Auffällig ist ferner, daß es vor zutraulichen Spatzen nur so wimmelt. Und auf dem Platz fahren keine Autos, nur einige Pferdegespanne und herumschlenderndе Menschen, Gruppen und Paare sind zu sehen. Alle wirken geläutert, Rechthaberei ist abgeschafft. Das Caféhaus selbst scheint als eine Art von selbstverwaltetem Betrieb ohne sichtbaren Chef geführt zu werden. Das Bedienungspersonal besteht aus freundlichen und schönen Wesen, denen man auf den ersten Blick nicht ansieht, ob sie männlich oder weiblich sind. Eines dieser Wesen, wohl doch eher weiblich, mit einer Kurzhaarfrisur und einem entspannt lächelnden Mund, dessen Lippen wie schwerelos aufeinanderliegen, bewegt sich auf eine Ecke zu, in der ein alter Herr mit einem etwas verwilderten großen Bart und langen Haaren sitzt.

Wesen: Was darf es sein?
Marx: Ach bitte, bringen Sie mir ein Viertel provencalischen Rosé-Weins, wenn Sie haben. Und vielleicht ein paar Oliven.
Wesen: Ja, haben wir natürlich, kommt gleich.

Inzwischen kommt ein anderer älterer Herr mit gepflegtem grauen Bart und einem mittelgroßen, pelzigen Hund zur Tür herein. Da die meisten Tische besetzt sind, nähert er sich der Ecke mit dem ersten älteren Herren.

Freud: Bitte, darf ich mich zu Ihnen setzen? Der Hund tut nichts.
Marx: Ja, gern. Aber Sie sind nicht zufällig der Psychologe Konrad Lorenz?
Freud: Nein, ganz und gar nicht! Sie dachten wahrscheinlich wegen des Hundes. Das ist ein richtiger Chow-chow. Lorenz hält sich Mischlinge aus Chow-chow und deutschem Schäferhund. Ich liebe weder deutsche Schäferhunde noch Konrad Lorenz. – Aber Psychologe bin ich schon, mein Name ist Freud.
Marx: Ja so etwas! Endlich treffe ich Sie. Schon lange wollte ich mit Ihnen plaudern. Immer hat man uns davon abgehalten! Bitte setzen Sie sich.

Freud setzt sich. Es entwickelt sich ein Gespräch zwischen den beiden Herren über das ewig milde Wetter an ihrem Aufenthaltsort, den starken Kontrast zu London, wo der eine etwas mehr als ein Jahr, der andere viele Jahre gelebt hatte und so fort. Marx bekommt seinen Wein und die Oliven, Freud bestellt eine Melange mit Kipferl. Einige der zutraulichen Vögel bekommen Brosamen und fliegen weiter.

Marx: Eigentlich seltsam, daß wir jetzt hier sitzen. In unserer hiesigen Bibliothek, die ja leider recht unvollständig ist, habe ich gesehen, daß Sie es in religiösen Fragen ganz ähnlich wie ich gehalten haben und unseren *Unglaubensgenossen Heinrich Heine* zitieren: *"Den Himmel überlassen wir / Den Engeln und den Spatzen."*[1]

Freud: Es ist nicht unangenehm hier, ich kann ungestraft meine Zigarre rauchen, habe keine Schmerzen und bin gut versorgt, aber es bleibt doch ein extrem unwahrscheinliches Ende der Geschichte. Ich glaube auch immer noch, daß es den Menschen nicht guttut, damit zu rechnen. *Statt sich einen Großgrundbesitz auf dem Mond vorspiegeln zu lassen, von dessen Ertrag doch niemand etwas sieht, sollten sie besser als ehrliche Kleinbauern ihre Scholle bearbeiten.* Wenn sie die Erwartungen vom Jenseits abziehen und auf die Probleme unten konzentrieren würden – z. B. die jetzt aktuelle Problematik der Naturzerstörung und das Verhungern von so vielen Menschen auf dem südlichen Erdball, wäre das für alle besser.

Marx: Ich gebe Ihnen recht. Ich habe ja auch die Religion für einen Ausdruck der Entfremdung des Menschen von sich selbst gehalten und gelegentlich als *Opium fürs Volk* bezeichnet. Aber es verwirrt mich, daß derzeit kirchliche Leute zu den wenigen gehören, die konsequent von einer notwendigen Umverteilung des Reichtums reden und dafür, zum Beispiel in Brasilien, manchmal sogar ihr Leben riskieren. Als ehemaliger politischer Dauerflüchtling finde ich das kirchliche Engagement für die Asylanten beeindruckend. Und der Papst, dieses Schlitzohr, redet seit neuestem in offiziellen Erklärungen daher wie seinerzeit Friedrich Engels und ich zusammen: man müsse den Kapitalismus bremsen, die Produktionsmittel und Dinge würden die Menschen beherrschen, es sei sogar zu einer Verkehrung von Subjekt und Objekt gekommen ...

Freud: Na freuen Sie sich doch! – Einsichten sollten doch kein Besitz einer Seite sein. Aber ich teile inzwischen Ihren Eindruck von der Mehrdeutigkeit der Religion. Die alten Rollen sind völlig durcheinander. Und die nationalistische Verblödung ist derzeit sicher die größere Gefahr – übrigens auch eine heruntergekommene Variante von Religion, ein recht primitiver narzißtischer Erwähltheitsglaube. – Die Rollenverwirrung hängt aber sicher damit zusammen, daß der Sozialismus oder erlauben Sie mir zu sagen: Marxismus so kläglich gescheitert ist. Wie geht es Ihnen damit, daß jetzt im Osten Ihre Denkmäler verschrottet werden?

Marx: Wissen Sie, mir waren die *Gesetze der Schönheit* als Merkmal der menschlichen Produktion immer wichtig – von daher erfüllt mich die Aktion mit heller Freude. Aber daß man mich mit Stalin und Lenin in einen Schmelztiegel steckt, ist Ausdruck von Dummheit. Oder sagen wir besser einer Unbildung, die man den Menschen in Rußland und anderswo mit Hilfe von seltsamen Lehrbüchern und sprachlichen Ungeheuern wie dem "Diamat" jahrzehntelang eingehämmert hat. Im Westen liest sowieso kaum noch jemand wissenschaftliche Bücher über die Gesellschaftsentwicklung. Haben Sie von Rudi Dutschke gehört?

Freud: Ja, das war doch der mutige Berliner Studentenführer Ende der 60er Jahre, auf den nach einer Pressekampagne geschossen wurde.

Marx: Eben dieser junge Mann hat ein paar Jahre nach dem Attentat – und damit war er nicht der einzige – ein Buch geschrieben, in dem er genau nachweist, wie schon Lenin mich verfälscht, mein Denken ganz einseitig hingebogen hat. Ich war mir in bezug auf die russische Entwicklung sehr unsicher; gegenüber Vera Sassulitsch, einer russischen Revolutionärin hatte ich die Idee vertreten, daß man den Russen die Qualen einer westlich-kapitalistischen Industrialisierung und Agrarreform ersparen könnte, bei der *nur eine Form des Privateigentums in eine andere verwandelt* wird. Bei den russischen Bauern ist das traditionelle Gemeineigentum und die alte Dorfgemeinde "Mir" erst einmal in modernes Privateigentum umgewandelt worden. Die Dorfgemeinde hätte der *Stützpunkt der sozialen Wiedergeburt Rußlands* sein können, wenn es gelungen wäre, die von außen kommenden störenden Einflüsse zu beseitigen und ihr eine "natürliche" Weiterentwicklung von innen heraus zu sichern. Aber die Chance war bald vertan. Die Bolschewiki haben sie aber nie gesehen. Sie verachteten im Grunde die Welt der Bauern. Lenin war sehr auf die westliche Entwicklung fixiert, zu "eurozentrisch" wie man heute sagen würde. Eine Berufskrankheit, von der viele Intellektuelle der Dritten Welt befallen sind. Engels und ich waren in manchen Schriften, z. B. über Indien, nicht besser. Lenin hielt die russische Gesellschaft für ein besonderes rückständiges halbasiatisches Feudalsystem, an dessen Niedergang dann gesetzmäßig wie bei einem Naturvorgang die bürgerliche Epoche und Kapitalbildung und dann die Machtergreifung des Proletariats anzuschließen hatten. Als sich erwies, daß das russische Bürgertum zu seiner "historischen Mission" weder Vermögen noch Lust hatte, hat Lenin mehr oder weniger zugleich die Rollen eines kapitalistischen Fabrikdirektors, die des proletarischen Revolutionärs und die eines preußischen Volkserziehers gespielt. Ein Zitat klingt mir noch in den Ohren: "Die Organisation der Rechnungsführung, die Kontrolle über die Großbetriebe, die Umwandlung des ganzen staatlichen Wirtschaftsmechanismus in eine einzige große Maschine, in einen Wirtschaftsorganismus, der so arbeitet, daß sich Hunderte Millionen Menschen nach einem einzigen Plan richten – das ist die gigantische historische Aufgabe, die uns zugefallen ist."

Die Angst des Intellektuellen vor dem Eigensinn und der Spontaneität der Massen, insbesondere der bäuerlichen Massen hat übrigens mit dem Mangel an einer auf sich selbst reflektierenden Psychologie zu tun, unter dem Lenin und zugegebenermaßen auch wir gelitten haben. Das gab es damals einfach noch nicht und da ich Sie jetzt hier sitzen habe, würde ich am liebsten über Psychologie reden. Ihre Psychoanalyse war doch erfolgreich und die Nachwelt baut Ihnen Denkmäler und man hat sogar Geldscheine mit Ihrem Bild bedruckt.

Freud: Ach, hören Sie auf. Das sind nur die 50-Schilling-Noten und manche halten das sogar für eine verfeinerte Form des österreichischen Antisemitismus. Immerhin ist es in Verbindung mit der Tatsache bemerkenswert, daß es den Wiener Regierungsbehörden kürzlich gelungen ist, als Begleittext zum "Psychologengesetz" einen historischen Kommentar über die Bedeutung der österreichischen Psychologie abzufassen, in dem zwar eine Reihe von Namen, aber weder meiner noch das Wort Psychoanalyse auftauchen. Auf dem Geldschein gestattet, in der psychologischen Wissenschaft nicht. Da waren natürlich die Vertreter der Universitätspsychologie beratend tätig. Denkmäler sind wie schwere Grabsteine, die eher den Gefühlszwiespalt, die Aggression gegen die Toten verbergen, diese unter der Erde halten sollen, als daß sie von der Treue und geistigen Anhängerschaft der Nachkommen zeugen. Die Wilden fesseln wenigstens noch ihre Toten in einer für alle sichtbaren Weise, damit ihr Geist nächtens nicht umgeht und Unruhe schafft. Die Wiener machen das anders. Im Votivpark, wo ich so gerne mit dem Hund spazieren gegangen bin, haben sie nach Jahren des Schweigens ein Denkmal für mich errichtet, in Form einer Stele – die Wiener Psychoanalytiker waren maßgeblich beteiligt. Und darauf in Stein gemeißelt ein angebliches Zitat: "Die Stimme der Vernunft ist leise". Es soll von mir sein, steht dabei. In Wirklichkeit heißt der Satz aus meiner Schrift "Die Zukunft einer Illusion": *"Die Stimme des Intellekts ist leise"*. Wie kommt es, daß niemand in den Text schaut? Daß die eigene Zitatenmächtigkeit und Bildung auch von den psychoanalytischen Honoratioren so überschätzt wurde und man treffsicher gerade bei dieser Verwirrung gelandet ist? Die Vertreibung der Psychoanalyse wurde bekanntlich von den Nazis und den Vertretern einer "deutschen Seelenheilkunde" mit dem Argument begründet, sie sei Ausdruck des zersetzenden jüdischen Intellekts. Dem hielt man die konstruktiven Kräfte deutschen Geistes entgegen, der bekanntlich schon in der Kindererziehung oftmals "Vernunft" geheißen wird. Die unbewußte Unterwerfung unter die Geschichtskräfte der Verfolgung, das Beliebt-Sein-Wollen bei den deutsch-österreichischen Biedermännern und "Freunden der Vernunft" hat sich gegen die bewußte Tendenz der Freud-Verehrung durchgesetzt, diese durchkreuzt ...

Marx: Ist das nicht ein Beispiel für das, was man inzwischen als "Freudsche Fehlleistung" bezeichnet?

Freud: Sie sind gut informiert.

Marx: Ja, dann wäre, wenn schon nicht Ihren Worten, so doch der Wahrheit Ihrer Theorie in jenem Park ein Denkmal gesetzt. Über Ihre Theorie möchte ich gerne noch mehr wissen, insbesondere die Bereiche, in denen Psychologie und Untersuchung der kapitalistischen Gesellschaft sich ergänzen.

Freud: Da muß ich Sie vielleicht gleich enttäuschen. Ich glaube, daß unser Seelenleben durch sehr allgemeine Bedingungen und Konflikte der menschlichen Natur geprägt ist und nur auf einer dünnen Oberfläche mit der Geschichtsepoche zu tun hat, die Sie als "kapitalistische Gesellschaft" bezeichnen. Das Privateigentum ist nur eines der vielen *Werkzeuge*, dessen sich die alte menschliche Aggressionslust bedient. Die Sozialisten neigen zu einem *idealistischen Verkennen der menschlichen Natur*.

Marx: Mir scheint, Sie rechtfertigen die bestehenden Verhältnisse, ganz ähnlich wie die bürgerlichen Ökonomen, die Engels und ich kritisiert haben, indem Sie die natürliche und die besondere gesellschaftliche Bestimmtheit der Menschen in einander verschwimmen lassen. Es sieht dann so aus, als müßte Arbeit immer entfremdete Lohnarbeit sein und als wäre die Gnadenlosigkeit der moderneren Weltmarktkonkurrenz nur Ausdruck unserer inneren Wolfsnatur. Glauben Sie denn, daß die Besitzverhältnisse nicht geändert gehören?

Freud: Doch, das glaube ich. Es ist sogar dringend, wenn ich auf die weltweite Ungleichheit schaue. Aber wenn Sie das Beharrungsvermögen der menschlichen Natur, das Triebleben und das Unbewußte unterschätzen, landen Sie immer wieder bei einem Fehlschlag, einer *Entwertung* Ihrer wohlmeinenden Ideen *für die Ausführung*.

Marx: Ich merke schon einen Unterschied. Vielleicht darf ich aber noch einmal auf das Thema Religion kommen, wo sich doch eine Brücke zwischen uns angedeutet hat. Was meinen Sie, wie kommen die Menschen überhaupt auf die religiösen Ideen, die ihre Kräfte so binden?

Freud: Sie sind sicher nicht nur ein Trug der herrschenden Klassen oder Priesterkaste, um die Menschen unmündig zu halten und auszubeuten. Das könnte nicht funktionieren, wenn nicht mächtige Wünsche ihnen entgegen kämen. Das angenehme Grundgefühl im Religiösen können wir, einer Anregung meines Freundes Romain Rolland folgend, das "ozeanische Gefühl" nennen. Man fühlt sich gehalten, entgrenzt, mit dem All verbunden – mal ist das eher still, mal mehr ekstatisch; die Grenze zwischen dem Ich und den Objekten der Welt verschwimmt – ein wenig wie bei den Verliebten, wo ja auch die Grenze zwischen dem Ich und einem Objekt fließend wird. Ich selbst habe in meinem langen Leben diese Zustände kaum verspürt – kannte allerdings benachbarte Empfindungen von der Liebe und dem Kokaingenuß – aber die Berichte vieler anderer sind hier sehr übereinstimmend. Die unbeständigen, durchlässigen Ich-Grenzen kennen wir mit der Färbung von Leiden auch aus der sogenannten Psychose. Aber als Säuglingszustand ist die Ungeschiedenheit von Ich und Objekten, *die erst allmähliche Loslösung des Ich von der Masse der einströmenden Empfindungen*, die zunächst nur unvollständige Anerkennung eines "Draußen" das Normale, das wir alle erlebt haben und zu welchem viele sich zurücksehnen. Vor allem, wenn sie dort einigermaßen gehalten wurden, Milch und Zuneigung reichlich flossen und es ihnen gut ging. *Unser heutiges Ichgefühl ist also nur ein eingeschrumpfter Rest eines weit umfassenderen; ja eines allumfassenden Gefühls, welches einer innigeren Verbundenheit des Ichs mit der Umwelt entsprach.*

Marx: Sie sprechen davon so positiv, daß ich Sie nun doch beinahe für religiös halten möchte.

Freud: Das Vorkommen eines solchen Gefühls sagt zunächst einmal gar nichts über die Existenz anderer, höherer Mächte. Es mag sich einstellen oder auch nicht. Religiös wird die Angelegenheit auch erst dann, wenn Menschen ein starkes Bedürfnis entwickeln, das mit diesem Gefühl zusammenhängt, es sozusagen als Rettung dringend brauchen und pflegen. Es muß noch ein Wunsch hinzutreten, aus infantiler Hilflosigkeit und den aktuell schmerzenden Trennungen zwischen Ich und Objektwelt gerettet zu werden. Es werden dann regelmäßig helfende und tröstende Figuren phantasiert, hinter denen der Psychoanalytiker ohne Mühe die Sehnsucht nach einem starken Vater entdeckt.

Marx: Wieso Vater? Am Anfang ist doch die Mutter viel wichtiger.

Freud: Mh. Die jüdische und die christliche Religion sind Vaterreligionen.

Marx: Aber würde ein späterer Archäologe oder ein Forscher vom anderen Planeten die Bilderwelt der katholischen Kirchen studieren, müßte er annehmen, daß sich alles um die Beziehung zwischen Mutter und Kind dreht, auch die Erlösungswünsche.

Freud: Sie haben vielleicht auch schon gehört, daß es modern geworden ist, mir patriarchalische Einäugigkeit vorzuwerfen. Aber Sie haben teilweise recht: das ozeanische Gefühl als solches ist eher ein Rudiment aus der Mutter-Beziehung. – Trost brauchen wir übrigens alle. Das Leben ist ohne Hilfskonstruktionen schwer auszuhalten. Rauschstoffe machen uns unempfindlich, Ersatzbefriedigungen verringern das normale Elend, und Ablenkungen helfen, es gering zu schätzen. Arbeit, insbesondere auch unsere, die wissenschaftliche gehört in den letzteren Bereich.

Marx: Die Seite ist mir vertraut – das hat mit unserer Entfremdung zu tun. Die Stunden in der Nationalbibliothek haben mir sicher auch gegen die Schmerzen des älterwerdenden Ehelebens, der Armut, der Vertreibung geholfen. Aber es wäre falsch, diesen Aspekt absolut zu setzen. Es gibt doch auch eine innere Leidenschaft bei der Arbeit, eine Bejahung des Gegenstandes, Neugierde und Begeisterung bei der sinnlichen und vielseitigen Aneignung der Welt. Mir scheint, daß ich derlei schon bei den ersten spielerischen Arbeitsversuchen meiner Kinder und Enkel, beim Staudämmebauen am Bach, beim Kuchenbacken beobachtet habe.

Freud: Schon die Kinder helfen sich mit ihrem Spiel vor allem gegen Trennungsleid und ihre Ausgeliefertheit an die Mächte der Erwachsenenwelt, in dem sie nun aktiv sein und die Dinge ihrer Vorstellung gemäß gestalten können. Darin sind sie übrigens den Dichtern ähnlich.

Marx: Sie sprechen wie ein alter Herr, dem die Idee des menschlichen Glücks völlig abhanden gekommen ist.

Freud: Ich habe mich eigentlich mit nichts anderem beschäftigt. Nur sind mir die einfachen Antworten und Versprechungen verdächtig. Das Streben nach Glück ist in der Tat elementarer Zweck und Absicht unseres Lebens, aber dieses Streben hat zwei Seiten: *es will einerseits die Abwesenheit von Schmerz und Unlust, andererseits das Erleben starker Lustgefühle.* Das Programm des Lustprinzips setzt den Lebenszweck, aber es ist *im Hader mit der ganzen Welt, mit dem Makrokosmos ebenso wie mit dem Mikrokosmos*. Die Einsetzung des Realitätsprinzips, die Entwicklung der realitätsprüfenden Instanzen des Ich, die uns auf die eigensinnige Beschaffenheit jener Welten und die notwendigen Umwege bei der Durchsetzung des anfänglich alleinregierenden Lustprinzips hinweisen, erfolgt unter Schmerzen.

Marx: Also, das Realitätsprinzip ist ein "Begriff der Vermittlung", in der das Lustprinzip "aufgehoben" ist im Sinne der Hegel'schen Dialektik, zugleich negiert und bewahrt? – Auch *Arbeit* in meinem Sinne ist übrigens *aufgehaltene Begierde,* vermittelte Aneignung der sinnlichen Welt, von der der Mensch zunächst leidend abhängig ist *wie auch das Tier und die Pflanze.* Und es kann passieren, daß die Vermittlung sich verselbständigt, vor lauter Arbeit oder lauter Realitätsprinzip das zu Vermittelnde, also das "Lustprinzip" oder die *sinnliche Aneignung der Gegenstände*, kaum noch zum Zuge kommt? Sehen Sie das so?

Freud: Ja, ich glaube schon. Nur denke ich, daß Sie das Einschrumpfen des Lustprinzips oder das Scheitern der "sinnlichen Aneignung" einseitig der gesellschaftlichen Entfremdung, dem Kapitalismus anlasten, während ich das Scheitern schon im *Plan der Schöpfung* angelegt sehe. Wir sollten hier keine Illusionen verbreiten.

Marx: Es gibt zwei Ebenen der Härte oder Nicht-Identität der Welt in bezug auf die sinnliche Aneigung und die Lust suchenden Menschenwesen, die ich mit dem Älterwerden deutlich unterschieden habe. Das eine ist die *Entfremdung*, die sich mit der Herrschaft des Kapitals und der Klassengesellschaften davor entwickelt hat. Die zweite ist eine Fremdheit der Natur und eine Härte der Arbeitsgegenstände, die älter ist und den Kapitalismus auch überdauern wird. *Wie der Wilde mit der Natur ringen muß, um seine Bedürfnisse zu befriedigen, um sein Leben zu erhalten und zu reproduzieren, so muß es der Zivilisierte und er muß es in allen Gesellschaftsformen und unter allen möglichen Produktionsweisen.*

Freud: Auf jeden Fall ist Glück ein seltener Zustand, ein *episodisches Phänomen*, das aus dem plötzlichen Abbau eines Bedürfnisstaus resultiert. Versuche der Wiederholung oder die Fortdauer machen es fad. Um Unglück brauchen wir uns kaum bemühen. Es kommt von selbst: von unserem hinfälligen Körper her, von der Außenwelt und von den anderen Menschen. Das Älterwerden, der Vormarsch des Realitätsprinzips besteht u. a. darin, eher auf die Unglücksabwendung als auf die Gewinnung positiver Lust zu setzen. Die Menschen entwickeln einige unterscheidbare Wege, mit diesen Schwierigkeiten fertig zu werden.

Marx: Und welche?

Freud: Ich habe einmal eine Liste von ungefähr zehn Wegen oder grundlegenden Lebensentwürfen erstellt, welche doch noch ein Mindestmaß an Lusterfahrung ermöglichen. Der erste ist der Hedonismus, das Setzen auf den hohen Genuß, bei hohem Risiko. Das Leben ist dann unter Umständen kurz, aber intensiv. Der zweite ist der narzißtische Rückzug, man zieht sich von den Artgenossen soweit zurück, daß sie einem kein Leid tun können. Das Glück ist dann die Ruhe. Die Stoiker haben wohl so etwas versucht ...

Marx: Erklären Sie mir "narzißtisch". Ich habe hier einige Exemplare von "Psychologie heute" und Bücher angeschaut, aus denen hervorgeht, daß der narzißtische Mensch eher ein Weichtier von rückgratloser Anhänglichkeit, ein "Groupie" ist, also das Gegenteil Ihres Eremiten.

Freud: Der Begriff des Narzißmus ist ein Modebegriff geworden, der mittlerweise statt zu erhellen eher ein Dunkel produziert, in dem alle Katzen grau werden. Ich meine hier jemanden, der gewissermaßen die libidinösen Fühler einzieht und auf sich selbst und seine inneren Vorgänge richtet, daraus Lust bezieht. Gemeinsam mit jenem anderen Typus ist ihm vielleicht eine verletzungsbedingte Unfähigkeit, feste und verläßliche Beziehungen einzugehen, gewissermaßen "Treue zu halten". Oder stellen sie sich zwei Kinder in einem Asyl vor, die sich beide unsicher und im Selbstwert bedroht fühlen: das eine zieht sich von den realen Beziehungen zurück und träumt von Größe und Geborgenheit, das andere wirft sich wie ein treuloser kleiner Hund wahllos jedem Besucher in die Arme, will überall "dazugehören" und sich seines Wertes im Kontakt mit anderen vergewissern.

Marx: Ich glaube, da habe ich etwas verstanden. Ich möchte vermuten, daß in einer Gesellschaft, in der die Menschen ihren *gesellschaftlichen Zusammenhalt* vorwiegend *in der Tasche bei sich tragen*, wo sie einander wechselseitig zum Mittel werden, wo vor allem Geld und Überlistung statt Treue und Glauben gefragt sind, der narzißtische Rückzug oder die narzißtische Flucht ins Oberflächliche eher die Regel als eine Ausnahme sind. – Aber fahren Sie fort, mit Ihrer Beschreibung der Wege zum Glück, ich bin neugierig!

Freud: Besser als die eben beschriebene Weltabwendung ist vielleicht die gemeinschaftliche Abwendung der feindlichen Außenwelt, der Angriffe der Natur mit Hilfe der Technik und der Kooperation.

Marx: Seltsam, daß Sie Arbeit und Zusammenarbeit immer nur als Abwendungs- und Verteidigungsprogramm beschreiben, nicht als die Möglichkeit der Weltbejahung, der teils individuellen, teils gemeinschaftlichen Vergegenständlichung von Wesenskräften und als Selbstvergewisserung, die sie aus meiner Sicht doch auch ist, – jedenfalls im einigermaßen unentfremdeten Zustand. Da gefällt mir schon besser, was ich kürzlich bei Ihrem Kollegen oder Schüler Alfred Adler gelesen habe, daß nämlich die Zusammenarbeit ein Weg ist, um das Geltungsstreben und die Machtwünsche des Einzelnen, die aus seinen Minderwertigkeitsgefühlen kommen, über die anerkannte Wichtigkeit des Teilbeitrags umzuformen in das Gemeinschaftsgefühl als Mitglied einer Gruppe, auf welche man dann stolz sein kann. Ist Adlers "Machtwille" nicht etwas ganz ähnliches wie Ihr "Narzißmus"?

Freud: Bitte hören Sie mir auf mit Adler! Er ist kein Psychoanalytiker und der Geltungsdrang war eher sein persönliches Problem. Er hat die Sexualität als zentrale Triebkraft des Seelenlebens verdrängt, mit deren Anerkennung die Psychoanalyse steht und fällt.

Marx: Aber mir kommt vor, daß in der inzwischen verbreiteten psychoanalytischen Literatur über den Narzißmus, die wir vorhin erwähnt haben, das Thema Sexualität auch sehr an den Rand geraten ist. Und ich habe mir gerade ein Buch von einem Psychoanalytiker Horst-Eberhard Richter ausgeliehen, mit dem Titel "Der Gotteskomplex", in dem er zeigen will, wie der Mensch der kapitalistischen Neuzeit seine Schwächlichkeit und Unterlegenheit gegenüber den mächtigen Naturkräften verleugnet, mit Allmachtsphantasien und Technik überspielt, um sich selbst als Gott zu setzen. Ist das nicht reinster Alfred Adler – bloß daß dieser im Literaturverzeichnis nicht erwähnt wird?

Freud: Sind Sie hier etwa Adler begegnet? – Er hat sicher versucht, Sie auf seine Seite zu ziehen? Als ich kürzlich gezwungen war, auf einer Wegkreuzung direkt an ihm vorbeizugehen, besaß er die Frechheit, mir zuzuzischen, die nervtötende Narzißmusdiskussion unter meinen Schülern sei seine späte Rache an mir für die angeblich erlittenen Kränkungen.

Marx: Ich habe ihn nicht getroffen. Der Streit soll nicht unsere Diskussion über Ihre Wege der Glückserhaltung abreißen lassen. Bitte erzählen Sie weiter!

Freud: Wo waren wir? Ja, bei der Zusammenarbeit, die so mühsam ist. Ein viel leichterer Weg ist die wohlgemeinte und dosierte Selbstvergiftung. Ich habe ja als jüngerer Mann mit dem Kokain experimentiert, welches dem Lebensgefühl wenig Aufregendes und Verwirrendes hinzufügt, aber die Arbeitsfähigkeit erhält und die alltäglichen Unlustgefühle und Depressionen beiseite schiebt. Ich habe es zu Lebzeiten immer bedauert, daß wir über den *Chemismus*, die toxische Seite des Seelenlebens so wenig wußten. Unsere alltäglichen Stimmungsschwankungen müssen von der Absonderung körpereigener Stoffe mitbewirkt sein, welche wir durch körperfremde ersetzen können. Ich habe jetzt über die "Endorphine" gelesen, welche der Organismus im Schockzustand produziert und die ähnlich den Opiaten Schmerzen betäuben. Das "Serotonin" scheint mit der Lustempfindung zusammenzuhängen.

Marx: Meinen Sie, daß die Erforschung des chemischen Stoffwechsels Ihre Psychotherapie überflüssig macht? Ein flüchtiger Blick in die auf der Erde derzeit üblichen Asyle für seelisch schwer Erkrankte, der mir vergönnt war, zeigt etwas anderes. Es wird mit Hilfe der modernen Chemie doch eher ein seelisches Leid gegen das andere eingetauscht, z. B. die Verwirrung der sogenannten Schizophrenie gegen das Lebensgefühl eines Dorftrottels ohne geschlechtliche Leidenschaften.

Freud: Die Mittel sind immer noch grob und in der Detailwirkung kaum erforscht. Aber auch im Alltag wird die Wirkung der Rauschmittel *so sehr als Wohltat geschätzt, daß Individuen wie Völker ihnen eine feste Stellung in ihrer Libidoökonomie eingeräumt haben.* Wir können uns *mit Hilfe des "Sorgenbrechers" jederzeit dem Druck der Realität entziehen und in einer eigenen Welt mit besseren Empfindungsbedingungen Zuflucht finden.* Von der Gefahr, daß dadurch Energie von der Verbesserung des menschlichen Loses abgezogen werden kann, weiß ich natürlich auch.

Marx: Diese Fluchtmöglichkeit liegt in einer entfremdeten Gesellschaft besonders nahe und wird langsam der beliebteste Weg zum Glück. Im Kapitalismus wird jeder Reichtum, jede segenreiche Entdeckung gnadenlos in die Form von Waren gebracht; und die Droge ist in gewisser Hinsicht die ideale Ware. Sie scheint mit ihrem Gebrauchswert endlich und sofort spürbar das einzulösen, was die anderen "Glücksgüter" dieser Gesellschaft nur versprochen hatten; die Überwindung der Öde und des Fremdheitsgefühls. Und wer einmal auf diese Leimrute geflogen ist, bleibt leicht daran hängen und garantiert dem investierten Kapital einen langfristig gesicherten Profit. Ein großer Teil des Welt-Kapitals scheint inzwischen aus der Produktion und dem Handel von Drogen gewonnen zu sein. Das von Ihnen so harmlos angesprochene Kokain, Opiate, Alkohol, ja unter bestimmtem Aspekt auch die als "Automobile" bezeichneten Fortbewegungs- und Fluchtmittel sowie die Bilder- und Traumkästen, vor denen die meisten Menschen jetzt eine Reproduktion der Arbeitskraft suchen – all das sind Drogen, deren Entzug bei vielen sofort schwere Unruhe und Leid auslöst.

Freud: Es grenzt das Rauschmittelverfahren zweifellos an den Genuß von Kunst und Kulturproduktionen. Im letzteren wird die Befriedigung *aus Illusionen gewonnen, die man als solche erkennt, ohne sich durch deren Abweichung von der Wirklichkeit im Genuß stören zu lassen. Das Gebiet, aus dem diese Illusionen stammen, ist das Phantasieleben; es wurde seinerzeit, als sich die Entwicklung des Realitätssinnes vollzog, ausdrücklich den Ansprüchen der Realitätsprüfung entzogen und blieb für die Erfüllung schwer durchsetzbarer Wünsche bestimmt.* Der *Kunstgenuß* hat auf die Empfänglichen schon immer wie ein *mildes Narkotikum* gewirkt, mit dem wir das Elend der Welt vorübergehend vergessen konnten. Dieselbe Funktion haben heute – die für Ihren und meinen Geschmack eher abstoßenden – Kulturproduktionen, welche die von Ihnen erwähnten flimmernden Traumkästen und die zur Projektion von phantastischen Bilderfolgen aufgespannten Leinwände beleben. Ich habe gehört, daß in den allerletzten Jahren Hunderttausende sogenannter "Videotheken" aus dem Boden geschossen sind, in denen die Kinder und die Erwachsenen je nach Inhalt und Stärke ihres aktuellen Phantasielebens und ihrer Tagträume zwischen Hunderten von Produkten auswählen können: Von feinerer Erotik bis zur rohesten Sinnlichkeit, vom tröstlich-rührenden Tierfilm bis zum aggressiven Heldenstück, mit dessen Protagonisten der Betrachter sich vorübergehend kompensatorisch identifiziert. Dann gibt es noch eine Musikkultur unter Einbeziehung afrikanischer Elemente und komplizierteste Apparate zu ihrer akustischen Reproduktion, deren Betäubungswirkung für die breiten Massen offensichtlich ist.

Marx: All das war wirklich nicht vorauszusehen. Zerstreuung auf breitester Front, statt Konzentration des politischen Willens und Zusammenschluß für die Umwälzung von entfremdeten Arbeits- und Lebensverhältnissen. Dazu kommt noch die Zerteilung und Zerstreuung der verschiedenen Lohnarbeitergruppen selbst, die untereinander kaum noch gemeinsame Interessen spüren, aufgeteilt sind nach "Angestellten" und "Arbeitern", in Hunderte von Berufsbezeichnungen und vielerlei Abstufungen von oben nach unten. Alle sind stolz, etwas anders und vielleicht besser zu sein als die anderen, obwohl die meisten immer noch der Logik des Kapitals unterworfen sind.

Freud: Ich nenne das den *Narzißmus der kleinen Differenzen*, eine dünkelhafte Aggressivität gerade zwischen Gemeinschaften, die einander nahestehen. Noch zu meinen Lebzeiten erschien übrigens ein erhellendes Buch über die damals erst heraufdämmernde "Angestelltenkultur" von einem Siegfried Kracauer. Mit der These von der Zerstreuung der Konflikte durch die ungeheuer aufgefächerte neue Unterhaltungs- und Drogenkultur haben Sie wohl recht. Die Zerstreuung betrifft auch die Konflikte des Seelenlebens und hier insbesondere die Lebenstechniken der Triebkontrolle und der Sublimierung, läßt sie in gewisser Hinsicht veralten.

Marx: Was meinen Sie?

Freud: Wenn die Außenwelt uns die Befriedigung von Bedürfnissen verweigert, kann man versuchen, gewissermaßen nach innen zu gehen, die Quelle der Bedürfnisse zu verstopfen oder zumindest zu beherrschen. *Man kann hoffen durch Einwirkung auf diese Triebregungen von einem Teil des Leidens frei zu werden.* Es gibt hier als Unterformen den östlichen Weg der Triebabtötung und des Ruhegewinns durch Yoga und Fakir-Praktiken und den uns vertrauten westlichen Weg der Triebzähmung. *Das Herrschende sind dann die höheren psychischen Instanzen, die sich dem Realitätsprinzip unterworfen haben.* Die Befriedigung wird reduziert, die Triebe geraten in eine dauernde Abhängigkeit wie Haustiere, die im Vergleich zu ihren wilden Vorfahren Vitalität verloren haben, für die Zwecke des "vernünftigen" Gebrauchs vom Besitzer kastriert werden und so fort. In dieser Beziehung nistet bereits die Neurose; die für sie typische Hemmung und Beschneidung des Trieblebens im Auftrag des Über-Ich führt zu maskierten Aufständen der unterdrückten Kräfte und zu nicht vorhersehbaren, zunächst unverständlichen Symptomen, an denen sowohl der Trieb als auch die Verdrängung beteiligt sind und seltsame Kompromisse zustande bringen. Dem Vorteil einer gewissen Kontrolle steht der Nachteil einer sehr eingeschränkten Genußfähigkeit entgegen. Viele der normal-neurotischen Besitzer des Haustiertriebes träumen von Wölfen und von Wildheit, über welche – zumindest in unserer Phantasie – der Verwahrloste oder Perverse noch verfügt ...

Es rumort unter dem Tisch. Freuds Hund kommt hervor, schaut sein Herrchen aufmerksam an und winselt leise.

Marx: Was ist? Muß er hinaus?

Freud: Nein, noch lange nicht. Ich glaube, es ist das Thema. (Zum Hund gewandt:) Brauchst keine Angst zu haben, bist nicht so schrecklich domestiziert und kastrieren werden wir Dich auch nicht. Du stammst ja noch ganz direkt von Wölfen ab – sagt jedenfalls Konrad Lorenz.

Der Hund scheint beruhigt, geht in dem für seine Rasse so typischen Stelzgang einmal um den Tisch und legt sich dann wieder zwischen Marx und Freud nieder.

Freud: (wieder zu Marx gewandt:) Wir alle haben unsere Wolfsphantasien. Ich denke, auch die Geschichten, die abends über die Traumkästen kommen, sind voller wilder Gestalten, die bald böse, bald brünstig hintereinanderherlaufen und zu einem beträchtlichen Teil dann für ihr unbändiges Treiben erschossen werden müssen. Haben sie den "Steppenwolf" von Hermann Hesse gelesen? Ein interessantes Buch. Und diese furchtbaren Nazis waren u. a. dadurch so anziehend für die Deutschen und die Österreicher, daß sie ihnen vorgegaukelt haben, sie könnten die ganze Mühsal des Kulturlebens, der Triebkontrolle samt den neurotischen Hemmungen auf einen Schlag loswerden, indem sie sich in vitale und aggressive germanische Bestien mit einem despotischen Leitrüden an der Spitze zurückverwandeln.

Marx: Die Sache war komplizierter, es mußten noch Bedingungen von der Ökonomie her hinzutreten. Vielleicht können wir darauf zurückkommen. Was ist mit der "Sublimierung", von der Sie vorher gesprochen haben?

Freud: Richtig, sie schließt als Lebenstechnik an die Zähmung der Triebe und als eine gewisse Alternative zur neurotischen Hemmung und Symptombildung an. Sie ist verbunden mit einer Verschiebung der Triebziele in eine Richtung, wo die Versagungen der Außenwelt sie nicht mehr direkt treffen können. *Am meisten erreicht man, wenn man den Lustgewinn aus den Quellen psychischer und intellektueller Arbeit genügend zu erhöhen versteht.* So vermag ein oraler Drang nach

Einverleibung im Wissensdurst eine gewisse Befriedigung finden, ein sadistischer nicht nur im Beruf des Chirurgen, sondern auch in der "messerscharfen" Analyse, welche uns der Wissenschaftler liefert und so fort. Alle diese Formen sind *feiner und höher* als die Triebe im ursprünglichen Aggregatzustand; sie *erschüttern nicht unsere Leiblichkeit* und sind im allgemeinen gesellschaftlich verträglich.

Marx: Aber nur im allgemeinen, der subtile Sadismus hat sicher einiges beigetragen zur Entwicklung von bösartigen Bombenwaffen und Machtinstrumenten, wie man sie unten hat. – Ist dieser Weg allen offen?

Freud: Nein, zur künstlerischen oder wissenschaftlichen Sublimierung braucht man eine besondere Begabung, aber *es kann die gemeine, jedermann zugängliche Berufsarbeit an die Stelle rücken.* Und die seltsame Reizung der Triebe und gröbsten Phantasien durch die moderne Kultur, von der wir vorher gesprochen haben, erschwert diesen Weg endgültig. Ich habe von einem Herrn Herbert Marcuse den Begriff der "repressiven Entsublimierung" gehört. Er sagt damit, daß die commerzielle Kultur die Sublimierungsfähigkeit großer Bevölkerungsgruppen zunehmend ruiniert, um dann die Zerfallsprodukte, die ungebundenen libidinösen und aggressiven Triebregungen über die Präsentation von einfachen Ersatzbefriedigungen wirtschaftlich auszubeuten.

Marx: Ja, das ist die perfektionierte Herrschaft der Waren über die Menschen. Wenn dieser Weg der Sublimierung so schwer geworden ist, was ist dann mit der Liebe?

Freud: Sicher, es gab und gibt diese Technik der Lebenskunst, die sich gewissermaßen mit dem Mut der Verzweiflung an die äußeren Objekte klammert, die dem Erwachsenen oder Heranwachsenden einmal die *stärkste Erfahrung einer überwältigenden Lustempfindung vermittelt* haben. Der Nachteil dieser eigentlich völlig einleuchtenden Richtung ist schon vorhin unter dem Stichwort Hedonismus angeklungen. *Niemals sind wir ungeschützter gegen das Leiden als wenn wir lieben, niemals hilfloser unglücklich als wenn wir das geliebte Objekt oder seine Liebe verloren haben.* Doch scheint eine gewisse Erotomanie sich derzeit als Hauptweg zum Glück durchzusetzen, jedenfalls überall dort, wo die Glücksversprechen der Waren und die Botschaft der Traumkästen empfangen werden können.

Marx: Dann müßte nach meiner Kenntnis der Dinge dieser Trend in den Vereinigten Staaten von Amerika besonders fortgeschritten sein. Dort zeigt sich die Logik der modernen kapitalistischen Verhältnisse infolge des Fehlens feudaler und traditioneller Überbleibsel immer besonders klar und frühzeitig.

Freud: Soweit ich weiß, löst man dort den Widerspruch zwischen der Suche nach dauernder Verliebtheit und Familienbindung dadurch, daß die Paare sich ständig scheiden lassen und mit denselben ewigen Treueschwüren neu heiraten, wie sie schon dem vorigen Partner galten. Jedenfalls zeigen die von dort kommenden seriellen Bilderfolgen in den Traumkästen dieses Muster. – Im Lichte meiner Wissenschaft führt eine solche Verarbeitung des Konflikts zwischen Trieb und moralischen Geboten eher zu einem "Agieren" als zu einem "Verdrängen" oder "Sublimieren" der Spannung. Das paßt zur seelischen Struktur von Verwahrlosten, die wie mein Schüler Aichhorn beschrieben hat, den Druck eher nach außen weitergeben, weglaufen, betrügen, erpressen und kämpfen, als daß sie sich selbst disziplinieren oder in Richtung auf die Neurose verformen. Beide Formen der Konfliktbewältigung sind unbewußt. Der erwähnte August Aichhorn hat übrigens noch in Wien jenen Heinz Kohut analysiert, der dann später in den USA die moderne Verwahrlosung unter dem Begriff "Narzißmus" erforscht und bekannt gemacht hat.

Marx: Also eine "verwahrloste" und "narzißtische" Variante des Insistierens auf dem Liebesglück? – Einen in Deutschland lebenden Gesellschaftsforscher habe ich kürzlich von der neuen "Verhandlungsfamilie auf Zeit" reden hören. Vielleicht beinhaltet dieser Trend neben der sichtbaren Entfremdung auch einen *civilizing influence.* Die lebenslange Einsperrung in patriarchalische Privatgefängnisse ist vermeidbar geworden. Der Individualismus des modernen, nur sich selbst verantwortlichen Lohnarbeiters kommt in der neuen Geschlechterfreiheit gewissermaßen zu sich selbst. Ich war immer der Meinung, daß aus der Beziehung zwischen Mann und Frau, den Geschlechtsbeziehungen *die ganze Bildungsstufe des Menschen* zu beurteilen ist. – Ja, aber was denken Sie, welcher der von ihnen unterschiedenen Wege zum "Restglück" ist der beste, jedenfalls für die, die ihn unten noch suchen müssen.

Freud: *Es gibt hier keinen Rat, der für alle taugt;* es hängt von den Anlagen und den Triebschicksalen in der Kindheit ab. Und *jede extreme Entscheidung wird sich dadurch strafen, daß sie das Individuum den Gefahren aussetzt, die die Unzulänglichkeit der ausschließend gewählten Lebenstechnik mit sich bringt. Wie der vorsichtige Kaufmann es vermeidet, sein ganzes Kapital an einer Stelle festzulegen, so wird vielleicht auch die Lebensweisheit raten, nicht alle Befriedigung von einer Strebung zu erwarten.*

Marx: Merken Sie, wie Ihre Sprache und unser Denken von den Gesetzen der Kapitalbildung und der Geldwirtschaft geprägt ist ...

Freud: Es war nur eine harmlose Metapher, Sie wollen Ihre ökonomische Entfremdung aber auch überall aufspüren.

Marx: Bitte fühlen Sie sich nicht gekränkt! Ich denke nur daran, daß man sich in der kapitalistischen Gesellschaft offenbar nicht nur einzelne Waren, sondern ganze Lebenswege kaufen und je nach Geschmack oder Notwendigkeit zusammenstellen kann. Die Menschen haben endgültig aufgehört, *mit einer Bestimmtheit zusammengewachsen* zu sein, wie ich es für die mittelalterliche Gesellschaft formuliert hatte. – Kennen Sie diese Teppiche aus vielen Stücken, meine Frau Jenny hat mal so einen gemacht, aus Resten, weil wir wenig Geld hatten – patchwork heißt es auf englisch ...

Freud: Wir sagen Fleckerlteppich in Österreich ...

Marx: Mir kommt vor, daß die Bildung der Persönlichkeit inzwischen kaum noch einem einfachen gesellschaftlichen Muster gehorcht, sondern daß sie wie ein patchwork entsteht, von dem keines den anderen ähnelt – obwohl die Stoffe nach wie vor aus der gleichen Welt besorgt werden. Vielleicht macht das alle Appelle an gemeinsame Interessen so schwer. (Es entsteht eine längere Denkpause). – Mir ist übrigens vorhin vorgekommen, daß Sie das Wort "Agieren" recht abfällig gebrauchen, also vom Nach-Außen-Wenden der Widersprüche und der Spannungen im Vergleich zum Aushalten und "Sublimieren" nicht eben viel halten.

Freud: Da haben sie nicht ganz unrecht. Unsere Methode der Psychotherapie beruhte auf einem Verbot des Agierens. Die Wünsche und Phantasien sollten sich in der Beziehung zum Psychoanalytiker wie im Treibhaus verdichten, um darin deutlicher spürbar und bewußt zu werden. In der Gesellschaft kommt dem Umschaffen-Wollen der für das Lustprinzip so enttäuschenden Welt eine große Bedeutung zu. Der Wahnkranke tut dies in einer verzweifelten Isolation – aber vielleicht benimmt sich ein *jeder von uns in irgendeinem Punkte ähnlich wie der Paranoiker, der eine ihm unleidliche Seite der Welt durch eine Wunschbildung korrigiert und diesen Wahn in die Realität einträgt.* Wenn sich eine größere Anzahl von Menschen zu diesem Zwecke zusammentut, haben wir einen Massenwahn, von dem die Religion der wichtigste Sonderfall ist.

Marx: Und die revolutionären Massenbewegungen zählen Sie auch darunter? Es sind doch wohl genaue Unterscheidungen nötig, wenn Sie die Menschen nicht auf ewig in ihren elenden Verhältnissen ...

Hier werden die Gesprächspartner von einem Tumult unterbrochen. Ein Mann mit dunklen Ringen um die Augen und einem umgehängten Purpurmantel hat den Raum betreten; er ist in Begleitung einiger Frauen und Männer (einer von ihnen sieht aus wie der bekannte Schauspieler Peter Lorre). Er schreit herum und kündigt für den nächsten Abend in diesem Lokal eine völlig neuartige Theateraufführung an, in der er selbst einen mächtigen Vater oder König spielen wird. Dann nähert er sich dem Tisch der beiden älteren Herren.

Eindringling: Ha, da sitzen ja Freud und Marx beisammen: Ihr redet statt zu handeln, tauscht einmal wieder langweilige Worte aus, die Ihr vorher Euren jeweiligen Schränken mit ordentlich gestapelten Kulturkonserven entnommen habt. Das bewegt doch keinen mehr! Der eine analysiert die Träume von künstlich ruhiggestellten Menschen, statt Ihnen zu helfen, die Träume in die Wirklichkeit umzusetzen. Der andere glaubt den Menschen einen großen Plan vorschreiben zu können, wie sie die Welt verändern sollen, statt auf ihre Kräfte der Spontaneität und Kreativität zu vertrauen, die nur auf die Bühnen unserer Welt gelassen werden müssen, um uns alle unsere Größe und Gottähnlichkeit wiederfinden zu lassen. Redet nur weiter, ich mache morgen meine Aufführung! Schaut sie Euch an, wenn Ihr den Mut habt.

Das heisere Bellen von Freuds Hund geht im Lärm unter. Der seltsame Gast und sein Gefolge verschwinden so rasch wieder wie sie gekommen sind.

Marx: Was war denn das?

Freud: Der paßt ja zu unserem soeben erörterten Thema wie gerufen. Man möchte beinahe dem Kinderglauben an die *Allmacht der Gedanken* verfallen. Das war Moreno. Er ist noch gar nicht lange hier oben und führt sich bereits auf wie der liebe Gott persönlich!

Marx: Kennen Sie ihn?

Freud: Ja, er war als junger Mann manchmal in meinen Vorlesungen an der Wiener Universität und hat mich damals auch schon einmal ähnlich attackiert? – Er leidet unter Größenphantasien, die wahrscheinlich mit dem Verlust des geliebten Vaters zu tun haben; er hat sich mit dem verlorenen Objekt identifiziert und spielt jetzt den größten Vater oder Wunderrabbi für alle – eine nicht seltene Trauerreaktion, die um den Preis einer wahnhaften Umbildung der Realität den Verlust erträglich macht.

Marx: Also ein Verrückter?

Freud: Aus unserem jetzigen Abstand muß ich sagen, daß er auch wirklich etwas erfunden hat. Einerseits eine Art Spieltherapie für Erwachsene, die er Psychodrama genannt hat. Die Heilungskräfte des Spiels waren uns ja auch bekannt. Und meine Schülerinnen haben daraus die psychoanalytische Therapie von Kindern entwickelt. *Der natürliche Auftrieb des Unbewußten* kommt eben nicht nur im freien Assoziieren auf der Couch, sondern auch in der Spontaneität des Spiels zum Ausdruck. Andererseits hat dieser Herr wohl als erster die interne Dynamik der überschaubaren Gruppen untersucht, das Kräftespiel von Anziehung und Abstoßung, Sympathie und Antipathie, Bevorzugung und Ausschließung zwischen Einzelnen und in Untergruppen. Er glaubt, damit weltweit Ausschließungsprozesse verhindern zu können, spricht von einem "soziometrischen Proletariat", das befreit werden soll. Er möchte Sie überwinden, indem er einen "dritten" Weg, nämlich seinen Weg der spontanen Individuen und der befreiten Gruppen, zwischen Kapitalismus und Sozialismus propagiert. Was halten Sie davon?

Marx: Na ja, wenn wir aus der Idee der Überwindung ein Verhältnis der Ergänzung machen, ist das vielleicht nicht ganz falsch. Das unmittelbare *wechselseitige Verhalten* der Individuen, welches letztlich die gesamtgesellschaftlichen *Verhältnisse* bildet und von diesen eine allgemeine Form erhält, haben wir tatsächlich nicht sehr genau untersucht. Und es kann gut sein, daß eine wirkliche Revolution des Gesellschaftsgebäudes auch in diese einzelnen Räume und Winkel des alltäglichen Lebens hätte hineinfahren müssen, damit die Individuen sich wirklich ändern und befreien. – Übrigens habe auch ich gelegentlich das Handeln der Menschen, vor allem im Bereich der Politik als eine Art Spiel und Tragikkomödie betrachtet. Mit historischen Kostümierungen und inszenierten Gesten der Befreiung werden revolutionäre Bewegungen vorgetäuscht, niedergehalten und umgelenkt. Das habe ich in meiner Schrift über den *"18. Brumaire des Louis Bonaparte"* untersucht und es gilt wohl auch für die faschistischen Bewegungen des 20. Jahrhunderts. – Ob das Spielen und Inszenieren Erwachsenen Befreiung bringt, möchte ich bezweifeln.

Freud: Jedenfalls merke ich, daß uns die Konzentration jetzt schwerfällt. (Zum Hund:) Ich glaube, wir müssen jetzt auch endgültig Gassi gehen.

Marx: Wenn Sie auch geneigt sind, würde ich unser Gespräch gerne fortsetzen. Ich habe noch mehr Fragen an die moderne Psychologie. Wie wär's genau in einer Woche, zur selben Tageszeit?

Freud: Ja, gerne ...

Die beiden erheben sich, brauchen nicht zahlen, da das Geld zumindest hier abgeschafft ist und verabschieden sich herzlich voneinander.

Anmerkung:

1. S. Freud, Die Zukunft einer Illusion, zit. n. S. Freud Studienausgabe Bd. IX, Frankfurt 1974, S. 183. Im folgenden sind alle Originalzitate von Freud und Marx in kursive Schrift gesetzt. Die Freud-Zitate im vorliegenden und im nächsten Kapitel entstammen durchweg Freuds Arbeit "Das Unbehagen in der Kultur", Studienausgabe Bd. IX, Frankfurt 1969. Ich habe zur Erhaltung des Textbildes auf die übliche Zitierweise verzichtet. Marx' Brief an Vera Sassulitsch findet sich in Marx-Engels-Werke (MEW) Bd. 19, S. 243; die Ideen über "Sinnliche Aneignung" und die Natur des Menschen sind vor allem in den "Ökonomisch-philosophischen Manuskripten", MEW – Ergänzungsband I ausgeführt. Die Logik der Warenform und des Kapitals ("Verkehrung von Subjekt und Objekt") ist vor allem im 1. Band des "Kapitals" (MEW 23) nachzulesen. Das Marx-Zitat "Wie der Wilde ..." ist aus dem 3. Band des Kapital, MEW 25, S. 828. Die Marx'sche Schrift über den "18. Brumaire des Louis Bonaparte" ist in Bd. 8 der MEW-Ausgabe zu finden. Andere in diesem Kapitel zitierten Bücher sind in Reihenfolge ihrer Erwähnung: R. Dutschke, Versuch, Lenin vom Kopf auf die Füße zu stellen, Berlin 1974; W. I. Lenin, Werke, Bd. 27, S. 76/77; H. E. Richter, Der Gotteskomplex, Reinbek 1980; S. Kracauer, Die Angestellten (1929), Frankfurt 1971.

Freud und Marx - Zweiter Teil

Eine Woche später, zur selben Tageszeit, am selben Caféhaustisch. Marx sitzt schon, Freud kommt herein.

Marx: Guten Tag! – Na, heute ohne Hund?

Freud: Ja, grüß Gott! – Sie ist daheim geblieben, weil sie gerade läufig geworden ist.

Freud setzt sich. Er bestellt bei dem sich nähernden Wesen einen Einspänner. Marx hat schon einen weißen Mosel auf dem Tisch stehen. Beide Herren fragen einander nach ihrem Befinden, das sich als gut herausstellt.

Marx: Darf ich Sie ganz direkt etwas fragen: Warum gibt es eine solche Periodizität des geschlechtlichen Vorgangs wie beim Hund nicht auch beim Menschen? – Wäre da nicht vieles einfacher?

Freud: Es gibt sie noch, aber wir sind mit geringfügigen biologischen Schwankungen zu der oftmals so verwirrenden Kontinuität der Sexualerregung verdammt. Diese tritt zusammen auf mit dem aufrechten Gang, dem Sichtbarwerden der Genitalien, dem Zurücktreten der sexuellen Geruchsreize vor den permanent wirkenden Gesichtsreizen und der Gründung der Familie an der Schwelle der menschlichen Kultur. Bei den Menschen *hing die Gründung der Familie damit zusammen, daß das Bedürfnis genitaler Befriedigung nicht mehr wie ein Gast auftrat, der plötzlich bei einem erscheint und nach seiner Abreise lange nichts von sich hören läßt, sondern sich als Dauermieter beim Einzelnen niederließ. Damit bekam das Männchen ein Motiv, das Weibchen oder allgemeiner: das Sexualobjekt bei sich zu behalten, die Weibchen, die sich von ihren hilflosen Jungen nicht trennen wollten, mußten auch in deren Interesse beim stärkeren Männchen bleiben.*[1] Ich habe das seinerzeit nur als Spekulation geäußert, aber die modernen Biologen und Anthropologen haben es bestätigt, sie sprechen von einer "Familialisierung des Männchens", d. h. sogar Einbeziehung des Männchens in die Jungenaufzucht bei Permanenz der Paar-Sexualität, die bei Schimpansen oder Gorillas z. B. überhaupt nicht vorkommt.

Marx: In der Begeisterung für die sexuellen Kräfte bei der Menschwerdung vergessen Sie aber wieder den Einfluß der Arbeit und des planmäßigen Zusammenwirkens bei der Bewältigung der äußeren Natur. Dazu hat sich noch mein Freund Engels in seiner Schrift "Über den Anteil der Arbeit an der Menschwerdung des Affen" geäußert.

Freud: Ich denke, die Sexualität war das Wichtigste, gestehe aber dem Bereich der Arbeit eine große Bedeutung zu. Ein Sprachwissenschaftler würde an dieser Stelle wahrscheinlich noch den großen Stellenwert der Sprache betonen. Die Elemente haben sicher zusammengewirkt.

Marx: Gut, streiten wir für den Moment nicht weiter. Was ist nun Sexualität und was geschieht mit ihr in der Gesellschaft?

Freud: Sexualität ist mehr als die Betätigung der Genitale oder der Drang hierzu. Sie ist nicht nur zeitlich diffus, sondern beim Menschen auch organisch und psychisch diffundiert; sie fließt aus zahlreichen, miteinander verwobenen Quellen, die dem Durstigen einen höchst abwechslungsreichen Genuß spenden können. Der Mensch ist *ein Tierwesen von unzweideutig bisexueller Anlage*, das virtuos einmal eine aktive, dann wieder eine passive Rolle spielen kann. Die sinnlichen Regungen des Säuglings aus der von mir so genannten oralen Phase, der Wunsch nach Mundberührung, Gehaltenwerden, allseitigem Hautkontakt und so fort, gehen zunächst in das Gesamterleben der Sexualität genauso ein, wie die Elemente aus der analen oder anal-sadistischen Phase des Kleinkindes, die vielfältigen, in der Öffentlichkeit verpönten Geruchsempfindungen, die Wünsche der Schaulust wie solche des Sich-Zur-Schau-Stellens. Ich habe das die *Partialtriebe* genannt, welche in der Kindheit schon vorhanden sind, sich später mit der genitalen Sexualität verbinden und die eigentümlichsten Mischungen ergeben könnnen.

Marx: Das gefällt mir gut. Ich habe als junger Mann auch von der *allseitigen Sinnlichkeit* des Menschen gesprochen und geschwärmt, die ihn von der einseitigen Bestimmtheit der Tiere unterscheidet. Der kapitalistische "Sinn des Habens" erschlägt freilich die vielen Möglichkeiten. Der Mensch wird auf ein ödes Besitzen und hektisches Konsumieren festgelegt. Die sinnliche Aneignung der gegenständlichen Welt und des anderen Menschen wird beeinträchtigt, extrem eingeengt.

Freud: Vielleicht muß eine gewisse Triebunterdrückung immer sein. Aber Sie haben sicher in dem recht, daß *die wirtschaftliche Struktur der Gesellschaft auch das Maß der restlichen Sexualfreiheit beeinflußt. Dabei benimmt sich die Kultur gegen die Sexualität wie ein Volksstamm oder eine Schichte der Bevölkerung, die eine andere ihrer Ausbeutung unterworfen hat. Die Angst vor dem Aufstand der Unterdrückten treibt zu strengen Vorsichtsmaßregeln. Einen Höhepunkt solcher Entwicklung zeigt unsere westliche Kultur. Es ist psychologisch durchaus berechtigt, daß sie damit einsetzt, die Äußerungen des kindlichen Sexuallebens zu verpönen, denn die Eindämmung der sexuellen Gelüste der Erwachsenen hat keine Aussicht, wenn ihr nicht in der Kindheit vorgearbeitet würde.*

Marx: Sie meinen, die Entsinnlichung und Entfremdung muß vorbereitet werden, damit es nicht zu Aufständen oder Flucht kommt?

Freud: Zu meiner Zeit ist man sogar soweit gegangen, die Sexualität und Sinnlichkeit der Kinder nicht nur zu kanalisieren, sondern aus der Wahrnehmung zu verbannen. Das scheint jetzt etwas anders geworden. Aber Einengung, Verödung findet immer noch statt. *Die Objektwahl des geschlechtsreifen Individuums wird auf das gegenteilige Geschlecht eingeengt, die meisten außergenitalen Befriedigungen werden als Perversionen untersagt.* Es herrschen Standardnormen und *was von der Ächtung frei bleibt, die heterosexuelle, genitale Liebe, wird durch die Beschränkung der Legitimität und der Einehe weiter beeinträchtigt.*

Marx: Also auch hier wieder der "Sinn des Habens", der die breiten und bunten Möglichkeiten der Sinnlichkeit und die Leidenschaft veröden läßt. Eine Aneinanderreihung geruchsfreier Badezimmer-Veranstaltungen mit Erfolgsüberprüfung.

Freud: So könnte man sagen, vor allem wohl seit unten die rätselhafte AIDS-Seuche die Sexualität wieder in die traditionellen und gesicherten Bahnen zurückgescheucht hat. *Das Sexualleben des Kulturmenschen ist doch schwer geschädigt, es macht mitunter den Eindruck einer in Rückbildung befindlichen Funktion, wie unser Gebiß und unsere Kopfhaare als Organe zu sein scheinen.*

Marx: Ein faulendes Gebiß kann viel anrichten, unter Umständen Fieber und Wahn hervorbringen. Ich habe von einem Ihrer Schüler gehört, ich glaube *Wilhelm Reich* heißt er, der den Faschismus der Nazis als eine Art "emotionaler Pest" beschrieben hat, die aus der von Ihnen entdeckten Unterdrückung der Sexualität resultiert – daneben freilich auch aus der ökonomischen perspektivelosen Lage breiter Schichten. Die Juden wären dann unter anderem aus Neid und aus einem verschobenen, böse gewordenen Sexualinteresse heraus verfolgt worden. Reich wollte wohl meine Revolution, die Befreiung der Arbeiter mit Ihrer Kritik an der herrschenden Kultur verbinden.

Freud: Ich halte das immer noch für unpraktikabel, weil ich jedes mit großen Versprechungen auftretende politische Engagement am Rande der Wahnbildung manövrieren sehe. Vergessen Sie nicht, daß ich den größten Teil der beklagten Mißstände als unabänderlich, als mit jeglichem Kulturzustande verbunden betrachte. Reich war freilich hochbegabt, ich habe ihm seine lärmenden Auftritte lange nachgesehen, und seine psychologische Analyse des Faschismus ist später, soweit ich das verfolgen konnte, von vielen ausdrücklich oder verdeckt übernommen worden. Er selbst ist übrigens wirklich dem Wahnsinn anheimgefallen.

Marx: Also glauben Sie nicht an eine befreiende Kraft der Liebe?

Freud: Nur in dem Sinne, daß eine zielgehemmte, vom unmittelbaren Sexualgenuß abgelenkte Libido dazu beiträgt, daß die zunächst vereinzelten Individuen sich im Verlauf des Kulturprozesses zu immer größeren Einheiten, zu Familien, Völkern, Nationen, vielleicht auch einmal einer Weltgesellschaft zusammenschließen. Das geschieht *im Dienste des Eros* und steht im Widerstreit zu den mächtigen Kräften der menschlichen Aggression und des *Destruktionstriebes*, welche das Vereinigungswerk oft genug aussichtslos erscheinen lassen.

Marx: Wir hatten ja schon beim letzten Mal einen Streit über Ihre pessimistische Sicht der Aggression.

Freud: Sie bestreiten den Satz "Homo homini lupus", daß der Mensch des Menschen Wolf ist. Sicher, der Nächste ist uns auch Helfer und Sexualobjekt, aber er ist für den Menschen vor allem *auch eine Versuchung, seine Aggression an ihm zu befriedigen, seine Arbeitskraft ohne Entschädigung auszunutzen, ihn ohne Einwilligung sexuell zu mißbrauchen, sich in den Besitz seiner Habe zu setzen, ihn zu demütigen, ihm Schmerzen zu bereiten, zu martern und zu töten ...*

Marx: Halt, halt! – Jetzt haben Sie in der verwirrenden Aufzählung ganz unter der Hand die Ausbeutung der Arbeitskraft in den Klassengesellschaften und die Sexualerniedrigung des Patriarchats gleich zu Merkmalen der menschlichen Natur erklärt. Das ist doch Wasser auf die Mühlen derer, die sie erhalten wollen. – Außerdem tun Sie den Wölfen unrecht, die – wenn wir den neueren zoologischen Forschern glauben dürfen – innerhalb ihrer Art recht verträgliche und kooperative Gesellen sind, die ihre Aggression gut regeln können.

Freud: Aber unsere Kultur muß doch auffallend viel Energie *aufbieten, um den Aggressionstrieben der Menschen Schranken zu setzen, ihre Äußerungen durch Reaktionsbildungen niederzuhalten.* Die seltsamen, eigentlich unpraktikablen Idealgebote wie "Liebe Deinen Nächsten wir Dich selbst" oder "Liebe Deine Feinde" sind nur als übertreibendes Gegengewicht, eben als Reaktionsbildung gegen die darunterliegende Wahrheit zu verstehen. Sie stellen eine Überforderung dar, welche die in der Kultur Heranwachsenden leicht wieder in eine Einstellung des Unbehagens, ja der Feindschaft gegen die Kultur bringen kann. Mir werden die Unterschiede zwischen uns immer klarer. Ihnen geht es um eine grundlegende Umwälzung der Gesellschaft, insbesondere ihrer Eigentumsverhältnisse, mir geht es um eine Einstellung, die realistischer und geduldiger gegenüber den teils sexuellen, teils asozialen und aggressiven Triebkräften der menschlichen Natur ist. Wir sollten das Feld weder den überstrengen Moralaposteln überlassen – die Erde wird ja derzeit wieder von einer Welle des sogenannten "Fundamentalismus" überzogen – noch denen, die eine Befreiung von den belastenden hohen Anforderungen der Kultur versprechen, indem sie den Egoismus und die Brutalität zur Befreiungsbewegung erklären. Am schlimmsten sind wahrscheinlich die Bewegungen, die unter dem Deckmantel einer auffallend hohen Moral die Aggression gegen fremde Gruppen umso zerstörerischer freisetzen.

Marx: Ich verstehe was Sie meinen. Aber ich glaube, daß Sie die unleugbar mächtigen Kräfte der Zerstörung in der eigentümlichen Manier des Psychologen dämonisieren und absolut setzen. Sie sprechen ja nicht nur vom Aggressionstrieb – dem man noch einen gewissen Sinn im Prozeß des *Stoffwechsels* der species Mensch *mit der* äußeren *Natur* und im Verhältnis zu seinesgleichen zusprechen kann – sondern vom *Destruktionstrieb*, der als natürliches Erbe in uns wirken soll.

Freud: Ich habe die Einsicht anfangs selbst abgewehrt. Aber ich bin immer mehr dahin gekommen, *es müsse außer dem Trieb, die lebende Substanz zu erhalten und zu immer größeren Einheiten zusammenzufassen – eben dem Eros – einen anderen, ihm gegensätzlichen geben, der diese aufzulösen und in den uranfänglichen, anorganischen Zustand zurückzuführen strebe.* Ich war auf gewisse Phänomene gestoßen, die mit dem Lustprinzip und seinem Abkömmling, dem Realitätsprinzip nicht mehr zu erklären waren. Jener *Todestrieb* will gewissermaßen ewige Ruhe, das Leben ist ihm Last. Allerdings wird ein Anteil von der Auflösung des Lebewesens ab- und in die Außenwelt gewendet, wo er dann als Trieb zur Aggression und Destruktion wirkt. Und hier kann er sich mit seinem Gegenspieler, dem Eros, verbinden, er wird als Durchsetzungsenergie in den Dienst des Eros, des Lebens genommen, gewissermaßen als gebändigte mephistophelische Kraft, die "stets das Böse will und doch das Gute schafft". Es kommt zu zahlreichen Legierungen zwischen Destruktionstrieb und Eros, etwa im Sadismus, aber auch in kulturerhaltenden Bestrebungen, z. B. in der Arbeit. Hochgradig gefährlich ist die Abkoppelung vom Eros und die Verknüpfung des Todestriebs mit dem Narzißmus. Wir sehen an mancher blinden Zerstörungswut, *daß seine Befriedigung mit einem außerordentlich hohen narzißtischen Genuß verknüpft ist, indem sie dem Ich die Erfüllung seiner alten Allmachtswünsche zeigt.*

Marx: Ist hier an die Kräfte zu denken, die nach 1933 in Deutschland die Macht übernommen haben, mit einer zum Angriff treibenden Führerfigur an der Spitze, die offenbar zu keiner Freundschafts- und Liebesbindung fähig war?

Freud: Ja, zweifellos.

Marx: Ich verstehe etwas an Ihren Gedanken. Anderes scheint mir nicht nur spekulativ, sondern verdunkelnd. Es gibt tatsächlich mächtige Kräfte der Zerstörung, die wie magisch das Verhalten der Individuen zu bestimmen scheinen. Aber die haben mit einem anderen ungeheuerlichen Wesen zu tun, dessen Verständnis und anatomische Nachzeichnung nicht in den Bereich der Psychologie oder Biologie fällt, wohin Sie Ihren Todesdämon gesteckt haben. Es entstammt vielmehr der Ökonomie und erscheint dann wieder nur als eine gefährliche Eigenschaft der Menschen. Es ist im Gespräch schwer zu klären. Die Menschen der modernen Warenbesitzergesellschaft werden von den Waren, obwohl sie ja selbst produziert haben, in ähnlicher Weise beherrscht, unterworfen, ja manchmal auch zerstört wie die Menschen in einer abergläubischen Gemeinschaft von ihrem Götzen oder Fetisch, welchen sie als geheimnisvoll-eigenständiges Lebewesen verehren, obwohl sie ihn letztlich selbst errichtet und mit seinen besonderen Eigenschaften ausgestattet haben. Die *Verkehrung von Subjekt und Objekt* spitzt sich in der Herrschaft des Kapitals zu, dessen Eigenbewegung als eine Art *beseeltes Ungeheuer* ja nur durch die Einverleibung der lebendigen Arbeit von Menschenwesen aus Fleisch und Blut zustandekommt. Das Kapital, dieses seltsame Pseudosubjekt ist *objektiv gleichgültig* gegenüber seinen Lohnarbeitern, diese sind Mittel der Geldvermehrung, die eingesetzt, geformt, verkrüppelt, bei Bedarf fallengelassen und ausgetauscht werden. In der Fabrik, unter der *großen Maschinerie* und wohl auch jetzt unter den Automaten oder "Computern" kommt es dahin, daß *nicht der Arbeiter das Arbeitsmittel, sondern das Arbeitsmittel den Arbeiter anwendet.* Es herrscht die aufgehäufte, *tote Arbeit* über die *lebendige Arbeit.* Und irgendwie werden die Menschen dann selbst so wie das Prinzip, das sie regiert und angreift, zumindest werden sie auch gleichgültig, oft genug sicher auch bösartig und verstümmelnd gegen Gattungsgenossen.

Freud: Wir haben einen der machterhaltenden Abwehrmechanismen im Lebenskampf der Menschen als "Identifizierung mit dem Angreifer" bezeichnet. Aber ich möchte bezweifeln, ob dieser auch gegenüber einem so abstrakten, unpersönlichen Gebilde abläuft, wie es Ihr Kapital darstellt. – Für mich war es auch viel stärker ein historisches Ereignis, nämlich der große Weltkrieg mit seinem sinnlosen Gemetzel, das mir den Glauben an einen menschlichen Todes- oder Destruktionstrieb nähergebracht hat.

Marx: Ja, aber das spricht doch eher für meine These. Der erste Weltkrieg hat doch wohl etwas mit der über Leichen gehenden Konkurrenz nationaler Kapitale in einem Zeitalter zu tun, das nicht nur Lenin, sondern auch viele andere völlig richtig als Imperialismus bezeichnet haben. Das deutsche Kapital wollte seinen Teil an den Kolonien und der Weltmacht. Im Krieg spitzt sich die Gleichgültigkeit der kapitalistischen Produktionsweise nur zu. Warum sollte man nicht, wenn es ökonomischen Vorteil verspricht, eine Zeitlang in einen Schlachthausbetrieb investieren? Auch die Geburtsgeschichte des Kapitals, seine *ursprüngliche Akkumulation* im Anschluß an die Entdeckung Amerikas, die Ausrottung und Vertreibung ganzer Völkerschaften, zeigt es schon mit *Blutflecken auf der Backe.* In den Zeiten zwischen den Kriegen treten diese Züge nur zurück, machen einem unpersönlichen *stummen Zwang der ökonomischen Verhältnisse* Platz.

Freud: Diese Sichtweise ist mir fremd. Aber nachdem Sie inzwischen der Psychologie soviel Respekt und Interesse entgegenbringen, möchte ich konzedieren, daß es mächtige ökonomische Triebkräfte mit eigenen, möglicherweise auch destruktiven Gesetzmäßigkeiten gibt. Aber wie diese zu den unmittelbar psychischen Destruktivkräften stehen, deren Wirken den Psychologen immer wieder so beeindruckt – z. B. in Phänomenen des Masochismus – bleibt unklar.

Marx: Wie kommt überhaupt die Gesellschaft in die Psyche der Individuen hinein? Man sagt, Sie haben das entdeckt! Soweit ich weiß, mit Hilfe Ihrer Idee vom "Über-Ich", welches schon in unserem ersten Gespräch als mitbeteiligt bei der Triebkontrolle und Neurosenbildung erwähnt wurde.

Freud: Das hat direkt mit unserem Aggressionsthema zu tun. Stimmen Sie mir zu, daß die Individuen in unserer Gesellschaft hochaggressiv sind?

Marx: Ja, mit Betonung auf *unserer*.

Freud: Gut, ich verzichte dann vorläufig auf Bezeichnungen wie Todes- oder Destruktionstrieb. Den Prozeß der Über-Ich-Bildung und Aggressionskontrolle kann ich Ihnen trotzdem erklären. Schauen wir uns die Entwicklungsgeschichte des Einzelnen an. *Was geht mit ihm vor, um seine Aggressionslust unschädlich zu machen? Etwas sehr Merkwürdiges, das wir nicht erraten hätten und das doch so naheliegt. Die Aggression wird introjiziert, verinnerlicht, eigentlich aber dorthin zurückgeschickt, woher sie gekommen ist, also gegen das eigene Ich gewendet. Dort wird sie von einem Anteil des Ichs übernommen, das sich als Über-Ich dem übrigen entgegenstellt und nun als "Gewissen" gegen das Ich dieselbe strenge Aggressionsbereitschaft ausübt, die das Ich gerne an anderen, fremden Individuen befriedigt hätte. Die Spannung zwischen dem gestrengen Über-Ich und dem ihm unterworfenen Ich heißen wir Schuldbewußtsein; sie äußert sich als Strafbedürfnis. Die Kultur bewältigt also die gefährliche Aggressionslust des Individuums, indem sie es schwächt, entwaffnet und durch eine Instanz in seinem Inneren, wie durch eine Besatzung in der obersten Stadt, überwachen läßt.*

Marx: Aber so eine Schwächung der Antriebe, ein Einlassen der Besatzungstruppen erlaubt doch niemand aus freiem Willen.

Freud: Da haben Sie recht. Das Kind muß eine Liebesbindung zu den mächtigen Figuren um es herum haben. Die *Angst vor dem Liebesverlust* öffnet den Besatzungstruppen die Pforten. *Das Böse ist anfänglich dasjenige, wofür man mit Liebesverlust bedroht wird; aus Angst vor diesem Verlust muß man es vermeiden.* Beim Kind herrscht hier noch ein gewisser sichtbarer Opportunismus. Wenn die Eltern aus dem Haus sind, erlaubt man sich das Verbotene.

Marx: Dann sind viele Erwachsene kindlich geblieben.

Freud: Da haben Sie recht; statt Schuldgefühlen nur noch die Angst vor Entdekkung. *Mit diesem Zustand hat die Gesellschaft im allgemeinen zu rechnen.*

Marx: Aber reden wir dann nicht über Seelenvorgänge, die schon veraltet sind.

Freud: Der von mir schon einmal erwähnte Gesellschaftsforscher Marcuse hat tatsächlich in den 50er Jahren dieses Jahrhunderts eine Schrift über "Das Veralten der Psychoanalyse" verfaßt, welche in diese Richtung argumentiert. Ich denke, daß der Druck des Über-Ich durch den Verfall klarer Leitbilder und Vaterfiguren nicht verschwindet, sondern vielleicht nur diffuser wird; das *Unbehagen in der Kultur*, das mit seiner übermäßigen Strenge zusammenhing, scheint jetzt eher mit einem fragmentierten Über-Ich verbunden, das am Rande der Bühne steht, in sich unzusammenhängend ist, im modernen Konsumbetrieb teilweise vergessen wird, dann an ganz unvermuteten Stellen wie ein moralischer "Kater" wieder ausbricht und so fort. Auch die fortgeschritten Verwahrlosten kennen noch das Über-Ich-Gespenst, wenn es auch mittlerweile in Ruinen zu hausen scheint.

Marx: Überall, im Orient wie im Westen, gibt es seit ein paar Jahrzehnten mächtige Bewegungen, die wieder eine strenge und übersichtliche Moral in die Herrschaft einsetzen wollen ... Aber erzählen Sie mir mehr von der älteren, gewissermaßen klassischen Verlaufsform der Gewissensbildung.

Freud: Sie haben sicher schon von dem *Ödipuskonflikt* gehört, den unsere Wissenschaft so sehr in den Mittelpunkt gestellt hat. Neben der Aggression, oder besser verbunden mit ihr, ist es vor allem die mächtige Liebesregung des Kindes zum andersgeschlechtlichen Elternteil, die zurückgedrängt wird und zur Über-Ich-Bildung führt. Der Knabe will die Mutter besitzen und den Vater beseitigen, so wie es Ödipus mit seinen Eltern gemacht hat. Sie runzeln die Stirn? – Bin ich mit meinem

Beispiel wieder zu patriarchalisch? Ich weiß, Sie haben inzwischen einen guten Kontakt zu den Frauenrechtlerinnen bekommen.

Marx: Nein, nein, daran habe ich jetzt gar nicht gedacht – aus der Sicht der Frauen steht übrigens mein Arbeitsbegriff, von dem es heißt, daß in ihm die Haushalts-, Kinder- und Gefühlsarbeit der Frauen vergessen wird, nicht viel besser da als Ihr Ödipuskonflikt. – Nein, ich war bei der Ödipusgeschichte von Sophokles selbst. Fängt das Verhängnis nicht schon früher an, wo nämlich die Eltern das Kind weghaben wollen, aussetzen, weil das Orakel seine zerstörerische Machtübernahme voraussagt? Ich muß gestehen, daß ich meine Kinder, vor allem das erste, trotz aller Liebe, auch als kleine Tyrannen empfunden habe, die mir die Geliebte entrissen haben ...

Freud: Sie wollen sagen, daß die Rache des mit Entthronung bedrohten Vaters für die Schärfe des Konflikts mitverantwortlich ist?

Marx: Ja. Vor allem, wenn die Menschen so narzißtisch und empfindlich geworden sind, wie sie jetzt beschrieben werden.

Freud: Mag sein, aber lassen Sie mich den eigentlichen Konflikt genauer darstellen: Entscheidend für die Entstehung des Über-Ich ist die Entwicklung einer dauernden Angst vor dem Über-Ich, die dem Andauern des Wünschens entspricht, welches ja mit dem Verzicht auf die verpönte Tat nicht verschwindet. Das Über-Ich sieht, wie das göttliche Auge, so ziemlich alles. *Es wird also trotz des erfolgten Verzichts ein Schuldgefühl zustande kommen, und dies ist ein großer ökonomischer Nachteil der Über-Ich-Einsetzung, wie man sagen kann, der Gewissensbildung. Der Triebverzicht hat nun keine voll befreiende Wirkung mehr, die tugendhafte Enthaltung wird nicht mehr durch die Sicherung der Liebe gelohnt, für ein drohendes äußeres Unglück – Liebesverlust und Strafe von seiten der äußeren Autorität – hat man ein andauerndes inneres Unglück, die Spannung des Schuldbewußtseins, eingetauscht.* Man kann sagen: *Die Aggression des Gewissens konserviert die Aggression der Autorität.* Es beginnt nun ein Umbau des Seelenlebens in Richtung auf ein inneres Verstecken und Maskieren der verpönten – z. B. inzestuösen – Regungen. Diese werden schließlich gar nicht mehr erinnert, höchstens noch über den Mechanismus der Projektion bei anderen wahrgenommen und verfolgt. Der Ödipuskonflikt des Jungen endet in einer Identifizierung mit dem Vater und seinen Geboten, die Hoffnung auf die Mutter wird in die ferne Zukunft verschoben, in der sich der Knabe ähnlich dem Vater eine Frau, ähnlich der Mutter, nehmen möchte. Aus dem Rivalen ist ein Objekt der Identifikation und im Ich das Über-Ich entstanden.

Marx: Also ein strenger Vater schafft ein strenges Über-Ich?

Freud: So einfach ist es nicht, weil die ganze Sache stark vom phantasierten Aggressions-Austausch mitbestimmt ist, den wir z. B. in der Therapie erst mühsam rekonstruieren müssen. Das Kind tut seinem Ich, vermittelt über das Über-Ich zu großen Teilen die Strafe an, die es dem Vater zufügen möchte. Dieser erfährt möglicherweise von den inneren Kämpfen nur wenig; ja wenn es ein freundlicher Vater ist, muß unter Umständen die Selbst-Bestrafung bei der Über-Ich-Bildung noch schwerer ausfallen. *Die Erfahrung aber lehrt, daß die Strenge des Über-Ichs, das ein Kind entwickelt, keineswegs die Strenge der Behandlung, die es selbst erfahren hat, wiedergibt. Sie erscheint unabhängig von ihr, bei sehr milder Erziehung kann ein Kind ein sehr strenges Gewissen bekommen. Doch wäre es auch unrichtig, wollte man diese Unabhängigkeit übertreiben.*

Marx: Dagegen kommt mir ja die Entstehung des Kapitals aus den Widersprüchen der Ware noch wie ein einfaches Rechenstück vor. – Und derlei vollzieht sich in jedem Leben neu? – Und was ist mit den Jungen, die keine Väter haben?

Freud: Jeder hat einen Vater; und wenn er dem Jungen zu Lebzeiten fern ist, so hat er doch Phantasien über ihn, die in den Aufbau eines Über-Ich eingehen. Natürlich kann auch die Mutter zum Teil die Rolle der verbietenden Instanz übernehmen. In manchen Südsee-Kulturen soll dies der Bruder der Mutter sein, der für die Schwester die ökonomische Verantwortung hat. Die Väter sind dort angeblich eher harmlose Spielgefährten oder Kindermädchen. Ob dadurch die sexuelle Eifersucht auf die Eltern ganz geschwunden ist, wage ich zu bezweifeln. Zu meinen Lebzeiten habe ich allerdings die kulturelle und lebensgeschichtliche Vielfalt der Vorgänge unterschätzt. Die Ethnologie war ja noch kaum entfaltet, vor allem nicht auf dem psychologischen Gebiet. Aber jede Kultur scheint doch ein Über-Ich zu verlangen und dem Einzelnen eine Art von ödipaler Struktur mit Triebverzicht und Verdrängung in die Seele zu pflanzen. Insbesondere das Inzesttabu hat sich als außerordentlich verbreitet, wenn nicht universell erwiesen.

Marx: Was ist die "Urhordenhypothese"?

Freud: Ich hatte in meiner Schrift "Totem und Tabu", lange vor dem großen Weltkrieg, ausgehend von einer Anregung Darwins die Idee entwickelt, daß die frühe Menschenfamilie von einem mächtigen Patriarchen beherrscht wurde, der alle erwachsenen Weibchen als sein sexuelles Eigentum betrachtete; die jüngeren Männchen, seine Söhne hatten das Nachsehen.

Marx: Ich habe kürzlich in einem illustrierten Buch geblättert, aus dem hervorgeht, daß die Pavian-Affen so ähnlich organisiert sind, teilweise auch die Gorillas, hingegen die uns nahestehenden Schimpansen durchaus nicht. Aber erzählen Sie weiter.

Freud: Eines Tages kam es zu einer Zusammenrottung der Brüder, sie erschlugen den Vater, haben ihn wohl auch verspeist, und fielen über die Weibchen her. Es entstand aus den nachfolgenden Streitereien eine bedrohliche Unordnung, und in einem heraufdämmernden Reue- und Schuldgefühl erinnerte man sich des väterlichen Verbots einer Sexualbetätigung in bezug auf die Familien-Frauen. Es war, als hätte man mit dem Verzehr des toten Vaters auch seine Gebote inkorporiert. Es entstand das Inzesttabu, Weibchen mußten von außen geholt werden, der tote Vater wurde als Totem des Clans verehrt, verkörperte dessen Gesetze, Verzichtsregeln und Tabus.

Marx: Und wirkt bis heute fort?

Freud: Ja, ich habe nicht ausgeschlossen, daß diese Erfahrung im biologischen Erbe der Menschengattung gespeichert ist und durch die individuellen Erfahrungen und Triebschicksale nur immer wieder aufgeweckt wird.

Marx: Mir kommt es eher vor, wie eine ins ausklingende Tierreich zurückversetzte Kurzgeschichte der Revolution der Bürger, die ja auch mit der Brüderlichkeit auf den Fahnen zunächst monopolistische Tyrannen getötet hatten, dann aber Angst vor der Demokratie und dem Proletariat bekamen und die autoritären Regeln, teilweise sogar die Könige selbst wieder in die Herrschaft einsetzten. Die Feudalherren – denken Sie an Schillers "Kabale und Liebe" oder Lessings "Emilia Galotti" – erschienen den revolutionären Bürgern ja auch als Sexualtyrannen.

Freud: Das ist Ihre etwas umständliche Art zu denken. – Mehr trifft mich das Gegenargument der modernen Biologen, die in keiner Weise mehr an die Vererbung erworbener Eigenschaften und die genetische Weitergabe von Lerninhalten glauben.

Marx: Wissen Sie, auch manche Dinge, die wir – ich meine vor allem Engels – über die menschliche Vor- und Frühgeschichte angenommen haben, sind inzwischen mehr oder weniger widerlegt. Engels dachte zum Beispiel, daß das Inzesttabu erst nach Ablösung des Matriarchats durch die besitzwütigen Patriarchen durchgesetzt worden ist. Vorher hatte er eine Art Gruppenehe und Geschwisterpaarungen angenommen. Nichts davon hat die Völkerkunde bestätigt. Vielleicht sollten wir beide uns einfach eingestehen, daß es weder zu meinen Lebzeiten noch in der Zeit, als Sie "Totem und Tabu" schrieben, eine empirische Urmenschenforschung und wissenschaftliche Völkerkunde gegeben hat. Unsere Theorien beruhten doch mehr auf Bruchstücken und Phantasien, die uns zur Verfügung standen.

Freud: Sie haben wahrscheinlich recht. Erst ein polnischer Brite, Malinowski, hat hier am Ende des großen Weltkriegs im langen Zusammenleben und Beobachten mit einem Südsee-Volk den Durchbruch geschafft. Von ihm stammen die erwähnten Mutterbrudergeschichten und Berichte über eine relativ große sexuelle Freiheit bei seinen "Trobriandern". Ich habe das zu Lebzeiten nicht richtig zur Kenntnis genommen, weil ich mich über den illusionären sexuellen Befreiungswirbel geärgert habe, den Wilhelm Reich um Malinowskis Forschungen herum veranstaltet hat. Er hat, wie viele andere, die Völkerkunde als Wunderapotheke mißbraucht, um Trostmittel gegen den alten Riß zwischen individueller und Kulturentwicklung zu beziehen. Aber als Wissenschaftler muß ich mich dem Vorwurf der Mitmenschen beugen, *daß ich ihnen keinen Trost zu bringen weiß, denn das verlangen sie im Grunde alle, die wildesten Revolutionäre nicht weniger leidenschaftlich als die bravsten Frommgläubigen.*

Marx: Jetzt sind wir wieder am Anfang Ihrer Gleichsetzung der revolutionären Bewegungen mit der Religion. Aber das macht nichts. Ich möchte trotzdem gerne weiterdiskutieren – nur nicht heute, ich bin angenehm erschöpft. Lassen Sie uns lieber zum Ausklang noch ein Gläschen Portwein trinken.

Freud: Ja gerne, aber nur unter der Bedingung, daß ich Sie das nächste mal ausführlich zu Problemen der Ökonomie und Gesellschaft befragen darf.

Anmerkung:

1. Die Freud-Zitate entstammen wieder dem "Unbehagen in der Kultur". Die Marx'sche Idee von einer "universellen Sinnlichkeit" des Menschen ist in den "Ökonomisch-philosophischen Manuskripten" (Marx-Engels-Werke, MEW, Ergänzungsband I) ausführlich behandelt, "die ursprüngliche Akkumulation" im 23. Kapitel vom 1. Band des "Kapital" (MEW 23). Reichs zuerst erwähnte Schrift heißt "Massenpsychologie des Faschismus" und erschien zuerst 1934; die später erwähnte Arbeit Reichs über Malinowsiks Entdeckungen "Der Einbruch der Sexualmoral" erschien einige Jahre früher. Engels' Untersuchung der menschlichen Frühgeschichte findet sich in "Über den Ursprung der Familie, des Privateigentums und des Staates" (MEW 21). Malinowskis Untersuchung über die Trobriander finden sich zusammengefaßt in: B. Malinowski, Geschlecht und Verdrängung in primitiven Gesellschaften, Reinbek 1962.

Woher die Hoffnung nehmen?
Von der Frankfurter Schule zu Jürgen Habermas

Zwei Fragen sind für die Denker die Frankfurter Schule zentral: wie war der Höhepunkt der menschlichen Entfremdung in der nationalsozialistischen Verfolgung (vor der sie als Juden und Intellektuelle fliehen mußten) möglich? Und wie ist eine Theorie in der Marx'schen Tradition der Gesellschaftskritik möglich, in welcher die Subjekte angemessen berücksichtigt sind, die zu ihrer Emanzipation beiträgt. Der Marxismus eines Kautsky oder Lenin und das, was in der Sowjetunion passierte, war in dieser Hinsicht enttäuschend. Auch das Proletariat als revolutionäres Subjekt, das z. B. der ungarische marxistische Philosoph Georg Lukács in seinem nach dem ersten Weltkrieg erschienenen Buch "Geschichte und Klassenbewußtsein" gegen den Geschichtsdeterminismus und die besserwisserischen Parteieliten emphatisch beschworen hatte, war inzwischen angesichts der Machtübernahme des Faschismus in Europa völlig ausgefallen. Der Appell an die Einsicht, die Aufklärungsversuche, mit denen die Linken versucht hatten, die Massen zu mobilisieren, waren abgeprallt an den mystischen und faszinierenden Gefühlen der Verschmelzung und Rache, mit denen die Faschisten die Menschen aus der Entfremdung zu erlösen versprachen. Ernst Bloch, auch ein Marxist, dem es um's Subjekt ging, hatte zu Beginn der 30er Jahre vom "linken Aufklaricht" gesprochen, der der Gefühlspolitik der Nazis nichts entgegensetzen konnte[1]. Horkheimer schrieb in seinem programmatischen Aufsatz "Geschichte und Psychologie":

"Daß die Menschen ökonomische Verhältnisse, die über ihre Kräfte und Bedürfnisse hinausgewachsen sind, aufrechterhalten, anstatt sie durch eine höhere und rationalere Organisationsform zu ersetzen, ist nur möglich, weil das Handeln numerisch bedeutender Schichten nicht durch die Erkenntnis, sondern durch eine das Bewußtsein verfälschende Triebmotorik bestimmt ist. Keineswegs bloß ideologische Machenschaften bilden die Wurzel des historisch besonders wichtigen Moments (...), sondern die psychische Gesamtstruktur dieser Gruppen, das heißt der Charakter ihrer Mitglieder wird im Zusammenhang mit ihrer Rolle im ökonomischen Prozeß beständig erneuert."[2]

Wir brauchen also eine Psychologie des Unbewußten, die Freud'sche Psychoanalyse, um die Geschichtsprozesse zu erklären und zu verstehen. Wilhelm Reich hatte ebenfalls, in seiner "Massenpsychologie des Faschismus", die "das Bewußtsein verfälschende Triebmotorik" untersucht und die Sexualunterdrückung für das Erstarken des Faschismus verantwortlich gemacht.[3] Horkheimer spricht in dem Zitat nicht mehr von den Klassen als (verhinderten) Subjekten der Geschichte, sondern von "numerisch bedeutenden Schichten". Die Träger des Faschismus waren nicht mehr den Klassen zuzuordnen; es waren überwiegend "mittlere" Schichten, quer zu den traditionellen Klassen:

Kleinbürger, Bauern, Lohnarbeiter mit Angestelltenstatus, Beamte, aber auch Arbeitslose und Arbeiter. Gemeinsam war ihnen aus der Sicht des Frankfurter "Instituts für Sozialforschung", das seinen Sitz erst nach Paris, dann in die USA verlegen mußte, eine bestimmte "psychische Gesamtstruktur", ein "Charakter": der *autoritäre Charakter* oder der – wie Fromm ihn nannte – sadomasochistische Charakter, der nach oben buckelt und nach unten tritt. Dieser wird zwar einerseits vom ökonomischen Prozeß her mit seinen Merkmalen der Entfremdung, Kontrolle, Unterordnung unter die Mächtigen nahegelegt, andererseits gerät er nur über die *Agentur der patriarchalischen Familie* in die Individuen hinein.[4] Daß das Patriarchat zur Zeit des Faschismus bereits bröckelte, ist kein Argument gegen die Unterdrückung und Triebfeindlichkeit, der die Heranwachsenden hier ausgesetzt waren. Zerfallende Glaubenssysteme verfolgen den Zweifel an der Autorität immer besonders brutal. Verkürzt kann gesagt werden, daß der autoritäre Charakter in seiner männlichen Variante jemand ist, der aus Angst vor der väterlichen Autorität seine Rebellion verdrängt, in gewisser Hinsicht nicht erwachsen wird, und seine Rebellions- und Haßimpulse an Ersatzobjekten, an Minderheiten austobt, welche von der Autorität zur Jagd freigegeben sind. Die Autoritätsbindung wird vom Vater auf die gesellschaftlichen Autoritäten in Betrieb, Militär und Politik übertragen. Es kommt zu einer "Über-Ich-Projektion" auf die Nachfolgefiguren, welche auch an ein zaghaftes Ausprobieren von Widerstand nicht mehr denken läßt. Es handelt sich hier nicht nur um ein deutsches Syndrom. In den USA hat Adorno später an der berühmten Studie über die "Authoritarian Personality" mitgewirkt, bei der der Autoritarismus, die Fremdenfeindlichkeit und Faschismusanfälligkeit von Amerikanern untersucht wurden[5]. Der Autoritarismus war dort eher bei den Unterschicht-Angehörigen und in der Arbeiterschaft verbreitet, ist aber offenbar durch eine antirassistische Politik der Gewerkschaften und die offizielle demokratische Tradition der USA "in Schach gehalten" worden. (Auf einige Aspekte dieser Untersuchung werde ich im zweiten Teil des vorliegenden Buches noch eingehen.) Erich Fromm war vor dem zweiten Weltkrieg an der Formulierung der Theorie vom autoritären Charakter maßgeblich mitbeteiligt. Er war der einzige praktisch erfahrene Psychoanalytiker in der Gruppe. Marcuse, Horkheimer und Adorno haben sich dann in Amerika mit ihm zerstritten, weil ihnen sein Denken zu Freud-kritisch, zu anbiedernd in bezug auf die amerikanische Diskussion vorkam. Fromm hatte den Freud'schen Stellenwert der Sexualität als Triebkraft in Frage gestellt, den Menschen als sinnsuchendes, eigentlich soziales Wesen entdeckt, später auch die These vom Destruktionstrieb mit vielen guten Argumenten[6] kritisiert. Lesenswert finde ich immer noch Fromms umfassende Faschismustheorie in seinem Buch "Escape from Freedom", auf Deutsch: "Furcht vor der Freiheit"[7].

Für die übrigen Frankfurter beinhaltete gerade Freuds Halsstarrigkeit in bezug auf das unversöhnbare Verhältnis zwischen Individuum und Gesellschaft eine

Wahrheit, die Wahrheit des herrschenden Unterdrückungszusammenhangs. Die moderne oder modische Revision der Freud'schen Theorie war ihnen ein Graus. Die innere Natur des Menschen ist noch nirgends befreit, sie ist auch – wie die Rebellionsimpulse der Neurose, das Leiden zeigen – trotz aller Gewalt nicht zu "sozialisieren". Die mechanistische und objektivistische Begriffssprache der Freudschen Untersuchungen spiegelt dabei den realen Prozeß, in dem die Individuen zu Objekten unpersönlicher Mächte werden, und mit dem sie zu ihrer wirklichen Subjektwerdung konfrontiert werden müssen, durchaus angemessen wider. In den Worten von Russell Jakoby:

"Bevor das Individuum existieren kann, ehe es eines werden kann, muß es erkennen, in welchem Maße es noch nicht existiert. Es muß die Illusion des Individuums durchschauen, damit es zu einem werden kann. Subjektivität muß zu ihrer Objektivität gebracht werden, um verwirklicht werden zu können."[8]

Das verdinglichte Subjekt, das sich und die Welt beherrschen will, entsteht in der Familie; gleichzeitig gibt es in der Familie Gegenkräfte gegen und Gegenerfahrungen zur Brutalität und Härte der Tauschökonomie. Sie ist eine vorkapitalistische Einrichtung, in der die Warenlogik und die Geldwirtschaft noch nicht ganz Einzug gehalten haben. Die Rest-Autonomie der Familie und eines kritikfähigen Subjekts wird jedoch immer mehr unterminiert von der zweiten großen Entfremdungs-Veranstaltung, mit der sich die Frankfurter Schule befaßt hat, der *Kulturindustrie*. Vierzig Jahre, bevor ein Autor wie Neil Postman mit seinen Büchern "Wir amüsieren uns zu Tode" und "Das Verschwinden der Kindheit" dasselbe Thema popularisiert hat, lesen wir bei Horkheimer und Adorno:

"Der vorgebliche Inhalt ist bloß verblaßter Vordergrund; was sich einprägt, ist die automatisierte Abfolge genormter Verrichtungen. Dem Arbeitsvorgang in Fabrik und Büro ist auszuweichen nur in der Angleichung an ihn in der Muße. Daran krankt unheilbar alles Amusement. Das Vergnügen erstarrt zur Langeweile, weil es, um Vergnügen zu bleiben, nicht wieder Anstrengung kosten soll und daher streng in den ausgefahrenen Assoziationsgeleisen sich bewegt. Der Zuschauer soll keiner eigenen Gedanken bedürfen; das Produkt zeichnet jede Reaktion vor: nicht durch seinen sachlichen Zusammenhang – dieser zerfällt, soweit er Denken beansprucht –, sondern durch Signale. Jede logische Verbindung, die geistigen Atem voraussetzt, wird peinlich vermieden. Entwicklungen sollen möglichst aus der unmittelbar vorausgehenden Situation erfolgen, ja nicht aus der Idee des Ganzen. Es gibt keine Handlung, die der Beflissenheit der Mitarbeiter widerstünde, aus der einzelnen Szene herauszuholen, was sich aus ihr machen läßt. Schließlich erscheint selbst noch das Schema gefährlich, soweit es einen wie immer auch armseligen Sinnzusammenhang gestiftet hatte, wo einzig die Sinnlosigkeit akzeptiert werden soll. Oft wird der Handlung hämisch der Fortgang verweigert, den Charaktere und Sache nach dem alten Schema heischten. Stattdessen wird als nächster Schritt jeweils der scheinbar wirkungsvollste Einfall der Schreiber zur gegebenen Situation gewählt. Stumpfsinnig ausgeklügelte Überraschung bricht in die Filmhandlung ein."[9]

Das ist die "Frankfurter Sprache", die ihren eignen Klang und als Imitat der Schüler und Enkel oft genug peinlich gewirkt hat. Ich will Sie nicht mit einer Übersetzung oder Zusammenfassung traktieren. Es wird deutlich, wie ausweglos die Entfremdung und Selbst-Entfremdung der Individuen gedacht ist. Die Fluchtversuche aus der kapitalistischen Ökonomie führen zu nur noch tieferen Verstrickungen in ihre Logik. Adornos Satz "Es gibt kein richtiges Leben im falschen" ist oft genug zitiert worden. Von unentfremdeter Arbeit, dieser Utopie der Sozialisten, kann schon lange keine Rede mehr sein. Aber es sind auch die *Kunst* und die *Liebe*, die uns jenseits der Produktionssphäre vielleicht noch so etwas wie Authentizität oder Glück versprochen hatten, mittlerweile weitgehend unauffindbar geworden:

"Kunstwerke sind asketisch und schamlos. Kulturindustrie ist pornographisch und prüde. So reduziert sie Liebe auf romance. Und reduziert wird vieles zugelassen, selbst Libertinage als gängige Spezialität, auf Quote und mit der Warenmarke 'daring'. Die Serienproduktion des Sexuellen leistet automatisch seine Verdrängung. Der Filmstar, in den man sich verlieben soll, ist in seiner Ubiquität von vornherein seine eigene Kopie."[10]

Die Studentengeneration von 1968 berief sich in ihrer Revolte auf die Frankfurter Schule, insbesondere auf ihre Kritik am Autoritarismus und an der bis tief in den Alltag hineinreichenden Entfremdung, wollte aber die Resignation von Horkheimer und Adorno nicht mitmachen. Zumindest der antiimperialistische Kampf und die Befreiung der Sexualität aus dem Gefängnis der Kleinfamilie waren hoffnungsvolle Perspektiven.

Marcuse, der nicht nach Deutschland zurückgekehrt, sondern in den USA geblieben war, war in der Suche nach seinen revolutionären Subjekten ohnehin nicht so spröde wie Adorno. Natürlich wußte er auch von der unheimlichen Kraft der kapitalistischen Kultur, alles Oppositionelle einzugliedern; aber er glaubte, daß "die große Weigerung" zu einer Richtungsänderung führen könne, und er hatte – ganz anders als der alte Marxismus – gerade die ins Produktionsleben *nicht Integrierten*, die Studenten, Randgruppen, Frauen, Schwarzen als revolutionäres Subjekt entdeckt, welches dabei war, gegen die herrschende Vernunft eine *neue Sensibilität* zu entwickeln. Für zwei, drei Jahre sah es so aus, als habe er recht; und der Schreck, die Kränkung und Verunsicherung der Autoritäten und Patriarchen hat vom Ende der 60er Jahre zumindest bis weit in die 80er nachgewirkt.

Bei Horkheimer und Adorno sieht es so aus, daß alle positiven Bestimmungen von Emanzipation und Subjektivität, alles Ausmalen eines Bildes vom besseren Menschen zu nichts führen. Oder es führt, wie im Falle der "humanistischen" Psychokultur nur zur Errichtung neuer Geschäftszweige, zu politischem Mißbrauch und Verkitschung. Vieles an dieser Skepsis, von der oft gesagt würde, daß sie mit dem jüdischen Bilderverbot zu tun hat, ist verständlich. Aber es entsteht um das Subjekt herum eine Art von geheimnisvollem, raunendem Dunkel, das selbst zu einer Veranstaltung wird, in welcher sich der bekämpfte "Kult der Subjektivität" zu wiederholen droht. In der Therapie, der Pädagogik und der Politik kommt man nicht ganz ohne ein benennbares Menschenbild aus. Freud hat zum Beispiel psychische Gesundheit schlicht und ergreifend als "Liebes- und Arbeitsfähigkeit" bestimmt.

Das festhaltende, identifizierende Denken, welches dem Leben tendenziell ein Gefängnis bereitet, ist für Horkheimer und Adorno viel älter als der Kapitalismus. Die Kritik ist dementsprechend sehr tiefgreifend. Das "identifizierende Denken" ist Teil der "instrumentellen Vernunft", welche die äußere Natur und die innere Natur, den Trieb und die Affekte, zu beherrschen trachtet. Alles was fremd, nicht-identisch an der Natur ist, muß zwanghaft einverleibt, kontrollierbar gemacht werden. Das entspricht ziemlich genau dem, was wir im Anfangskapitel als Bewegung der "Trivialisierung" bezeichnet haben. Eigentlich ist die Entfremdung schon mit der Gattungsreproduktion durch Arbeit gegeben.

"Das Erwachen des Subjekts wird erkauft durch die Anerkennung der Macht als des Prinzips aller Beziehungen. (...) Der Mythos geht in die Aufklärung über und die Natur in bloße Objektivität. Die Menschen bezahlen die Vermehrung ihrer Macht mit der Entfremdung von dem, worüber sie Macht ausüben. Die Aufklärung verhält sich zu den Dingen wie der Diktator zu den Menschen. Er kennt sie, insofern er sie manipulieren kann. Der Mann der Wissenschaft kennt die Dinge, insofern er sie machen kann. Dadurch wird ihr An sich Für ihn. In der Verwandlung enthüllt sich das Wesen der Dinge immer als je schon dasselbe, als das Substrat von Herrschaft. Diese Identität konstituiert die Einheit der Natur."[11]

Die Chiffre für ein anderes versöhntes Naturverhältnis ist *Mimesis*. In der Mimesis fehlt die zwanghafte, machtsetzende Herstellung von Identität auf seiten des Subjekts wie auch der Objekte.

"Der Zauberer macht sich Dämonen ähnlich, um sie zu erschrecken oder zu besänftigen, gebärdet er sich schreckhaft oder sanft. Wenngleich sein Amt die Wiederholung ist, hat er sich noch nicht wie der Zivilisierte, dem dann die bescheidenen Jagdgründe zum einheitlichen Kosmos, zum Inbegriff aller Beutemöglichkeit zusammenschrumpfen, fürs Ebenbild der unsichtbaren Macht erklärt (...) Die Zauberei ist wie die Wissenschaft auf Zwecke aus, aber sie verfolgt sie durch Mimesis, nicht in fortschreitender Distanz zum Objekt."[12]

Mimesis ist schwer zu übersetzen. Aber sie hat offensichtlich mit einer Angleichung ans Objekt, mit einer Sprache der Bilder und Analogien, einer den Körper bewegenden Identifizierung mit dem Gegenüber zu tun. Diesen Modus der Weltannäherung – Weltaneignung wäre wohl schon falsch – kennen wir noch aus der Kunst und aus der Liebe. Wer sich einem Liebesobjekt unbedingt nähern möchte, muß ja auch versuchen, es irgendwie zu "bezaubern". Jede Bemächtigung zerstört es. Sind Aufklärung und Mimesis vereinbar? Wenn die Bewegung der Aufklärung innehält und das durch sie produzierte Leiden der äußeren und inneren Natur reflektiert, zur "Selbsterkenntnis des Geistes als mit sich entzweiter Natur" wird, deutet sich eine Versöhnung an.

"Aufklärung ist mehr als Aufklärung, Natur, die in ihrer Entfremdung vernehmbar wird. (...) Durch solches Eingedenken der Natur im Subjekt, in dessen Vollzug die verkannte Wahrheit aller Kultur beschlossen liegt, ist Aufklärung der Herrschaft überhaupt entgegengesetzt (...)"[13]

Die philosophische Sprache sollte nicht darüber hinwegtäuschen, daß es um Angelegenheiten geht, die z. B. für alle, die mit praktischer Psychologie und Psychotherapie zu tun haben wollen, laufend aktuell sind. Mimesis ist die Basis jeder therapeutischen Beziehung, wir kommunizieren hier über spontane Identifizierungen, Körpersprache, unsere Träume mit dem "Objekt". Wo diese Basis nicht entsteht, gehen die Versuche der begreifenden Aufklärung über den Konflikt ins Leere. In der "Gegenübertragung" reagiert der Therapeut zunächst als geängstigtes und triebhaftes Naturwesen auf das Leiden und die Revolte seines Gegenüber. Wenn er seine Versuche, sich daraus wieder "zu berappeln", Souveränität zu gewinnen, nicht als solche reflektiert (sich z. B. rasch hinter einer Testbatterie oder einem Diagnoseschema versteckt), verfällt er einer Entzweiung von Subjekt und Objekt, die dem herrschenden Wissenschaftsbetrieb zwar vertraut ist, aber dem Leiden nicht zur Sprache verhilft.

Den Namen Jürgen Habermas haben Sie sicher schon gehört. Er sieht sich selbst als jemanden, der in der zweiten Generation der Frankfurter Schule steht. In vielerlei Hinsicht hat er sich aber von ihr gelöst. So beschäftigt ihn das Problem der Identität auf der Ebene einer allgemeinen menschlichen Bestimmung – Adorno und Horkheimer hätten den Zwang zur Identität eher für einen Ausdruck der modernen Selbst-Verdinglichung, des auf sich selbst gewendeten "identifizierenden Denkens" gehalten. Das Identitätsproblem ist ein Beispiel dafür, wie Habermas Brücken zur aktuellen westlichen und amerikanischen Diskussion über Sozialisation und Entwicklung schlägt, die Horkheimer und Adorno nicht mehr interessiert hat. Bei Habermas gibt es ein Stufenmodell der Entwicklung unserer Identität (und parallel dazu auch der Moralentwicklung).

Am Anfang haben wir die "natürliche Identität" das kleinen Kindes, das noch kaum über sich nachdenkt, vorreflexiv ist. Es folgt dann die "Rollenidentität" des Schulkindes. Für dieses wird die Anerkennung als Mitglied einer beschränkten Gruppe, der Familie, vielleicht auch schon eines Volkes wichtig. Ethnozentrische Menschen, die ihre Volksgruppe für das Zentrum der Welt halten, kommen über diese Stufe nie hinaus. In den modernen Gesellschaften entwickelt sich aber die Möglichkeit und in gewisser Hinsicht auch Notwendigkeit, mit der

Adoleszenz eine selbstreflexive "Ich-Identität" zu entwickeln. Der Begriff der Ich-Identität stammt von dem Psychoanalytiker E. H. Erikson und ist ein wichtiges Schlagwort geworden. Habermas greift ihn auf, um darauf hinzuweisen, daß wir eine Identität, ein Selbstgefühl und Selbstbewußtsein entwickeln müssen, welches sich selbst relativiert. Stellen wir uns eine Gruppe von Jugendlichen vor, die auf ein modernes städtisches Gymnasium gehen, aber teils aus ländlich-katholischen, teils aus bildungsbürgerlichen, teils aus eingewanderten türkischen Familien und vielleicht noch aus Osteuropa kommen. Das ist eine moderne Realität. Die Jugendlichen müßten lernen, die anfängliche Bedeutungsverwirrung zu überwinden, ihre Herkunftsnormen und -rollen dabei nicht absolut zu setzen, sie gewissermaßen historisch zu sehen und doch so etwas wie eine neue Zuverlässigkeit und Klarheit, Konsistenz in ihrem Sozialverhalten zu entwickeln. Das moderne Individuum muß – in der Sprache von Habermas:

"seine Identität sozusagen hinter die Linien aller besonderen Rollen und Normen zurücknehmen und allein über die abstrakte Fähigkeit stabilisieren, sich in beliebigen Situationen als derjenige zu repräsentieren, der auch angesichts inkompatibler Rollenerwartungen und im Durchgang durch die lebensgeschichtliche Folge widersprüchlicher Rollensysteme, den Forderungen der Konsistenz noch genügen kann. Die Ich-Identität des Erwachsenen bewährt sich in der Fähigkeit, neue Identitäten aufzubauen und zugleich mit den überwundenen zu integrieren, um sich und seine Interaktionen in einer unverwechselbaren Lebensgeschichte zu organisieren. Eine solche Ich-Identität ermöglicht jene Autonomisierung und zugleich Individuierung, die in der Ich-Struktur schon auf der Stufe der Rollenidentität angelegt sind."[14]

Das ist noch eine verständliche Variante des gefürchteten Soziologendeutschs. Sie merken schon, Identitätsbildung ist für Habermas ein *Präsentationsproblem*, eine Sache der Selbstdarstellung und der wechselseitigen Anerkennung. Er ist dabei von der amerikanischen Rollen- und Interaktionstheorie beeinflußt, über die es später noch ein eigenes Kapitel gibt. Außerdem knüpft Habermas an die alte Frage von Hegel an, wie "Selbstbewußtsein" möglich ist, nämlich nur als ein im anderen Selbstbewußtsein "anerkanntes". Unter modernen Bedingungen müssen die Selbstbewußtseine ihre *hochgradige Individualität* wechselseitig anerkennen und das geht nur, wenn sie in bezug auf sich selbst eine reflexive Distanz signalisieren ("Rollendistanz"). Diese Bewegung der Identitätsbildung und Anerkennung ist etwas ganz anderes als die Identitätsbildung durch das beliebte "Sich-Breit-Machen", das einfordernde Aufblähen der Identität, die ihre eigene inhaltliche Bestimmung – als "Deutscher", "Kroate", Mitglied der Gruppe oder auch als das einzigartige Individuum XY – verabsolutiert. Die offene Kommunikation über den Prozeß der Anerkennung: kommunikatives Handeln ist eine menschliche Möglichkeit und in der modernen Industriegesellschaft erforderlich, wenn es nicht zu Regressionen kommen soll. Hier liegt die Habermas'sche Utopie.

Es gibt bei Habermas nur ein Problem. Nämlich, daß er schon sehr früh die Sphäre der Anerkennung, der ***Interaktion***, in der eine "Dialektik der Versöhnung" möglich ist, völlig abgetrennt hat von der Sphäre der ***Arbeit***, in der es instrumentalistisch zugehen soll und eine "Dialektik der Aneignung" herrscht[15]. Damit knüpft er an die Instrumentalismuskritik von Horkheimer und Adorno an und er wirft Marx vor, fälschlich auf die Arbeit, statt auf die Interaktion und weschselseitige Anerkennung der Subjekte zu setzen. Emanzipation könne eben nicht aus dem Bereich des "instrumentellen Handelns" kommen. Habermas' Trennung ist aber undialektisch und sie geht auch vorbei an der bei Marx zumindest angedeuteten engen Verschränkung von Produktion und Anerkennung unter Bedingungen unentfremdeter Arbeit. Marx drückt das so aus:

"Gesetzt, wir hätten als Menschen produziert: jeder von uns hätte in seiner Produktion sich selbst und den anderen doppelt bejaht. Ich hätte 1. in meiner Produktion meine Individualität, ihre Eigentümlichkeit vergegenständlicht und daher sowohl während der Tätigkeit eine individuelle Lebensäußerung genossen, als im Anschauen des Gegenstandes die individuelle Freude, meine Persönlichkeit als gegenständliche, sinnlich anschaubare und darum über alle Zweifel erhabene Macht zu wissen, 2. in deinem Genuß und deinem Gebrauch meines Produkts hätte ich unmittelbar den Genuß, sowohl des Bewußtseins, in meiner Arbeit ein menschliches Bedürfnis befriedigt, also das menschliche Wesen vergegenständlicht und daher dem Bedürfnis eines anderen menschlichen Wesens seinen entsprechenden Gegenstand verschafft zu haben, 3. für dich der Mittler zwischen dir und der Gattung gewesen zu sein, also von dir selbst als eine Ergänzung deines eigenen Wesens und als notwendiger Teil deiner selbst gewußt und empfunden zu werden, also sowohl in deinem Denken wie in deiner Liebe mich bestätigt zu wissen, 4. in meiner individuellen Lebensäußerung unmittelbar deine Tätigkeit verwirklicht zu haben. Unsere Produktion wäre ebensoviele Spiegel, woraus unser Wesen sich entgegenleuchtete. Das Verhältnis wird dabei wechselseitig, von deiner Seite geschehe, was von meiner geschieht."[16]

Man braucht sich das Gemeinte gar nicht als ferne Utopie vorstellen. Denken Sie an eine gelungene Seminararbeit in der Gruppe oder das Kochen für Menschen, die einem nahestehen. Die Frage der Verallgemeinerung solcher Praxis in die Gesamtgesellschaft hinein ist sicher schwierig. Bei Habermas aber ist sie aufgegeben.

Trotzdem lohnt es sich, genauer zu verstehen, was Habermas mit "kommunikativem Handeln" als Möglichkeit der Emanzipation meint. *Eine* Dimension der Emanzipation ist es ganz sicher. Seine Verhinderung bedeutet Gewalt. Habermas entfaltet in seinem riesigen Werk "Theorie des kommunikativen Handelns" eine Drei Welten-Theorie des menschlichen Handelns[17]. Die erste

Welt ist die des *teleologischen*, auf Zwecke gerichteten, effektivitätsorientierten Handelns. Hier ist an die Arbeitswelt zu denken. Das teleologische Handeln erweitert sich zum sogenannten strategischen Handeln, "wenn in das Erfolgskalkül die Erwartungen mindestens eines weiteren zielgerichteten Aktors eingehen kann."[18]) Man kann sich vielleicht einen Werkstattbesitzer vorstellen, der bei seinem Arbeitshandeln auch noch Kundenerwartungen, vielleicht auch noch die Erwartungen konkurrierender Handwerker berücksichtigt. Er legt sich *Erfolgsstrategien* zurecht, bei denen die Objekte der Arbeit wie auch die anderen Menschen Mittel zum Zweck sind. Es scheint so, daß Habermas sich den Handelnden hier immer als einsam gegenüber der zu manipulierenden "objektiven Welt" vorstellt. Verbundenheit über's Produkt, wie im obigen Marx-Zitat, und die Verschränkung von unmittelbarer Kooperation und Anerkennung fallen dadurch aus seinem Denkgebäude schon heraus.

Die zweite Welt ist für Habermas der Bereich des *normregulierten Handelns*, wo Individuen als Rollenspieler und in Gruppen Verhaltenserwartungen befolgen, manchmal auch neue Erwartungen miteinander aushandeln. Man kann sich das vielleicht am Beispiel eines Krankenhauses vorstellen, wo ja für die Inhaber der verschiedenen Rollen: die Ärzte, Schwestern, Laborpersonal, Patienten, Besucher um ihre Position herum recht klare "Bündel von Erwartungen", als Kleidungs- und Hygienevorschriften, Zeitregelungen usw. existieren. Mit diesen müssen sie irgendwie umgehen. Es gibt hier eine überlieferte äußere "soziale Welt", etwa als ständische Tradition der Ärzteschaft, aus der ein Einzelner nicht ohne weiteres herausspringen kann. Und es gibt mehr oder weniger selbstverständlich geteilte "lebensweltliche Sinnbezüge" zwischen den Handelnden, die ein Außenstehender kaum versteht. Die Lebenswelt der Ärzte ist z. B. durch die Verwendung des Lateinischen charakterisiert. Andere Berufsgruppen, etwa die Psychologen des Krankenhauses haben wieder ein anderes Normensystem und Rollenrepertoire, welches ihnen vertraut ist und sie auf der sozialen Bühne Krankenhaus berechenbar macht.

Habermas unterscheidet als dritte Welt die "subjektive Welt" des *dramaturgischen Handelns*. Im dramaturgischen Handeln *zeigen wir* bestimmten anderen und uns selbst, *wie es uns mit den Rollen und Normen des sozialen Lebens geht.* Der Handelnde "enthüllt" mehr oder weniger gezielt seine Subjektivität, die durch die äußere soziale Welt in Bewegung geraten ist oder quer zu ihr liegt. Er zeigt etwas von den "Absichten, Gedanken, Gefühlen", zu denen "nur er privilegierten Zugang hat"[19]. Sie können sich im Krankenhaus eine geschützte Kaffeerunde vorstellen, in denen einige Angehörige des Personals einander sagen, wie es ihnen in ihren Rollen geht, oder etwas professioneller eine Supervisionsgruppe, in der sie unter Anleitung eines Psychologen aufgefordert werden, ihr Befinden, ihre Bilder, Wünsche und Ängste in der Arbeit dramatisch darzustellen.

Es sieht so aus, als ob die subjektive Welt neben der teleologischen ("fachlichen") und der äußeren sozialen Welt in unserem neueren Kulturprozeß immer wichtiger wird. Interessant ist, daß Habermas sowohl die *Kunst* als auch die *Psychotherapie* unter das dramaturgische Handeln faßt.

Das Entscheidende ist aber bei Habermas die Einführung eines vierten Handlungsbegriffs: des *kommunikativen Handelns*. Das ist die Verständigung *über* die Situation und Kommunikation der Handelnden in den drei Bereichen. Diese *Metakommunikation*, Kommunikation über Kommunikation, kann wohl immer nur in Räumen und einer Atmosphäre stattfinden, in der wir vom unmittelbaren Handlungsdruck entlastet sind.

"Die Aktoren suchen eine Verständigung über die Handlungssituation, um ihre Handlungspläne und damit ihre Handlungen einvernehmlich zu koordinieren. Der zentrale Begriff der Interpretation bezieht sich in erster Linie auf das Aushandeln konsensfähiger Situationsdefinitionen"[20]

Wo es verständigungsorientiert zugeht, können Sprechhandlungen, die jemand in bezug auf eine der drei Welten macht – die objektive, die soziale oder die subjektive – von anderen Kommunikationsteilnehmern mit mehr oder weniger plausiblen Gründen *zurückgewiesen* werden. Nehmen wir wieder Beispiele aus dem Krankenhaus. Es müßte dann möglich sein zu sagen: Lieber Dr. X, Ihre Diagnose muß leider revidiert werden, weil die Blutuntersuchung das und das ergeben hat (objektive Welt). Oder: Ich glaube, daß wir die aufgestellte Regel, daß die Psychologen keinen weißen Kittel tragen sollen, überdenken sollten, weil viele Patienten mit Desorientierung reagieren (soziale Welt). Oder: Die harmonische Darstellung unseres Teams bei der Weihnachtsfeier kam mir kitschig vor, (mir ist geradezu schlecht geworden), weil der Konflikt zwischen A und B überhaupt nicht erwähnt worden ist (subjektive Welt). Wenn derlei Äußerungen in einer Einrichtung nicht möglich sind, Regeln diskussionslos durchgesetzt werden, droht die menschliche Vernunft auf der Strecke zu bleiben. Sie alle kennen das von bestimmten Chefs und Bürokraten: "Keine Diskussion!", oder aber (unser aller) windiges Ausweichen vor Diskussionen, deren Notwendigkeit man aber schon spürt. Für Habermas ist es wichtig, daß in allen drei "Welten" eine rationalere Gestaltung, eine *Rationalisierung* des Lebens mit Hilfe von "kommunikativem Handeln" möglich ist. Das richtet sich entschieden sowohl gegen eine alternativ-romantische Vernunftkritik, die zurück zu irgendwelchen Mythen, "Mutter Erde" usw. möchte, als auch gegen die neokonservative, "biedermeierliche" Rhetorik.

Wenn kommunikatives Handeln Sprechakte in bezug auf die objektive Welt reflektiert, kritisch überprüft, geschieht dies unter dem Aspekt der *Wahrheit*. In bezug auf die normativ-soziale Welt geschieht es unter dem Aspekt der *Richtigkeit* und in bezug auf die subjektive Welt unter dem der *Wahrhaftigkeit*. In allen drei Bereichen ist vernünftige Weltgestaltung möglich. Psychologen,

Therapeuten und teilweise wohl auch Pädagogen haben es sehr stark mit den Fragen der *Wahrhaftigkeit* von Lebensäußerungen zu tun – es geht oft um die ästhetische Stimmigkeit und gespürte Authentizität von Äußerungen. Es gibt z. B. nicht nur kulturellen, sondern auch psychologischen Kitsch, der von der therapeutischen Kritik hinterfragt werden kann.

Die Menschen begegnen sich in unterschiedlichen Lebenswelten mit einem gemeinsamen Hintergrundwissen, geteilten Sinnbezügen und Normen, über deren Entwicklung sie kommunizieren können und – unter dem Druck des raschen sozialen Wandels der modernen Industriegesellschaft – auch kommunizieren müssen. Habermas unterscheidet nun die *Lebenswelten* von den unpersönlichen, verselbständigten Handlungs-*Systemen*. Diese Unterscheidung ist aus der Auseinandersetzung mit Habermas' großem Kontrahenten, dem Systemtheoretiker Niklas Luhmann, entstanden. Der Entkopplung von System und Lebenswelt liegt ein komplexer historischer Prozeß zugrunde, den man als Entfremdung bezeichnen kann. In einer archaischen Gesellschaft – stellen wir uns vielleicht eine Eskimogruppe vor – hat die Entkopplung von Lebenswelt und System noch kaum begonnen. Es herrscht noch eine weitgehende Identität beider Seiten – Marx würde sagen, eine ursprüngliche Einheit von Verhältnissen und Verhalten. "Eine solche Gesellschaft, die in den Dimensionen der Lebenswelt gewissermaßen aufgeht, ist omnipräsent; anders gesagt, sie reproduziert sich in jeder einzelnen Interaktion als ganze"[21].

Diese Einheit bricht mit der historischen Entwicklung immer mehr entzwei. Man könnte es so sagen: Es beginnen Menschen miteinander zu "verkehren", ohne als Personen miteinander zu kommunizieren, und ohne, daß sie durch emotional verankerte Normen, geteilte Symbole und Sinngebilde miteinander verbunden sind. Arbeitsteilung, Geldwirtschaft, Klassen- und Staatsbildung lassen die Individuen immer mehr über entsprachlichte Kommunikationsmedien miteinander in Verbindung treten. Die Steuerungsmedien Geld und Macht treten in den Vordergrund. Der Machtmechanismus löst sich ab von den persönlichen Verpflichtungsbeziehungen im Rahmen der Verwandtschaftsverhältnisse.

"Diese von normativen Kontexten abgelösten, zu Subsystemen verselbständigten systemischen Zusammenhänge fordern die Assimilationskraft der Lebenswelt heraus. Sie gerinnen zur zweiten Natur einer normfreien Sozialität, die als etwas in der objektiven Welt, als ein versachlichter Lebenszusammenhang begegnen kann. Die Entkoppelung von System und Lebenswelt spiegelt sich innerhalb moderner Lebenswelten zunächst als Versachlichung: das Gesellschaftssystem sprengt definitiv den lebensweltlichen Horizont, entzieht sich dem Vorverständnis der kommunikativen Alltagspraxis und ist nur noch dem kontraintuitiven Wissen der seit dem 18. Jahrhundert entstehenden Sozialwissenschaften zugänglich."[22]

Damit keine Verwirrung über die Systemtheorie entsteht, möchte ich an dieser Stelle darauf hinweisen, daß Habermas "System" anders gebraucht als es etwa ein moderner "systemischer" Familientherapeut tut. Wenn man unter System eine Klasse von Elementen versteht, die eine koordinierte Menge von Relationen aufweisen (oder wie F. Simon einen gegen seine Umwelt abgegrenzten Raum, der selbst wieder aufgeteilt ist in Systeme), dann ist natürlich auch eine Familie oder Gruppe ein System. Auch und gerade das "kommunikative Handeln" kann als – "selbstreferentielle" – Systemeigenschaft dieser lebenden Systeme beschrieben werden. Man könnte auch von "lebensweltlichen" und "versachlichten Systemen" reden, die zueinander in Spannung stehen.

Habermas spricht von der *Commodifizierung* der Lebenswelten, d. h. ihrer Einspannung in die *Warenform* des gesellschaftlichen Verkehrs, die von den privaten Unternehmen ausgeht: man denke zum Beispiel an die Umwandlung persönlich-erotischer Beziehungen in das Material für den Sexmarkt und die Pornoindustrie, an die Nutzbarmachung der Freizeitkultur für eine expandierende Sport- und Freizeitindustrie. Von der Verwandlung der Arbeitskraft in eine verkäufliche – oder schlimmer noch: unverkäufliche – Ware ganz zu schweigen. Und er spricht von der *Bürokratisierung* der Lebenswelten, die vom Staat und der Verwaltung ausgeht: vordem naturwüchsige Vorgänge der Einigung und der Sozialisation werden verrechtlicht und verregelt.

Die Auflösung der Restbestände von traditionellen Lebenswelten macht im Durchschnitt Angst und ruft den Neokonservatismus auf den Plan. Dieser zieht aus der "neuen Unübersichtlichkeit"[23] einen Gewinn.

Er verspricht die Unterminierung der Lebenswelten durch Einpflanzung des Programms "Reflexionsstopp und feste Werte" (Sloterdijk) rückgängig zu machen; er läßt aber zugleich die "zersetzenden" Systemmechanismen ungeschoren oder plädiert sogar für ihre gesteigerte Freisetzung als " marktwirtschaftliche Wende".

Anmerkungen:

1. Ernst Bloch, Erbschaft dieser Zeit (1935), Frankfurt 1962.
2. M. Horkheimer, Geschichte und Psychologie, in: ders., Kritische Methoden der Gesellschaft Bd. 1, Frankfurt 1968, S. 19.
3. W. Reich, Massenpsychologie des Faschismus, Kopenhagen 1934.
4. Vgl. ausführlich: Institut für Sozialforschung (Hg.), Autorität und Familie, Paris 1936.
5. Th. W. Adorno u. a., The Authoritarian Personality, New York 1969.
6. E. Fromm, Anatomie der menschlichen Destruktivität, Frankfurt 1972.
7. E. Fromm, Furcht vor der Freiheit, Frankfurt 1966.
8. R. Jakoby, Soziale Amnesie, Frankfurt 1978, S. 101.
9. M. Horkheimer/Th. W. Adorno, Dialektik der Aufklärung, Amsterdam 1944/Lichtenstein 1955, S. 163/64.
10. ebenda, S. 167.
11. ebenda, S. 19/20.
12. ebenda, S. 20.

13. ebenda, S. 55.
14. J. Habermas, Moralentwicklung und Ich-Identität, in: ders., Zur Rekonstruktion des Historischen Materialismus, Frankfurt 1976, S. 95.
15. J. Habermas, Technik und Wissenschaft als Ideologie, Frankfurt 1968.
16. K. Marx, Marx-Engels-Werke, Ergänzungsband I, S. 462/63.
17. J. Habermas, Theorie des Kommunikativen Handelns, Bd. 1 u. 2, Frankfurt 1981.
18. ebenda, Bd. 1, S. 127.
19. ebenda, Bd. 1, S. 128.
20. ebenda, Bd. 1, S. 128.
21. ebenda, Bd. 2, S. 234.
22. ebenda, Bd. 2, S. 258.
23. J. Habermas, Die neue Unübersichtlichkeit, Frankfurt 1985.

Begegnung in Chicago – Rollentheorie erster Teil

Im Habermas-Abschnitt war schon die Rollentheorie impliziert. Die "soziale Welt" ist in Rollen organisiert, in der "subjektiven" eröffnen wir unser *Verhältnis zu* den Rollen. Ich will Ihnen die Sichtweise der Rollentheorie erläutern:

Stellen Sie sich zwei erwachsene Hunde vor, die sich nicht gut kennen. Sie nähern sich einander mit einer gewissen Vorsicht, im Imponiergang, mit aufgerichteten Körpern und erhobenem Schwanz. Bald stehen sie so nebeneinander, daß der Kopf jeweils in die Nähe des fremden Hinterteils ist. Sie glauben schon ein leises Knurren zu hören – da wedelt der eine mit dem Schwanz, der andere wedelt zurück, die Szene entspannt sich. Die Hunde gehen ihres Weges oder beginnen zu spielen.

Und nun eine andere Szene: Zwei Männer begegnen einander auf einer dunklen Straße in einem schlecht beleumundeten Vorort im Chicago der 20er Jahre. Beide ziehen ihren Borsalino etwas tiefer ins Gesicht, die Körper straffen sich. Da grüßt der eine laut und vernehmlich: "Good evening". Der andere antwortet in ebenso deutlichem Amerikanisch – freilich scheint er einen leicht osteuropäischen Akzent zu haben, so wie die Aussprache des ersten etwas italienisch klang. Jedenfalls entspannt sich die Szene. Die Männer gehen ihres Weges (oder beginnen – nachdem sie sich erkannt und einen small talk ausgetauscht haben – vielleicht auch miteinander zu spielen, sagen wir im nahegelegenen illegalen Spielsalon).

Ein Schüler von Konrad Lorenz hätte seine Freude an der Ähnlichkeit der Szenen. Die Rollentheoretiker interessieren sich für die Unterschiede und die Besonderheiten der menschlichen Interaktion. Der wichtigste von ihnen, George Herbert Mead, lebte und dachte tatsächlich im Chicago der 20er Jahre[1]. Die Unterschiede werden deutlich, wenn wir auf den Charakter der *Gesten* achten, welche in den beiden Begegnungen ausgetauscht werden. Auch Tiere tauschen zur Koordination des Verhaltens Gesten aus. Aber das Schwanzwedeln als Geste ist im Gegensatz zur tradierten Formel "Good evening" erstens genetisch programmiert und wird quer über den Erdball, vom Neufundländer bis zum australischen Dingo, von allen Hunden ohne großen Dechriffierungsaufwand verstanden. Und zweitens ist im Moment des entscheidenden ersten Schwanzwedelns die Perspektive und Wahrnehmung des Wedelnden und des Angewedelten durchaus nicht dieselbe. Der Wedler sieht den Schwanz nicht, spürt wahrscheinlich nur eine nervale und Bewegungs-Rückmeldung vom Wirbelsäulen-Ende her. Der Angewedelte nimmt dagegen die Geste über den optischen Kanal auf, antwortet entsprechend dem genetischen Programm und seiner momentanen Stimmung mit einem Schwanzwedeln, und obwohl die Hunde die Perspektiven nur sehr unvollständig teilen, kommt es zu einer Koordinierung des Verhaltens. Mit der verbalen Grußgeste der Menschen ist das anders. Der

Sprecher hört sich selbst und kann annehmen, daß der Angesprochene (abgesehen von der kleinen Verzerrung durch die Schädelknochen) ihn genauso hört, wie er sich selbst. Er nimmt ferner an, daß das Grußwort auf den Angesprochenen emotional genauso, nämlich beruhigend wirkt, wie das entsprechende Grußwort auf ihn, den Sprecher, wirken würde. Zwar müssen die Interagierenden die Intonation des Gesagten und den körpersprachlichen Kommentar des Anderen beachten – aber es wird schon deutlich, daß die Lautgesten unserer Sprache ein beständiges "Role-Taking" mit dem Gegenüber fördern und voraussetzen. Mead nennt die menschlichen Gesten "signifikante Gesten", welche eine intersubjektive Verschränkung der Perspektiven ermöglichen und auch eine zeitliche Vorwegnahme der Reaktion des Anderen in meinem Handeln. Wenn ich von dem einen als gutmütiger Professor und vom anderen als gehorsamer Untergebener gesehen und behandelt werden will, dann kann ich dem ersten gegenüber schon zu Semesterbeginn andeuten, daß die Prüfung schon nicht so schlimm wird, und dem zweiten gegenüber einen "vorauseilenden Gehorsam" praktizieren. Um es gleich zu sagen: diese schönen Verständigungsmechanismen können unter bestimmten Umständen auch zur gesteigerten Kommunikationverwirrung führen, eine "Anleitung zum Unglücklichsein" ergeben. Nämlich dann, wenn der Andere wiederum meine Antizipation seines Verhaltens antizipiert und zum Beispiel den prompten Gehorsam als unecht, "nur inszeniert" ansieht. Es besteht das Problem der "Erwartungserwartungen", das den Familientherapeuten gut bekannt ist, und aus welchem, wie der Systemtheoretiker Luhmann sagt, nur das "Vertrauen" als zusätzlicher Mechanismus zur "Reduktion von Komplexität" heraushilft. Im Falle unserer beiden Chicago-Männer ist möglicherweise wichtig, daß zusätzlich zum verbalen Gruß noch irgendwie Vertrauen signalisiert worden ist. Das kann man machen, indem man beide Hände aus den Taschen nimmt und harmlos herumschlenkern läßt, durch eine bestimmte Stimmführung oder ein "vertrauenswürdiges Lächeln". Auch das Mitmachen bei einem Bandendelikt kann als Vertrauensbeweis dienen.

G. H. Mead war der Meinung, daß das Role-Taking mit Hilfe von signifikanten Gesten in der Hauptsache der verbesserten Kommunikation und Kooperation dient, die uns aus der tierischen Naturgeschichte herausgeführt hat. Die symbolisch vermittelte Intersubjektivität der Menschen, ihr "Geist" ermöglicht eine verbesserte Koordination ihrer Handlungen als Organismen. Auch hier sind Materialismus und Spiritualismus wieder keine Alternativen. Man kann sich eine Gruppe unserer Vorfahren vorstellen, die auf eine etwas verwischte Tierspur stößt. Im Symbol "Bär", das nun vielleicht von einem erfahrenen Gruppenmitglied ins Spiel gebracht wird, gibt es eine Verknüpfung zwischen der produzierten Lautgestalt und bestimmten Handlungsbereitschaften aller, die sich auf große braune Tiere beziehen, die einerseits gut schmecken, andererseits sehr gefährlich sind. Die Gruppe könnte nun mit Hilfe weiterer Symbole, die einer tradierten Lautsprache entstammen, einen Handlungsplan entwerfen, in dem es unterschiedliche, aber aufeinanderbezogene Rollen gibt: die Kinder werden geschützt, einige Erwachsene teilen sich auf in "Jäger" und "Treiber". Das Wegtreiben des Beutetiers macht nur Sinn, wenn in ihm die Position und Reaktion der Jäger antizipiert ist. Menschen können ihr Rollenverhalten durch Absprachen, Zurufe, vermittelnde Boten und Manöverkritik nach der Aktion beständig verbessern. Das letztere wäre eine Metakommunikation über die mehr oder weniger gelungene Bezogenheit der Rollen aufeinander.

Rollen, so können wir dazwischenschieben, sind an Positionen (z. B. Jäger, Treiber, Beschützer) geknüpfte, in sich zusammenhängende Verhaltenserwartungen oder "Erwartungsbündel", die ein Aktor übernehmen, ausgestalten, aber auch verfehlen kann.

Nach Mead bilden sich in uns Role-Taking-Wesen zwei Instanzen heraus, die er "Me" und "I" nennt. Das "Me" sind die verinnerlichten Erwartungen oder Rollen, die mir präsent sind, an denen ich mein Handeln ausrichte. Als wissenschaftlicher Schriftsteller habe ich zum Beispiel ein bestimmtes Bild von mir, das mir beim Schreiben Orientierung gibt. Es setzt sich aus den Rollenerwartungen mehrerer vorgestellter Bezugspersonen zusammen, eines bestimmten Leserkreises, dem ich gefallen möchte, der Studenten, der Leute vom Verlag und so fort. Dieses "Me" ist nur eines von vielen aus meiner Me-Sammlung. Ich habe auch ein Konzept, einen Plan für das Buch und die einzelnen Kapitel. Aber das ist nur ein Rahmen. Was ich tatsächlich schreibe, ist auch nur für die nächste halbe Minute nicht voraussagbar. Es gibt einen "Antriebsüberschuß" an Einfällen, Regungen, spontanen Stellungnahmen zum "Me", der das "I" im Sinne von Mead ausmacht. In dem Moment, wo dieser Strom vergegenständlicht, ausgesprochen ist, wird er schon ein Teil des "Me", Teil eines gelungenen oder mißlungenen Rollenentwurfs. Das Schwierige ist die Balance oder Synthese zwischen "I"- und "Me"-Elementen in unserer Lebenstätigkeit. Wenn ich mich zum Beispiel an die Rolle des ordentlichen und vollständigen Sozialpsychologen soweit klammere, daß ich aus allen wichtigen Lehrbüchern das Wichtigste übernehme, alles beim Schreiben vorplane und absichere, dann wird die Sache voraussagbar fad. Wenn ich mich aber als Schreiber oder Sprecher ganz von den verinnerlichten Rollenerwartungen löse und das Publikum nur noch meinen spontanen Einfällen und Assoziationen aussetze, ist das auch eine Zumutung, die mir die Diagnose eines "Spinners", unter Umständen sogar ein psychiatrisches Etikett bescheren kann. Ein Mead-Schüler, J. H. Turner, sprach später vom Wechselspiel zwischen Role-Making und Role-Taking. Wenn die Balance zwischen "I" und "Me" und die kreative Synthetisierung der vielen Partial-"Mes" gelingt, entsteht ein "Self" oder, mit einem späteren Ausdruck von Erikson und Goffman, unsere "Ich-Identität".

Die Psychoanalytiker würden sagen, daß in der ständigen Bewegung des "I" der "natürliche Auftrieb des Unbewußten" mitwirkt.

Bei Mead gibt es Ansätze zu einer Entwicklungspsychologie, die bis heute bedeutsam sind. Das *Spiel* ist für die kindliche Rollen- und Identitätsentwicklung wichtig. Er beschreibt zunächst das "play" des Vorschulkindes, in dem es sich mit einem imaginären Partner auseinandersetzt, dessen Darstellung es entweder selber vornimmt oder z. B. an die Mutter delegiert. ("Du bist jetzt der Arzt, ich bin das Kind"). Dieses wird unterschieden vom "game" des Schulkindes. In diesem, etwa dem Fußballspiel, wird das Verhalten aller beteiligten Partner: Mitspieler, Gegner, Schiedsrichter, Linienrichter unter einem als gemeinsam akzeptierten Regelsystem zur Richtschnur des Handelns. Der einzelne realisiert nun seine Kreativität und Identität z. B. als Torwart oder Mittelstürmer in einem sehr komplizierten Netz von Erwartungen an ihn. Auf einer noch höheren Stufe der zuverlässigen und verallgemeinerten Antizipation spricht Mead dann vom "generalized other" als einem handlungsleistenden Gegenüber des Individuums. Es kann sein, daß in Amerika und anderswo die Notwendigkeit einer zuverlässigen und fairen Perspektivenverschränkung vor allem auf dem Sportplatz erlernt wird, nachdem die materielle Kooperation als Lernfeld und Erprobungsraum weitgehend ausgefallen ist. Es gibt eine Querverbindung zur Idee der Co-operation und zum Begriff der Dezentrierung bei dem wichtigen Intelligenzforscher Piaget.[2] Kennen Sie die kleine Geschichte mit dem 3-jährigen, den man fragt, ob er einen Bruder hat? Die Antwort: "Ja." "Und hat Dein Bruder auch einen Bruder?" – "Nein, der hat keinen!" – Die Intelligenz, und die Fähigkeit der Menschen zum rekonstruierenden und *für andere* zuverlässig rekonstruierbaren Denken, zur Co-operation entwickelt sich als "Dezentrierung" der zunächst egozentrischen kindlichen Perspektive. Wir alle wissen, daß der Egozentrismus auf einer emotionalen Ebene lange erhalten bleiben kann. Zwar sind wir auf einer strategischen Ebene, z. B. im Schachspiel, zu kompliziertesten, mehrfach verschränkten Role-Taking-Prozessen in der Lage, aber die einfache *Einfühlung* mit den Opfern von gesellschaftlicher Gewalt, mit Einwanderern und Asylsuchenden, manchmal aber auch dem allernächsten Partner in Punkten, die mir unangenehm sind, bleibt oft genug auf der Strecke. Wir verfügen nicht nur über eine selektive Wahrnehmung, sondern auch über zahlreiche Abwehrmechanismen, um die Einfühlung, zu der wir prinzipiell in der Lage wären, anderen wieder zu *entziehen*. Ein Beispiel ist die "Viktimisierung" von vergewaltigten Frauen. Das Role-Taking mit dem Opfer produziert Verwirrung und insbesondere bei Männern soviele Schuld-, Scham- und Unterlegenheitsgefühle (z. B. gegenüber dem als mächtig phantasierten Täter), daß sie lieber aufwendig einen Täter-Status des Opfers rekonstruieren.

In der moderneren Industrie- und Marktgesellschaft ist das Role-Taking alles andere als ein selbstverständlicher Prozeß. Unter Bedingungen der beständigen

Umwälzung, Entwurzelung und Wanderung von Bevölkerungsgruppen kann sein Gelingen nicht einfach vorausgesetzt werden. Es ist kein Zufall, daß Mead seine Idee von Intersubjektivität im Einwandererland USA und im Chicago der 20er Jahre entwickelt hat, und daß die beiden Männer in unserem Eingangsbeispiel ein Amerikanisch mit Akzent sprechen. Eine große sozialpsychologische Studie von zwei seiner damaligen Kollegen beschäftigte sich mit den Kulturkonflikten und Identitätsbrüchen der nach Amerika eingewanderten polnischen Bauern. Das schlichte Voraussetzen eines gelingenden Role-Taking kann in einer multikulturellen Ausgangssituation nur zu einer Fehlanpassung oder Schlimmerem führen. Man muß den anderen kulturellen Hintergrund des Gegenüber beim Role-Taking mitabtasten und mitbedenken, Übersetzungs- und Interpretationsarbeit leisten. Grundkenntnisse des sizilianischen Ehrenkodex dürften im damaligen Chicago auch für manchen irischen oder polnischen Einwanderer hilfreich, vielleicht sogar lebensrettend gewesen sein.

In diesen Zonen der teilweisen Entwurzelung und Überlappung der Kulturen entsteht denn auch jene seltsame emotionale Färbung und Sichtweise des Lebens, in der die Individuen sich selbst "wie von außen", wie in einem tragischen oder komischen Theaterstück mit den anderen interagieren sehen: die charakteristische Bühnenmetaphorik, die den Rollentheoretikern zueigen ist. Die ersten Sätze des vorliegenden Buches könnten zum Beispiel in einer rollentheoretischen Betrachtung münden. Die Rollentheorie beschreibt einerseits "anthropologische", allgemein-menschliche Bedingungen von Vergesellschaftung und Kommunikation, andererseits konnte sie nur formuliert werden unter historischen Bedingungen der Entfremdung, in denen nichts mehr selbstverständlich ist, das Role-Taking, die Dezentrierung, das Sich-Selbst-Mit-Den-Augen-Anderer-Sehen zu einem ständig geforderten Zustand wird, hinter welchem wir mit einer leichten Wehmut und Melancholie einen anderen ahnen, in dem wir "nicht spielen müssen". "Wir alle spielen Theater" heißt der einschlägige (deutsche) Titel eines Buches von Goffman. Rollentheoretiker und auch die Psychodramatiker (auf die ich noch eingehe) beziehen sich mit großer, aber unhistorischer Regelmäßigkeit auf William Shakespeare als ihrem Urahn, insbesondere auf die Komödie "Wie es Euch gefällt". Es wird dann regelmäßig der lange Monolog des Jacques zitiert: "Die ganze Welt ist Bühne und alle Frau'n und Männer bloße Spieler / Sie treten auf und gehen wieder ab / Ein Leben lang spielt einer manche Rollen ..." Es wird mit dem Bildungsgut im Rücken *anthropologisiert*. Aber erstens ist schon bei Shakespeare jener philosophierende Höfling ausdrücklich als *Melancholiker*, als "der melancholische Jacques" bezeichnet, und zweitens handelt die ganze Verwirrungs-, Verwechslungs- und Verstellungsgeschichte von "Wie es Euch gefällt" in einer Welt, in der die Menschen, die *sich selbst* und die *wahre Liebe* suchenden Heldinnen und Helden, ganz eindeutig *Vertriebene* und *Entwurzelte* sind, die vor geldgierigen Usurpatoren, vom Hof mit "seinem gemalten Pomps" in den "Ardenner Wald" geflohen sind. "Du siehst", so hatte vor dem langen Monolog des Jacques der vertriebene Herzog gesagt, "unglücklich sind wir nicht allein / Und dieser weite, allgemeine Schauplatz / Beut mehr betrübte Szenen dar als unsere ..." Und die vom besitzgierigen Vater enttäuschte Celia, die mit ihrer verliebten, dann als "Ganymed" verkleideten Freundin Rosalinde in die Wälder zieht, antwortet auf die Frage, wie sie sich nun nennen will: "Nicht länger Celia will ich heißen, sondern Aliena". Deutlicher können die Hinweise auf den Vorgang der Entfremdung, Alienation hinter der neuen Rollenperspektive kaum sein. Aus der Not geboren ermöglicht diese etwas, was bisher nur den Narren möglich war: das dauernde Wechseln, Relativieren, Ausprobieren, Spiegeln, Verspotten und Reflektieren von Rollen. Rosalinde und Celia, alias Ganymed und Aliena, nehmen dann auch den Hofnarren Touchstone ("Probstein") gleich mit in den Wald, um sich von diesem älteren Rollenspielexperten anregen zu lassen.

Die bei Shakespeare immer wiederkehrende Thematisierung des Treuebruchs, der Usurpation, der Relativierung, "Fäulnis" von vordem stabilen Normen, welche etwa im Falle von "Hamlet" viel tragischer gefärbt ist, hat nun aber ganz sicher etwas zu tun mit dem von ihm erlebten krisenartigen Übergang des feudalen England des 16. Jahrhunderts in eine neue Form der Geldwirtschaft. Feudale Gefolgschaften lösten sich auf, wurden nutzlos; es war, wie Marx schreibt, eine "Zeit, für welche Geld die Macht aller Mächte", in der Ackerland in Schafweide verwandelt wurde und die massenhafte Vagabondage entwurzelter Bauern und Landleute zum Alltag gehörte. Vergangen war die Zeit, um noch einmal Shakespeare aus "Wie es Euch gefällt" zu zitieren, "da Dienst um Pflicht sich mühte, nicht um Lohn". Der Besitz- und Karriereindividualismus läßt alte ständische Rollen und Loyalitäten zerfallen. Er ist Ausdruck einer Zeit "Wo niemand mühn sich will als um Beförderung / Und kaum daß er sie hat, erlischt sein Dienst / Gleich im Besitz – so ist es nicht mit dir ...". Das letztere sagt Orlando, der Geliebte von Rosalinde, voll Mitleid zum alten Diener Adam, der auch den Hof der neuen rücksichtslosen Herren verlassen mußte.

Es ist klar, denke ich, daß in solchen Umbruchzeiten sowohl die alten als auch die neuen Rollenmuster in ihrer inneren Logik deutlicher werden, sich wechselseitig relativieren. Soziales Handeln verliert den Anschein des Naturwüchsigen, Instinktiven. Die Idee vom menschlichen *Handeln als Rollenspiel* – entweder nach einem verborgenen höheren Plan, einem resignativen Marionettenmodell (wie im Monolog des Jacques) oder aber nach dem Modell der trügerischen Inszenierung, die ich schon aus Gründen der Selbsterhaltung ständig vermuten muß, – gewinnt an Plausibilität. Später tritt dann noch die Idee eines "Selbstbetrugs", einer selbstverborgenen, "unbewußten" Inszenierung der Subjekte hinzu.

Die intrigenreiche Zwischenmenschlichkeit "bei Hofe" im Gefolge der neuzeitlichen Zentralisierung politischer Macht ist (wie Norbert Elias gezeigt hat) ganz sicher die eine wichtige Schule für die moderne psychologisch-hinterfragende Inszenierungsperspektive gewesen. Die sich ausbreitende Geldwirtschaft war die andere. Mit Geld läßt sich ungeahntes inszenieren. Die käuflichen und verkäuflichen Identitätsfassaden produzieren eine permanente Bedeutungsunsicherheit. Diese ist übrigens auch Ausgangsbedingung der typischen Bedeutungs- Klärungsbewegung in der bürgerlichen Literaturgattung des Romans (u.a. im Kriminalroman), welcher sich in dieser Hinsicht etwa vom Epos der vorbürgerlichen Hochkulturen sehr unterscheidet.

Nach dem zweiten Weltkrieg gewann von den USA kommend eine Rollentheorie an Einfluß, die, obwohl sie sich auf ihn berief, hinter das Reflexionsniveau von G. H. Mead zurückfiel: diejenige von Talcott Parsons.[3] Sie paßte zum Klima des Konformismus und des Blockdenkens in der Zeit des Kalten Krieges. Man diskutierte den "Inter-Rollen-Konflikt" und den "Intra-Rollen-Konflikt". Sozialarbeiter haben zum Beispiel einen Intra-Rollen-Konflikt: innerhalb ihrer Berufsrolle gibt es die divergierenden Rollenanforderungen von Helfen und Kontrollieren. Ein Inter-Rollen-Konflikt ist zum Beispiel der zwischen der Rolle des Chefarztes und der Rolle des Familienvaters in bezug auf eine Person. Nach Parsons muß der Handelnde sich klar entscheiden: Ambiguität, Mehrdeutigkeit würde ihn als Faktor im sozialen System unberechenbar machen.

Ab Ende der 60er Jahre breitete sich – bei uns vermittelt von Autoren wie Habermas und Lothar Krappmann[4] – eine gegen Parsons gerichtete "neue Rollentheorie" oder das sogenannte "interpretative Paradigma" aus, dessen Vertreter wieder direkt an Mead anknüpfen, insbesondere an die mit dem "I" verbundene Idee der ständigen Interpretation und Umgestaltung übernommener Rollen. Erving Goffman zeigte in einer klassischen Arbeit über "Rollendistanz", daß es für den Chefarzt gerade praktisch ist und Handlungsspielräume eröffnet, wenn er während der Arbeit manchmal die außerberuflichen Rollen durchblicken läßt, beispielsweise für alle Besucher sichtbar ein Familienfoto auf dem Schreibtisch oder Kinderbilder an den Wänden hat. Die starre Identifikation mit der Helferrolle in hierarchischen Einrichtungen macht unflexibel und fördert z. B. bei Sozialarbeitern das "burning out". Rollendistanz kann ein Rettungsanker sein, für viele Chefs aber auch ein Schutzschild bei Kritik durch Abhängige. Man kann dann gewissermaßen noch einmal neben sich selbst treten und sagen: "Die Entscheidung, die ich als Funktionsträger unter den und den Sachzwängen fällen mußte, tut mir als Mensch auch leid. Ich verstehe Sie vielleicht am allerbesten, stehe im Grunde auf Ihrer Seite etc. – aber leider, leider müssen wir uns trennen". Sie merken schon an meiner etwas übertriebenen Diktion, daß ich einen Großteil der von anderen Autoren (z. B. in der Bildungsreform der 70er Jahre) als emanzipatorisch gefeierten Rollendistanz und "Identitätsbalance" als im Bereich des Zynismus angesiedelt ansehe. Zynismus ist nach Sloterdijk das "aufgeklärte falsche Bewußtsein", das um seine Eingebettetheit, sein Mitspielen im Unterdrückungszusammenhang weiß, sich spaltet und – weiter mitspielt. Der Zyniker ist immer auch ein Melancholiker.

Bevor wir diesen Abschnitt verlassen, möchte ich noch auf zwei Untersuchungen von Goffman hinweisen, die sozialpsychologisch Interessierte irgendwann einmal unbedingt lesen sollten, zumal sie verständlich geschrieben sind:

Das eine Buch ist "Stigma. Techniken zur Bewältigung beschädigter Identität"[5]. In ihm wird beschrieben, welche Strategien des "impression management" Menschen aufwenden, um einen Makel, eine wahrgenommene oder gespürte Abweichung vom Idealbild des glatten, vollständigen Warenbesitzers zu verbergen oder manchmal auch in einer subkulturellen "Flucht nach vorne" zu bewältigen. Nicht nur Behinderte, Schwule, Kriminelle, psychisch Kranke versuchen ihre Identität mit aufwendigen Inszenierungen aufrechtzuerhalten, in denen sie die diskriminierende Perspektive der anderen antizipieren – jeder von uns entspricht irgendwo *nicht* dem Bild des "richtigen" Mannes, der "richtigen Frau", das terrorisierend z. B. durch die Werbung geistert, und hat entsprechende Verhüllungsinszenierungen ausgebildet. Wann und wie bringe ich nun meine von der "sozialen" abweichende "persönliche" Identität dennoch in die Interaktion ein? – Goffman beschreibt die Balance zwischen *sozialer Identität* (Rolle) und *persönlicher* Identität, die auf das biographisch Einzigartige verweist; zwischen beiden vermittelt die übergeordnete *Ich-Identität*.

Das zweite Buch von Goffman, "Asyle", hat buchstäblich Geschichte gemacht.[6] Hier entwickelt er den Begriff und die Analyse der "totalen Institution", aller Einrichtungen, die Individuen mehr oder zwangsweise in einem vereinheitlichten, ummauerten Lebensraum festhalten, die Identität der Neuankömmlinge mit einem spezifischen Ritual entkleiden, infantilisieren, um sie dann stufenweise entsprechend einer Insassenrolle wieder aufzubauen, in denen die Menschengruppen sichtbar aufgeteilt sind in den hierarchischen "Stab" und die – oft ebenfalls in eine Hackordnung gebrachten – Insassen. Das Ringen um Identität, so zeigt Goffman, läßt sich aber nicht kleinkriegen. Die Insassen entwickeln ein subversives soziales "Unterleben", Versteck- und Überlistungsstrategien gegenüber den Repräsentanten des Stabs, mit denen sich doch noch eine minimale Privatsphäre und eine Selbstachtung erhalten läßt. Es läßt sich auch kompensatorisch so etwas wie ein positive Insassenmentalität entwickeln, etwa im Gefängnis die Identität als "Knacki", der versucht, das Stigma positiv zu besetzen. Goffmans Analyse hat vor allem in der Psychiatriereform gewirkt, weil sie die soziale Logik, die Identitätszerstörung bei einer längeren Hospitalisierung der Patienten vor Augen geführt hat. Obwohl der Begriff der totalen Institution inzwischen in aller Munde ist, wird das Buch heute kaum noch gelesen.

Anmerkungen:

1. G. H. Mead, Mind, Self and Society, Chicago 1934.
2. J. Piaget, Psychologie der Intelligenz, Zürich 1966.
3. Vgl. H. Joas, Rollen- und Interaktionstheorien in der Sozialisationsforschung, in: K. Hurrelmann / D. Ulrich (Hg.), Neues Handbuch der Sozialisationsforschung, Weinheim 1991.
4. L. Krappmann, Soziologische Dimensionen der Identität, Stuttgart 1971.
5. E. Goffman, Stigma, Frankfurt 1970.
6. ders., Asyle, Frankfurt 1972.

Über Rolle, Entfremdung, Psychotherapie – sowie das Werk eines verrückten Erfinders

Mitte der 20er Jahre erschien in den USA ein Mann aus Europa, dessen Nationalität nicht ganz klar war und der als sein Geburtsjahr fälschlich das Jahr 1892 (statt 1889) angegeben hatte. Es war Jacob Levy Moreno, den wir schon in der Caféhausszene mit Marx und Freud kennengelernt haben. Sein kanadischer Biograph Marineau erklärte sehr viel später die falsche Geburtsangabe damit, daß Moreno als Dichter und Psychodramatiker die "poetic truth" bevorzugt hatte und sich mit dem Geburtsjahr 1892 in ein welthistorisches Bedeutungsnetz placieren wollte, in dem er sich selbst sah.[1] In jenem Jahr gedachte die sephardisch-jüdische Gemeinde in Bukarest, wo Moreno tatsächlich geboren war, der 400 Jahre zurückliegenden Vertreibung der Juden aus Spanien, die ihre Vorfahren waren. Auch der von Moreno gelegentlich angegebene Geburtsort: ein Schiff ohne nationale Flagge mitten auf dem Schwarzen Meer, macht in diesem Zusammenhang Sinn. Außerdem war im selben Jahr Columbus – mit spanischen Juden an Bord, und vielleicht auch einer von ihnen – nach Amerika aufgebrochen. Und jetzt kam Moreno. Es ist nicht ganz klar, ob auf der Flucht vor einem Verleumdungsprozeß im Zusammenhang mit dem Originalitätsstreit um die Erfindung einer neuen dreidimensionalen Bühne in Wien, oder um aus einer mitgebrachten Erfindung: einer Art Tonbandgerät, das große Geld zu machen. Dieses Projekt scheiterte, aber mit mindestens drei psychologisch bedeutsamen Erfindungen ging Moreno tatsächlich in die Geschichte ein: er hatte bereits in Wien ein Improvisations- und Stegreiftheater entwickelt, aus dem viele Jahre später in den USA das Psychodrama wurde, außerdem entwickelte er in den USA die Soziometrie, ein folgenreiches Verfahren, mit dem Sympathie- und Antipathie-Beziehungen in Gruppen erforscht, graphisch sichtbar und mathematisierbar gemacht werden konnten, und schließlich die Gruppenpsychotherapie.

Als Kind schon, so erzählte Moreno selbst, hatte er hochfliegende Pläne. Bei einem Kinderspiel, wo im Himmel Engel und Gott auftraten, soll er den letzteren gespielt haben. Der Flugversuch von einem Möbelberg hinunter auf den Boden bescherte ihm einen Armbruch. Moreno war jemand, der narzißtische Kränkungen mit Jetzt-Erst-Recht-und Größenphantasien beantwortete, dies wußte, und damit erfolgreich war. Das Psychodrama hat er einmal als "Psychotherapie für gefallene Götter" bezeichnet und man kann sich fragen, ob es nicht gut zu einer Welt paßt, die nach der Diagnose von Psychoanalytikern und Soziologen von immer mehr Menschen mit narzißtischen Störungen und schlecht integrierten Größenphantasien bevölkert wird. Eine zweite narzißtische Kränkung muß für Moreno die Trennung seiner Eltern in der Adoleszenz und das Verschwinden des geliebten Vaters, eines reisenden Sarghändlers, gewesen sein. Moreno hat einmal gesagt, daß die Versuche, die Eltern beieinanderzuhalten, seine erste – gescheiterte – Tätigkeit als Psychotherapeut gewesen sei. Er hat als Medizinstudent mit Kindern in Wiener Parks Spiele inszeniert und später mit Prostituierten und Flüchtlingsfamilien gearbeitet. Morenos Erscheinungsbild war vor dem ersten Weltkrieg das eines Wanderpredigers. Er vertrat eine anarchistische Privatreligion der "Begegnung" und ein Flüssigmachen der tradierten Formen, des klassischen Theaters, der überlieferten Religion, des Buches, die er als "Kulturkonserven" bezeichnete.[2] Moreno versuchte sich, ohne großen Erfolg, als expressionistischer und eigenwilliger Dichter und schuf vor allem – in Anlehnung an die Wiener Volkstradition des Stegreiftheaters eine neue Theaterkonzeption, bei welcher die Schauspieler aktuelle Ereignisse und Gedanken in die Rolle hineinfließen lassen, diese ohne Rücksicht auf tradierte Vorstellungen ausgestalten sollten. Bald stieß er darauf, daß die lebensgeschichtlichen Konflikte und aktuellen Ehedramen als verborgenes Skript hinter den improvisierten Rollen standen und Moreno begann, diese Konflikte als solche auf die Bühne zu bringen und Lösungen auszuprobieren. An diesen Wiener Versuchen zu Beginn der 20er Jahre waren Schauspieler wie Peter Lorre, Elisabeth Bergner, vielleicht auch Ernst Stahl-Nachbaur beteiligt. Vorerst führten sie aber noch nicht zur Entwicklung des therapeutischen Psychodrama, weil Moreno immer noch den doppelten Anspruch einerseits einer neuen Theaterästhetik und andererseits einer Berücksichtigung der Psycho-Logik der darstellenden Personen in der Dynamik des Stückes verwirklichen wollte. Die Dynamiken driften aber fast immer auseinder. Erst in den dreißiger und vierziger Jahren gelang es Moreno, in seiner psychiatrischen Klinik in Beacon (New York) das therapeutische Psychodrama zusammen mit der Gruppentherapie zu entwickeln. Zunächst war die Gruppe sehr groß, sie bestand neben den mitspielenden "Hilfs-Ichs" für den Protagonisten aus dem Publikum eines speziellen Theaters. In Morenos Sanatorium gab es einen Theatersaal, Farbbeleuchtungen und eine Mehrstufenbühne, auf der gelegentlich auch überirdische Figuren erscheinen konnten.

Später ist man immer mehr zum setting der im Kreis sitzenden kleineren Gruppe übergegangen, aus der sich die Mitspieler rekrutieren. Zerka T. Moreno, die zweite Frau des Meisters, war an der Ausarbeitung und Verwissenschaftlichung des Psychodrama maßgeblich beteiligt. Es kam seiner Entwicklung zugute, daß während des Zweiten Weltkriegs überall in den alliierten Staaten die Militärs die Gruppenpsychotherapie als Weg einer raschen und "gemeinschaftsnahen" Rehabilitation psychisch gestörter Soldaten befürworteten. Die Gruppen-Psychoanalyse, die später mit dem Psychodrama in Austausch trat, wurde etwa gleichzeitig in England und Amerika entwickelt. Auch mit Lewins Gruppendynamik gab es bald Querverbindungen.

Moreno hatte in seinem Leben mehrere Episoden, die psychotisch oder psychosenahe waren. Einige seiner expressionistischen Dichtungen schrieb er in einem Zustand, der mit akustischen Halluzinationen verbunden war, gewissermaßen "nach Diktat". Und seine Persönlichkeit schien die meiste Zeit von einer Art kreativem Größenwahn beflügelt, der hin und wieder zu peinlichen Abwertungen von theoretischen und therapeutischen Konkurrenten führte. Gegenüber seinen Frauen vor Zerka hatte er alles andere als ein Gentleman-Verhalten an den Tag gelegt. Diese Auffälligkeiten waren es wohl, die dazu geführt haben, daß sich bis vor kurzem kein Moreno-Schüler oder Psychodramatiker an das Schreiben einer Moreno-Biographie herangetraut hat.

Die Grundidee bei Moreno ist, in der Sprache von G. H. Mead ausgedrückt, daß "I", unsere Spontaneität ganz radikal aus den Fesseln des "Me", der verinnerlichten Rollen und Normen zu befreien. Die vorübergehende Verwirrung und (manchmal psychose- oder traumnahe) Unverständlichkeit der spielerischen Lebensäußerung wird in Kauf genommen. In der Begegnung mit dem anderen und dem Therapeuten erweist sich die Spontaneität als Kreativität und wird zumindest teilweise wieder "verstanden" und integriert. Inzwischen ist das Psychodrama eine ziemlich ausgeklügelte, wissenschaftlich legitimierte Technik. Als moderne Psychologie ist es bedeutsam, weil es die *szenische Organisiertheit des menschlichen Seelenlebens* als Grundprinzip entdeckt hat, an welchem z. B. die universitäre Sozialpsychologie mit ihrem naturwissenschaftlichen Schematismus scheitert. Ich will Ihnen das Psychodrama genauer vorstellen. Dazu sagen muß ich, daß meine Psychodrama-Auffassung viel psychoanalytischer ist als Morenos Auffassung und die mancher seiner heutigen Schüler. Aber die Integration mit der – ebenfalls szenisch verfahrenden – Psychoanalyse ist unter Psychodramatikern inzwischen sehr verbreitet.[3]

Das Psychodrama knüpft an die kreativen und selbstheilenden Potenzen der menschlichen Spieltätigkeit an (für die es phylogenetische Vorläufer in unserem Primatenerbe gibt). Das Spielen hat bei den Heranwachsenden (und dann auch immer wieder bei den Erwachsenen) mindestens die drei Funktionen, eine gelingende *Umweltkontrolle* in einer von Effektivitätsdruck entlasteten Situation einzuüben, *Role-Taking-Prozesse und Rollengestaltungsprozesse* einzuüben und schließlich eine adäquatere *Affekt- und Selbstaneignung* zu ermöglichen. All das ist mit einer eigenen Spiellust unterlegt. Die Psychoanalyse hebt den "natürlichen Auftrieb des Unbewußten" im Spiel hervor, den es in anderer Form auch in Träumen, freiem Assoziieren etc. gibt und den sie sich u. a. in der Spieltherapie mit Kindern zunutze macht. Dabei kommt es zu einer "Wendung von Passiv zu Aktiv", einer Überwindung von Ausgeliefertheit, Abhängigkeitskonflikten in Richtung auf aktive, neue Lebensentwürfe. Psychodrama ist eine Art "Spieltherapie mit Erwachsenen". Übrigens hatte schon Breuer, Freuds älterer Kollege und Miterfinder der Psychoanalyse, mit aktiv-einrichtenden, inszenierenden

Verfahren gearbeitet, bei welchen die krankmachenden Szenen nachgespielt wurden, um die prekären, versunkenen Erinnerungen hervorzuholen und handhabbarer zu machen.

Der Grundaufbau des neueren, zunächst von Moreno entwickelten Psychodramas ist, was die einzelnen Treffen einer Gruppe angeht, dreiphasig. Am Anfang gibt es eine Lockerungs- und "Anwärmphase". Aus dieser geht eine dramatische "Aktionsphase" hervor, entweder mit einem Protagonistenspiel oder einem Gruppenspiel, die manchmal schon ein oder zwei Höhepunkte, "Aha-Erlebnisse", unvermutete Perspektivenverschiebungen beinhaltet. Dann gibt es das emotionale "sharing" in der Gruppe, als ersten Teil der "Integrationsphase". Der Protagonist, der zunächst ein schwer verständliches Sonderproblem zu haben schien, wird in die Gruppe zurückgeholt; oft wird deutlich, daß er ihr nicht Zeit weggenommen, sondern "für sie etwas getan" hat. Gegen Ende einer Sitzung sollte es eine gewisse "atmosphärische Reinigung", ein Gefühl der Regeneration von eingeklemmtem Leben beim Protagonisten und auch bei den anderen Gruppenmitgliedern geben. Das hört sich vielleicht etwas harmonistisch an. Es bleibt aber genug Spannung übrig, aus welcher sich dann das Thema und vielleicht der Protagonist für die nächste Sitzung oder das nächste Treffen herausbilden. Ein wirklich tiefergehender therapeutischer Prozeß geht, wie in anderen seriösen Verfahren auch, über viele Monate oder Jahre, ist keine Wochenend-Angelegenheit. Die Rolle des Psychodrama-Leiters zwischen "freischwebender Aufmerksamkeit" für Protagonisten und Gruppe und direktiver Inszenierungshilfe ist ziemlich kompliziert. Aber als Mitspieler, gar Protagonist muß er sich zurückhalten, sonst verliert er den Überblick im immer wieder neuen Prozeßverlauf. Das Schwierigste für ihn ist das Finden und Motivieren des richtigen Protagonisten, der zugleich das latente Gruppenthema verkörpert.

Im Spiel wird dann eine lebensgeschichtlich bedeutsame Szene des Protagonisten dramatisiert; nicht nur aus der Kindheit, sondern oft auch aus dem Alltagsleben, aus einem Traum der letzten Nacht oder aus der Zukunft. Dabei wird im Zusammenspiel aller Beteiligten, machmal auch aufgrund einer Anregung und Ahnung des Leiters, der szenische Entwurf des Protagonisten um entweder unbewußte oder nicht ausprobierte Anteile komplettiert. Für die szenische Komplettierung sind die Psychodrama-Techniken hilfreich. Die wichtigsten sind der *Rollentausch*, der als praktischer Positionswechsel mit einem bedeutsamen Gegenüber an die allgemein-menschliche Fähigkeit zum (im Erwachsenenalter meist nur vorgestellten, phantasierten) Role-Taking anknüpft und sie nur praktisch radikalisiert; das *"Doppeln"*, das aus einer Art "Schutzengelposition" seitlich hinter dem Protagonisten, meist vom Leiter, in Ich-Form vorgenommen wird und das an eine symbiotisch-unterstützende, ermutigende Perspektivenverschmelzung anknüpft, die wir im Alltag vor allem aus der Mutter-Kind-Symbiose kennen; und schließlich gibt es noch die zahlreichen, manchmal sanften, manchmal härteren *Spiegel-Techniken*, die dem Einzelnen zu einem realistischen Selbstbild verhelfen sollen. Diese Techniken knüpfen alle an Elemente unserer Alltagskommunikation an, entfalten aber eine überraschende, aufdeckende Potenz in der eigentümlich konzentrierten Trancestimmung zwischen den Teilnehmern, in der wechselseitigen Sensibilisierung des Unbewußten, welche sich im allgemeinen schon beim "bühnenbildnerischen" und choreographischen Einrichten der Szene einstellt. Naive Gemüter glauben hin und wieder hellseherische oder übersinnliche Kräfte am Werke zu sehen – man kann an solchen Stellen leicht zum new-age-Propheten werden – es handelt sich aber nur um die produktive Vernetzung unbewußter Mitteilungen zwischen den Menschen, für die wir ansonsten, in unserer entkörperlichten und entbildlichten verbalsprachlichen Alltagskommunikation ziemlich taub geworden sind. Es gibt allerdings auch Spielverläufe, in denen Aha-Erlebnisse, Lachen, Weinen usw. ausbleiben, in denen der Widerstand dominiert. Aber auch deren Logik, trotziger Eigensinn kann dann besprochen werden. In der Integrationsphase kommt erst das "sharing" von den Mitspielern und vom Publikum. Man kann das "Rollenfeedback", in welchem der Aspekt der einfühlsamen *Antwort* auf den Szenenentwurf des Protagonisten dominiert, vom "Identifikationsfeedback" unterscheiden, welches mehr von der *eigenbiographischen*, auch abweichenden Resonanz ausgeht. Bei der Ensemble-Auswahl hat der Protagonist seine *Übertragungen*, – d. h. seine großteils unbewußten Beziehungsklischees und aus der Lebensgeschichte stammenden Projektionen – auf die Mitspieler (und im Hintergrund natürlich auf den Leiter) verteilt. Die Rollenfeedbacks der Mitspieler sind aufschlußreiche, die Szene komplettierende *Gegenübertragungsreaktionen* im Sinne der Psychoanalyse, die Identifikationsfeedbacks entsprechen eher der "Übertragung in der Gegenübertragung", also der Betroffenheit und "Eigenneurose" von Co-Therapeuten, welche die Gruppenmitglieder in einem bestimmten Sinne ja sind. Die ganze Übertragungs- und Gegenübertragungsproblematik, für die ein Gespür zu entwickeln die wichtigste Leiterkompetenz ist, findet sich übrigens bei Moreno noch gar nicht behandelt. Natürlich wird gedeutet, aber eher behutsam, eher in bildhaften Vergleichen, möglichst ohne Leitermonopol und *nach* dem sharing. Therapie ist immer Deutungs- und Verstehenskunst.

Auch die orthodoxen Psychodramatiker gestatten sich manchmal nach dem sharing und der Deutungsphase ein "processing" mit umfasssendem Anspruch: "Die Ereignisse des vorausgegangenen Psychodramas werden nun unter dem Gesichtspunkt der Rollentheorie und der Soziometrie untersucht und in ihrem inneren Zusammenhang sowie in ihrem Wechselspiel mit der Welt erschaut." Das war ein Zitat von Grete Leutz, die das einschlägige Lehrbuch im deutschsprachigen Raum geschrieben hat.[4] Psychodramatiker werden an dieser Stelle leicht kosmisch und weihevoll; ich denke, es ist sinnvoller, und auch schwieriger genug, erst einmal die handfesten institutionellen und gesellschaftlichen Konflikte und Gewaltverhältnisse, die immer ins erlebte Drama hineinspielen, zu reflektieren.[5] Das große Problem ist, wann und wie man das sinnvollerweise macht. Die abgegrenzte zeitliche Nachschaltung richtet zumindest wenig an, es wäre aber auch anders möglich. Zu früh und an der falschen Stelle können gesellschaftskritische oder politische Aussagen oder Diskussionen Teil einer massiven Abwehrdynamik sein oder sie befördern.

Noch einmal zurück zum psychodramatischen Prozeß: Wodurch ist er ein Beitrag zur Regeneration des Individuums und der Gruppe? – Ich denke, im wesentlichen durch das Riskieren einer *Zwei-* oder *Mehrsprachigkeit* des Umgangs miteinander, die von unserer verbal-diskursiv dominierten Alltagskommunikation abweicht. Neben der *diskursiven* Symbolsprache, in der die Elemente gewissermaßen wie an der Wäscheleine aufgereiht, weggenommen und hinzugefügt werden können, verfügen wir – wie der Psychoanalytiker Alfred Lorenzer herausgearbeitet hat – über eine reiche *präsentative* ganzheitlich-bildhafte Symbolisierungsfähigkeit. In ihr scheinen die sinnlichen Regungen und Entwürfe der Menschen viel spürbarer auf. Die Unschärfe der Bilder und Gesten hat eine zensurunterlaufende Wirkung. In der präsentativen Symbolik kommt es zu einer *gegenseitigen Erläuterung* und Komplettierung *von Szenen* oder szenischen Entwürfen, die das Individuum, mehr oder weniger unbewußt vorstellt. Es kann sich um *choreographische*, körpersprachlich-*pantomimische*, stimmlich-*musikalische* oder *bildhaft-verbale* szenische Entwürfe handeln. Im Psychodrama handelt es sich in der Regel um alle präsentativen Ebenen zugleich und nebeneinander, und aus dem *Spannungsverhältnis* der Ebenen zueinander sowie aus ihrer *Differenz* zur rational-verbalen Sprache können wir auf den verborgenen Sinn von Szenenfolgen und auf sinnliche, als prekär empfundene Lebensentwürfe schließen, die (bislang) im verbal-rationalen Selbst- und Weltbild des Protagonisten (und/oder der Gruppe) nicht repräsentiert waren.

In der *"Aktionsphase"* dominiert das Eintauchen in die *präsentative* Mehrebenen-Kommunikation in der *"Integrationsphase"* erfolgt dann wieder der Übergang in eine eher *verbal-rationale* Kommunikation, die unter dem Eindruck der unerwarteten Bilder, Symbole und sinnlichen Erfahrungen aus der Phase davor steht und diese möglichst zwanglos und ohne "Verbalimperialismus" mit ihren Mitteln zu ordnen versucht. Wenn es gut geht, entsteht durch die gruppenunterstützten Bedeutungsverschiebungen, die klärende oder repressionsmildernde Neu-Bebilderung, Neu-Symbolisierung eines eingebrachten sinnlichen Lebensentwurfs ein *neues, hoffnungsvolles Lebensgefühl*, wie wenn ein Stück eingeklemmtes Leben, das irgendjemand festhält, befreit worden wäre. Das Produkt der therapeutischen Arbeit ist die Herstellung neuer vernetzter Symbolgefüge, "besser passender Bilder" zwischen Menschen. Der *Gebrauchswert* dieser Produkte erweist sich an einer anderen, lebendigeren sinnlichen Verfassung des Protagonisten (oder auch von Gruppenmitgliedern); auch wenn diese schlecht meßbar ist (ein Problem der Therapieerfolgsforschung), so kann sie im allgemeinen doch durchaus *gespürt* werden. Daß Neu-Symbolisierungen von Lebenslagen und Lebensentwürfen uns versinnlichen, auf schwer benennbare Art "aufregen", lebendiger machen, das kennen wir ja auch aus dem öffentlichen Kulturleben der Theater-, Kunst- und Musik-"Szene". Und in der Tat ist die Therapiearbeit *Kulturarbeit* mit einem bestimmten Gebrauchswert – nur zugeschnitten auf hochspezifische, individualisierte Lebenslagen und Lebensdramen. Wir machen mit dem Protagonisten oder Patienten gewissermaßen Privatdichtungen, die besser passen, mehr Lebendigkeit ausdrücken, ermöglichen als die bisherigen. Auch das spielende, rastlos inszenierende, symbolisierende Kind ist, wie Freud hervorgehoben hat, in gewisser Hinsicht ein Dichter. Hier schließt sich der Bogen zur Geschichte des Psychodrama, das ja bei Moreno aus dem Experimental- und Stegreiftheater hervorgegangen ist, in welchem die Spielenden in jedem Moment ihre eigenen Dichter sind.

So sinnvoll, spannend und oftmals wirklich regenerierend die psychodramatische Praxis ist, so wenig können Moreno und seine offiziellen Schüler sie als *ein* spezifisches Element menschlicher Praxis historisch und gesellschaftlich relativieren, im Gefüge der modernen Arbeitsteilung und Entfremdung reflektieren. Einige Kritikpunkte möchte ich hervorheben. Die menschliche Kreativität, von der Moreno zu recht sagt, daß sie in den "Kulturkonserven" unserer Gesellschaft, den vorgefertigt-erstarrten Formen sowie in unseren eigenen, inneren Kreativitätsneurosen eingesperrt ist und welche er durch das Vertrauen auf das Spontanitätsprinzip befreien will, – diese *Kreativität* bleibt *auf die intersubjektiv-dramatische Dimension beschränkt.* Der handfeste Produktbezug im alltäglichen "Stoffwechsel mit der Natur", die materielle Produktgestaltung, die mich auch interpersonell autonomer macht und deren Wegnahme, Zerstückelung, Enteignung die Basis der modernen "Kreativitätsneurose" ist, kommt nicht vor. Die Härte des notwendigen Kampfes um die Wiedergewinnung der Produzentenautonomie geht in einem dramatisch-dialogischen Begegnungspathos auf, mit dem die ganze Welt beglückt werden soll. Emanzipation erscheint nur noch als rastlose Rollenkreation, nicht unähnlich dem Rollen- und Emanzipationsmodell des späteren Symbolischen Interaktionismus, der mit seinen Tugenden oder Bildungszielen der "Rollenflexibilität", "Metakommunikation", "interpersonalen Identitätsbalance" usw. die zahnlose Bildungsreform der 70er Jahre begleitet hat.

Die dramatische Psychologie und auch Morenos soziometrische Idee von der freien Wahl der Beziehungen sowie von der Meßbarkeit der Anziehungs- und Abstoßungskräfte zwischen den Menschen mit der nachfolgenden Möglichkeit der psychohygienischen Umgruppierung sind eindeutig verschiedene Elemente einer *Migrantenpsychologie.* Aber da wir alle in einem gewissen Sinne Migranten, Entwurzelte, Freigesetzte im Gefolge der verschiedenen kapitalistischen Entwurzelungs- und Individuierungsschübe *sind*, hat diese Psychologie oder

Sozialpsychologie einen Realitätsgehalt. Die *theoretische Dezentrierung*, das beständige, gewissermaßen leicht kopfschüttelnde Von-Außen-Betrachten der eigenen wie der fremden Inszenierungen und Positionen, der dramatisch verfremdete Blick setzt die *praktische Dezentrierung* der Subjekte, ihren realen Heimat- und Mittelpunkt-Verlust voraus. Moreno soll seine Idee der Soziometrie, also von den zunächst unsichtbaren Sympathie- und Antipathiekräften, die dann sichtbar gemacht und schließlich in eine "passendere" Gruppierung der Subjekte transformiert werden, während des ersten Weltkriegs in einem *Flüchtlingslager* für Südtiroler Bauern entwickelt haben, wo er als Lagerarzt tätig war. In den Herkunfts-Dörfern der Bauern müßten natürlich derlei Gedanken als völlig absurd oder bösartiger Beitrag zur Kulturzerstörung angesehen werden. Die Zerstörung der primären sozialen Netzwerke durch die chaotisch ablaufenden Prozesse der Modernisierung und Industrialisierung, zu denen auch die Kriege gehören, ist also die implizite Voraussetzung für Morenos Ideen und Erfindungen. Es spricht auch alles dafür, daß er in seinen Schöpfungen – den expressionistischen Dichtungen, dem Stegreiftheater, der Soziometrie, dem Psychodrama, der Gruppentherapie – immer wieder die eigenen Kulturbrüche und den Gemeinschaftsverlust des jüdischen Migranten bearbeitet hat. Lebt nicht im theatralischen und therapeutischen Ghetto des Psychodrama und der künstlichen Gruppe etwas von der gestischen und verbalen Kommunikationsdichte der Familien und Gemeinschaften auf, die als Realität für Moreno und andere schon längst zerfallen waren? Inzeniert nicht die "Psychodrama-Familie" mit ihrem oft peinlichen Moreno-Kult noch einmal den Glauben an den Wunderrabbi, der in der zweiten Hälfte des 20. Jahrhunderts teilweise wie ein makabres Rührstück anmutet?

Zur Zeit der Moreno'schen Stegreif-Experimente in Wien war das normative Durcheinander, die Verzweiflung der Flüchtlinge, der Kriegsheimkehrer, die Sinnlosigkeit der tradierten "Kulturkonserven" wahrscheinlich ziemlich aufdringlich, geradezu "schreiend". Moreno selbst war ein mehrfach Entwurzelter, der den gesellschaftlich und biographisch verlorenen Vater suchte, indem er sich in seinen Dichtungen als universellen Vater phantasierte und schließlich zum väterlichen Begründer einer neuen Theater- und Therapeutengeneration wurde.

Moreno und seine Schüler sind sich der historischen Bedingungen, innerhalb derer sie kreativ sind – kreativ sein können und in gewisser Hinsicht auch sein müssen – nicht ausreichend bewußt. Dieser Umstand wäre nicht weiter schlimm, wenn er nicht immer wieder mit einer Selbstüberschätzung des eigenen Kreativitätspotentials und seiner Aufblähung ins Überhistorisch-Kosmische verbunden wäre. Es ist aus heutiger Sicht sinnvoll und möglich, Morenos Menschen- und Gesellschaftsbild historisch zu relativieren und als Antwort auf historische Prozesse neu zu reflektieren. Dazu ein Beispiel:

Moreno hat in seiner durchaus anthropologisch gemeinten Soziometrie und Rollentheorie vermutlich als einer der ersten den modernen "außengeleiteten Charakter" oder später: "neuen Sozialisationstyp" entdeckt; also das Individuum, das – weit davon entfernt, die plausible Autorität erlebt und verinnerlicht und eine lebenslange, situationsstabile Über-Ich und Ich-Struktur aufgebaut zu haben – sich von "Begegnung" zu "Begegnung" verändert, als Teil des "sozialen Atoms" in hohem Maße eine Funktion, ja bloßer "Schnittpunkt" seiner sozialen Rollen ist. Den *Glauben an die Autonomie* des bürgerlichen Individuums gibt es in dieser Konstellation *nur noch als Vertrauen auf die Spontaneität*, von der Moreno hofft, daß sie kreativ wird, und nicht mehr als (psychoanalytische) Annahme eines moralisch-praktischen Steuerungszentrums oder stabiler, kontrollierender und sublimierungsfördernder innerpsychischer Strukturen und Identifizierungen. Das neue Bild vom "groupie", welches – um ein Bild von Riesman aufzugreifen – statt eines inneren Kreiselkompasses Antennen hat, mit denen es sich selbst in einer Art von permanentem Wahrnehmungssoziogramm zwischen den Anziehungs- und Abstoßungselementen seiner Bezugsgruppe verortet und mehr oder weniger kreativ hindurchlaviert – dieses neue Bild beruht selbst auf einem historischen Prozeß. Es nützt nichts, das psychodramatische und soziometrische Menschenbild einfach gegen das psychoanalytische auszuspielen, wie es uns eine naiv-unhistorische Moreno-Lektüre nahelegen würde.

Jener psychohistorischer Prozeß hat u. a. mit der unwiderruflichen gesellschaftlichen *Zerstörung von Vaterautorität* zu tun.[6] Die Zerstörungskräfte waren: massenhafte Zerstörung patriarchalischen Kleineigentums, Verlohnarbeiterung der Familien, die Kriegs- und Migrationskatastrophen unseres Jahrhunderts, das Versagen der politischen Väter. Die Sehnsucht nach dem starken Vater ist aber noch massiv vorhanden. Sie existiert, wie man als Gruppentherapeut bald erfährt, in fast ebensovielen, schwer kommunizierbaren, privat gewordenen dramatischen Varianten wie es Individuen gibt. Und es ist für Gruppenleiter eine große Versuchung, unter Nutzung der idealisierenden Übertragung bei den Gruppenmitgliedern, sich selbst an dieser Leer- und Schwachstelle im gesellschaftlichen und familiären Skript einzusetzen oder einsetzen zu lassen. Die Guru-Dynamik beginnt sofort zu wirken und ist dann nur noch um den Preis einer sehr schmerzhaften Desillusionierung zu stoppen. Man spürt, daß es darunter nicht stimmt. Unser historisches Wissen von der gesellschaftlichen Überholtheit, ja Gefährlichkeit des Bildes vom starken Vater macht sich als dann gelegentliches Gefühl der Peinlichkeit bemerkbar, das in der familialistischen Gurukultur – wie in der Geschichte von des Kaisers neuen Kleidern – im Zusammenspiel aller Beteiligten schnell überspielt wird. Wie das weltweite Symposion zu Morenos 100. Geburtstag in Bad Vöslau 1989 gezeigt hat, sind derlei idealisierende Vaterwünsche unter den Psychodramatikern aller Länder keineswegs bearbeitet.

Anmerkungen:

1. R. F. Marineau, Jacob Levy Moreno 1889–1974, London-New York 1989.
2. Vgl. Ferdinand Buer (Hg.), Morenos therapeutische Philosophie. Die Grundideen von Psychodrama und Soziometrie, Opladen 1989. Der Sammelband von Buer bietet einen bestens informierten, rekonstruierenden Überblick über das Gesamtgebäude von Morenos Denken, der bisher gefehlt hat. Für das vorliegende Kapitel verdanke ich ihm sehr viel. Nur bin ich nach wie vor weniger morenoloyal als die Autoren.
3. Vgl. etwa das Sonderheft (Heft 15) der Zeitschrift "Gruppenpsychotherapie und Gruppendynamik", Göttingen/Zürich 1980 (Hg. v. G. A. Leutz und K. Oberborbeck); Plöger, Vom Psychodrama zur tiefenpsychologisch fundierten Psychodrama-Therapie, in: Psychologie des XX. Jahrhunderts, Bd. VIII, Zürich 1979. Eher morenoloyale Positionen vertreten Grete A. Leutz (Psychodrama, Berlin/Heidelberg/New York 1974) und H. Petzold (Angewandtes Psychodrama, Paderborn 1977), der zugleich prominenter Vertreter der Gestalttherapie im deutschen Sprachraum ist. – Ein Hauptwerk von Moreno selbst ist: J. L. Moreno, Gruppenpsychotherapie und Psychodrama, Stuttgart 1959. – Meine Überlegungen zum Psychodrama sind ausgeführt in: K. Ottomeyer, Lebensdrama und Gesellschaft, Wien 1987.
4. Leutz, a. a. O., S. 103.
5. P. Parin, Gesellschaftskritik im Deutungsprozeß, in: ders.: Der Widerspruch im Subjekt. Ethnopsychoanalytische Studien, Frankfurt 1983.
6. Vgl. immer noch: Margarete und Alexander Mitscherlich, Auf dem Weg zur vaterlosen Gesellschaft, München 1963.

Ethnopsychoanalyse und Forschersubjektivität

"Der lange Aufstieg in die Berge auf schlüpfrigen Pfaden, die manchmal fast senkrecht die Felsen hinauf- und manchmal durch Flußbetten führten, ging langsam und schwierig vor sich, zumal ich getragen werden mußte, aber es gab keinen anderen Weg ins Innere des Landes. Als wir halbwegs dort waren, erwies sich Reos erfolgreiche Anheuerung von Trägern aus dem entfernten Inland als Fehler. Unsere Träger verließen uns, und da saßen wir mit unserer ganzen Ausrüstung in einem Dorf hoch oben im Gebirge und hatten niemanden, der unsere Verpflegung für sechs Monate in irgendeine Richtung tragen würde – weiter ins Innere des Landes oder zur Küste zurück. So hatten wir keine Möglichkeit, das Volk zu erreichen, das wir hatten studieren wollen, und keine andere Wahl, als uns niederzulassen, ein Haus zu bauen und mit den einfachen, armen Berg-Arapesh, unter denen wir uns befanden, zu arbeiten, die über nur wenige Rituale verfügten und über noch weniger Kunst. Als Reo seine kurze Reise ins Innere unternommen hatte, um Träger zu organisieren, hatte er zuvor herausgefunden, daß 'diese Leute keine nennenswerte Kultur haben – Schwägerinnen sind dort befreundet!' Nun, wo wir in dem Bergdorf Alitoa festsaßen, entschloß er sich, die Sprache zu studieren, die schwierig zu sein schien."[1]

Dieses Textstück entstammt der Autobiographie der legendären Ethnologin Margaret Mead und schildert, wie sie mit ihrem zweiten Mann Reo F. Fortune 1931 bei den Arapesh auf Neuguinea zu forschen begann. Fortune neigte offensichtlich dazu, auf die Fremdheit und Isolation der Forscher mit einer Entwertung der Forschungsobjekte zu reagieren. Er hatte schon zuvor die Bewohner der Insel Dobu so erforscht, daß sie dem Leser als finstere Leute erscheinen mußten, die nur darauf aus waren, den Nächsten mit einem bösen Zauber zu verfolgen. Fortune rivalisierte stark mit Malinowski, den wir schon als Erforscher der matrilinear organisierten, sexualfreundlichen Trobriander kennengelernt haben. Margaret Mead fand die Arapesh immer sympathischer.

"Bei den Arapesh wurde sowohl von den Männern als auch von den Frauen erwartet, daß sie hilfreich und anhänglich waren und sich gleichermaßen an der Aufzucht der Kinder beteiligten. Jungen halfen, ihre kleinen, ihnen angetrauten Frauen zu füttern und aufzuziehen, und Männer und Frauen beachteten gemeinsam die Tabus, die ihre neugeborenen Kinder schützten. Das ganze Abenteuer des Lebens kreiste darum, Dinge wachsen zu lassen – Pflanzen, Schweine und vor allem Kinder. Die Rolle des Vaters bei der Befruchtung war eigentlich eine Art Fütterungsrolle, da man glaubte, daß viele Geschlechtsakte nötig seien, um das Baby zu entwickeln, das aus dem Samen des Vaters und dem Blut der Mutter zusammengesetzt war. Aggressives Verhalten – ein Verhalten, das die Rechte der anderen und auch die Regeln mißachtete, die es einem Mann verboten, seine eigenen Schweine, das Wild, das er erlegte oder die süßen Kartoffeln, die er selbst anbaute, zu essen – wurde sehr stark abgelehnt. Aber nicht der Aggressor wurde getadelt und bestraft, sondern jeder, der eine andere Person zu Ärger und Gewalt provozierte."[2]

Das hört sich vielleicht etwas zu rosig an und man hat Margaret Mead später eine gewisse Naivität und Projektionsneigung in bezug auf die von ihr erforschten Südseevölker vorgeworfen. Aber was will man verlangen? – Die systematische Reflexion der "Gegenübertragung", der unbewußten Regungen und Abwehrmechanismen, die der Forscher aufgrund seiner eigenen lebensgeschichtlichen Konflikte in die verwirrende und angstmachende Begegnung mit der Fremdkultur hineinträgt, war als Methode noch nicht bekannt. Dabei dachte M. Mead, wenn auch auf etwas einfache Weise, durchaus psychoanalytisch. "Mir wurde klar, daß die Arapesh ebenso entschieden wie die Manus (ein Händlervolk auf Pfahlbauten, bei denen Mead vorher war, Anm. K. O.) anales Verhalten förderten, orales Verhalten förderten, und daß diese Betonung des Oralen und der Nahrung in das frühe Werk von Freud und Abraham paßte."[3]

M. Mead verwirrte die Amerikaner damit, daß sie ihnen vorführte, wie relativ ihre Geschlechtsrollen waren und trug zur Begründung des "kulturellen Relativismus" bei. Bei den Arapesh verhielten sich die Männer ganz ähnlich wie die Frauen, beide Geschlechter waren hilfreich, anhänglich und wachstumsfördernd in bezug auf Pflanzen, Tiere und Kinder: eben "oral". Nicht weit entfernt lebten die Mundugumor, mit denen die junge Frau, die sich damals noch vergeblich ein Baby wünschte, die allergrößten Schwierigkeiten hatte, weil sie lästige Kinder gefühllos aussetzten und umbrachten. Hier waren beide Geschlechter rivalisierend, hart, besitzergreifend und in gewisser Hinsicht den Männern unserer Kultur ähnlich. "In Mundugumor kopulierten die Menschen in Gärten, die jemand anderen gehörten, nur um ihre süßen Kartoffeln zu zerstören." Reo fand das auch nicht schön, aber Margaret Mead glaubte bei ihm auch eine Faszination durch die Mundugumor-Kultur zu spüren. Kein Wunder, daß die Ehe bald in die Brüche ging. Vorher forschten sie noch bei den in der Nähe wohnenden Tschambuli, deren Geschlechtsrollenaufteilung wieder ganz anders, beinahe spiegelverkehrt zur amerikanischen war. Die Frauen verwalteten den Besitz, waren praktische und tatkräftige Wirtschafterinnen, die Männer schienen hauptsächlich damit beschäftigt, sich in ihren Männerhäusern zu schmücken, zu tanzen und auf kleinliche Weise zu rivalisieren. Die Kopfjagd, die für die Mannbarkeit wichtig war, hatten sie sich längst bequem organisiert. Die Opfer, selbst alte Frauen und Kinder, wurden auf dem Kaufwege bei Nachbarn erstanden. Bei den Tschambuli trafen die beiden Amerikaner Gregory Bateson, der später als Begründer der systemischen Familientherapie weltberühmt und vorher noch Margaret Meads dritter Ehemann werden sollte.

Warum erzähle ich das? – Erstens, weil ich Sie animieren will, Margaret Meads immer noch bewundernswerte Südsee-Studien zu lesen;[4] sie war wirklich das Bild einer emanzipierten Frau, die ihre ersten Forschungsarbeiten ganz allein gemacht hatte und neben balinesisch fünf oder sechs Südseesprachen konnte. Und zweitens, weil ich zeigen will, wie wild verstrickt die Subjektivität der Forscher in die Erforschung der fremden Kultur ist. In diesem Fall drifteten die Gegenübertragungsreaktionen des Ehepaars völlig auseinander. Wenn wir in der eigenen Kultur Bereiche erforschen, die wir noch nicht kennen, ist das im Prinzip genauso, nur vielleicht nicht ganz so auffällig.

Goldy Parin-Matthèy, Paul Parin und das Ehepaar Morgenthaler, die in den 50er Jahren nach Westafrika fuhren, um zwei Stammeskulturen zu erforschen, hatten es da besser. Die Parins und Fritz Morgenthaler waren Psychoanalytiker und sie hatten sich als Gruppe. Parin berichtete später, wie unterschiedlich die Forscher auf das "Fallenlassen" durch die Gesprächspartner bei den Agni reagierten. Paul Parin reagierte mit Frühaufstehen und einer beharrlich-wartenden Überkompensation seines Ärgers, Goldy mit einer intellektuellen Rationalisierung, indem sie wohlmeinend Sprachschwierigkeiten zwischen sich und den Forschungsobjekten unterstellte. "Daß unsere neurotischen Reaktionen überhaupt bewußt geworden sind, wurde möglich (und das scheint mir für die ganze Ethnopsychoanalyse und auch für die action-research sehr wichtig) dadurch, daß wir jeden Tag über unsere Arbeit miteinander sprechen konnten."[5] So kamen die Forscher darauf, daß sie in unterschiedlicher Weise auf eine Inszenierung reagierten, die für die Agni-Kultur typisch ist. Agni-Kinder machen die Erfahrung des abrupten Verlassenwerdens und die Erwachsenen neigen dazu, die Dynamik des Verlassens und Verlassenwerdens an andere weiterzugeben. Wichtiger Vorläufer dieser Art von Ethnopsychoanalyse war George Devereux, ein französischer Psychoanalytiker, der in den USA, Südostasien, aber auch in der griechischen Geschichte geforscht hatte. Er hatte seine irritierenden Gegenübertragungsreaktionen aufgezeichnet und später gefordert, daß die Humanwissenschaften, statt in gefühlsanalphabetischer Manier immer mehr methodische Filter, Meßinstrumente und Tests zwischen sich und die Objekte zu schieben, die spontanen Emotionen und Verwirrungen, die beim Beobachter entstehen, selbst zum Gegenstand machen sollten. "Glücklicherweise werden die sogenannten 'Störungen', die durch die Existenz und das Agieren des Beobachters entstehen, wenn sie entsprechend ausgewertet werden, zu Ecksteinen einer wissenschaftlichen Erforschung des Verhaltens und bleiben nicht, wie man gemeinhin glaubt, bedauerliche Maltreurs, die man am besten eilends unter den Teppich kehrt."[6] Mancher Leser mag fragen: Müssen ab jetzt alle Forscher eine Psychoanalyse gemacht haben? Kann ich überhaupt forschen? – Ich würde sagen, eine therapeutische Ausbildung ist für eine Kulturerforschung und verstehende Psychologie zwar nützlich, aber man kann sich die entsprechenden Reflexionsmethoden mittlerweile mit Hilfe von vorliegenden methodischen Anleitungen (vgl. später), einer kooperativen Gruppenkultur zwischen den Forschern und vor allem im risikobewußten Sich-Einlassen auf die fremde Lebensäußerung durchaus auch ohne langjährige Psychoanalyse aneignen.

Mario Erdheim und Maya Nadig, zwei Schüler der Parins, die vor allem in Mexiko geforscht haben, sprechen etwas dramatisch vom "sozialen Tod", zu dem die Irritationskrise in der fremden Kultur führt. Viele Forscher werden krank oder fühlen sich "verhext". Das eigene verinnerlichte Normensystem bricht zusammen und das ist ein doppelt lehrreicher Prozeß: in bezug auf die eigene Sozialisation und in bezug auf die neuen Normen:

"Wenn der Ethnologe seine Notdurft auf den Feldern hinter den Büschen verrichten muß, wo immer jemand vorbeikommt oder er andere bei gleicher Betätigung findet, so wird er sich ärgern und in seiner ganzen Analität in Frage gestellt fühlen. Vielleicht hilft es ihm dann, an den 'zivilisatorischen Prozeß' zu denken, um seinen Ärger relativieren zu können, oder er wird mit der Zeit einfach über sich lachen können, weil ihm klar wird, wieviel Energie und Zeitverschwendung ihm seine Schamschranken kosten und wie fremd und merkwürdig er in der fremden Gesellschaft damit erscheint."[7]

Die Lieblinge der Parins und von Morgenthaler waren nicht die erwähnten Agni, sondern die Dogon am oberen Niger-Knie, über die sie das Buch "Die Weißen denken zuviel"[8] schrieben. Sie führten die psychoanalytischen Gespräche auf Französisch, das den Agni (vor allem den Männern) von der Kolonialmacht her vertraut war. Die dazu notwendige Absonderung in Richtung auf ein "Vier-Augen-setting" war den Dogon zunächst etwas unheimlich, weil sie das befürchteten, was für einen Dogon das Schlimmste ist: das Gefühl, den emotionalen Austausch mit der Gruppe zu verlieren. Die Analytiker stellten u. a. fest, daß das Über-Ich eine völlig andere Struktur und Funktionsweise aufwies als das von Freud beschriebene, welches auf einer starken, dauerhaften Aggressionsverinnerlichung beruht (vgl. die Erklärungen Freuds in unserem zweiten Freud-Marx-Kapitel). Die Dogon-Kinder werden bis ins vierte Lebensjahr gestillt. Die Absetzung des Kindes von der Mutter erfolgt in ein intensives Gruppenleben von Gleichaltrigen und altershierarchisch gegliederten Gruppen hinein, welche gewissermaßen als emotionaler Mutterersatz dienen. Die Drohungen des Vaters spielen in bezug auf den Knaben nur eine geringe Rolle. Die Einfügung in die gesellschaftlichen Normen erfolgt später nicht aus Schuldangst heraus, auch nicht aus Angst vor Scham und Bloßgestelltwerden, sondern aufgrund der Angst, den identifikatorischen Austausch mit der Gruppe, das "Mitschwingen" in der Gruppe zu verlieren. Interessant und völlig abweichend zu unserer immer noch ziemlich protestantischen Arbeitsmoral ist, daß auf diese Weise auch die Motivation zur gemeinsamen Arbeit auf den Feldern zustandekommt. Die Arbeit wird zu großen Teilen als fröhliche Gruppenaktivität (mit nachfolgendem

Hirsebier-Konsum) empfunden; die Nicht-Teilnahme löst Unruhe und Vereinsamungsängste (weder Schuld- noch Schamgefühl) aus. Den Dogon gelang es, ihr System unentfremdeter Arbeit recht lange gegen das tiefere Eindringen der kolonialen und neokolonialen Geldwirtschaft zu schützen.

Sehr spannend sind die "Gespräche am sterbenden Fluß", die Fritz Morgenthaler kurz vor seinem Tod noch mit jüngeren Kollegen am Sepik, ganz in der Nähe von Margaret Meads Tschambuli, durchgeführt hat.[9] Man sollte sie einfach lesen. Das ethnopsychoanalytische Setting hat sich hier weitgehend "naturalisiert" oder veralltäglicht. Die erfahrenen Forscher führen die aufschlußreichen Gespräche fast wie nebenbei im Kontext von freundschaftlich werdenden Beziehungen.

Beispielhaft sind die Untersuchungen von Maya Nadig über Lebenssituation und Geschlechtsrollen-Identität bei den mexikanischen Otomi-Indianern.[10] – Was der "Machismo" der Männer und sein Gegenstück der "Marianismo" der Frauen ist, erfährt sie einerseits in der Begegnung mit ihren weiblichen Gesprächspartnerinnen und durch die Irritationen, die um ihre Rolle herum entstehen. Andererseits sind die ethnisch tradierten Muster nur verständlich, wenn die Integration der Stammesökonomie in die Geschichte des Imperialismus und den Weltmarkt rekonstruiert wird, welche Männer und Frauen ganz unterschiedlich betrifft: Die Männer sind in die Geldwirtschaft als Wanderarbeiter integriert, die unter unsichersten Bedingungen den Lebensunterhalt verdienen, teilweise in den USA. Der "Machismo" mit seiner für uns wahnhaften Ehrbetonung schützt die fragile Identität gegen Kränkung und Trauer.

"Somit werden Mobilität, Verlust und Entfremdung nicht mehr schmerzlich, sondern als ehrenhaft und männlich erlebt; der Austausch von selbstbestimmter und autonomer Arbeit gegen Lohnarbeit wird zum Abenteuer, zum mutigen Glücksspiel und zur Initiation in die erwachsene Männerwelt transformiert."[11] Die Schutzfunktion des Machismo in bezug auf die Gefahr der *narzißtischen Kränkung* ist weitgehend unbewußt. Und wir müssen auch annehmen, daß in ihm die Gewalt der mexikanischen Geschichte in einer Art von intergenerationellem Wiederholungszwang bewältigt und beantwortet wird. Die Demütigung und Erniedrigung der indianischen Männer im Gefolge der blutigen spanischen Eroberung, die Wegnahme und Vergewaltigung der Frauen muß ihre Spuren hinterlassen haben.

Die bäuerliche Subsistenzwirtschaft, ethnisch reguliert und in jeder Arbeitshandlung zugleich symbolisch bedeutsam, ist Sache der Frauen und in der gegebenen Ökonomie die einzig zuverlässige Ernährungsbasis für die Familie. Das männliche Selbstwertgefühl ist weitgehend imaginär, beruht auf kompensatorischen, von den Frauen geduldeten Inszenierungen; das weibliche ist handfest gegründet. "Wird der vorgeschriebene Ablauf der Tortillaproduktion, der Pulqueherstellung oder der Heilzeremonien eingehalten, dann ist die Frau gut, intakt, und die Welt in Ordnung. Das hat eine entlastende und bestätigende

Wirkung. Der Stolz auf die Qualität der eigenen Produkte ist eine Basis der Selbstachtung".[12]

Nadig's Untersuchungen sind nicht nur ein Beleg für den "triadischen", produktvermittelten Charakter von autonomer Identität, sondern stellen auch den Zusammenhang zwischen Verhalten und Verhältnissen eindrücklich her. Das ethnopsychoanalytische Verfahren läßt sich zurückwenden auf die Lebenssituation der Menschen in den westlichen Industriegesellschaften. Bei der Erschließung der subjektiven Struktur bleibt – abweichend von kontrollsüchtigen Objektivismus der akademischen Psychologie – die Irritationsanalyse zentral.

Von der Ethnopsychoanalyse und ihrer Betonung der immer "mitspielenden" Gegenübertragung, gibt es viele Brücken zur Idee und Methode des "szenischen Verstehens", die vor allem von Lorenzer stammt und später von Volmerg und Leithäuser zu einer neuen Arbeitsweise in der empirischen Kultur- und Sozialforschung weiterentwickelt worden ist.[13] Weil es dabei um die *Rekonstruktion des gemeinsamen Dramas* geht, in das der Psychoanalytiker mit dem Patienten, der Interviewer mit den Interviewten, der Film- oder Text-Interpret mit dem dargebotenen Kulturprodukt hineingerät, paßt diese Methode sehr gut zum Psychodrama, welches Sie im letzten Kapitel kennengelernt haben.

Mit einem Methodeninstrumentarium, das sich aus Ideen der Ethnopsychoanalyse, dem szenischen Verstehen und dem Psychodrama entwickelt hat, haben Sozialpsychologen inzwischen eine Reihe von empirischen Forschungsprojekten durchführen können[14]. Über den Zugang erfahren Sie noch mehr im folgenden Kapitel. Einige Ergebnisse werden im letzten Teil des Buches referiert.

Die ethnopsychoanalytischen Überlegungen passen gut zu den Einsichten von neueren systemischen und familientherapeutischen Autoren. Das zum Beispiel in der objektivistischen Sozialpsychologie beliebten Neutralisieren oder "Wegdenken des Beobachters suggeriert die Annahme, es gäbe eine für alle gleichermaßen verbindliche Wirklichkeit und Wahrheit". Das kann leicht "zu dem Irrtum verführen, das Wissen über die Welt sei so etwas wie ein großer Suppentopf, den man irgendwann und irgendwie - wenn man sich nur genügend bemüht - auslöffeln könnte. Wer das versucht, bekommt zwangsläufig Schwierigkeiten, denn er selbst ist die (mal etwas abgebrühtere oder ausgekochtere) Fleischeinlage dieser Suppe..."[15]

Anmerkungen:

1. M. Mead, Brombeerblüten im Winter. Ein befreites Leben, Reinbek 1978, S. 159.
2. ebenda, S. 161.
3. ebenda, S. 164.
4. M. Mead, Jugend und Sexualität in primitiven Gesellschaften, Bd. 1–3, München 1970.

5. P. Parin, Erfahrungen mit der Psychoanalyse bei der Erfassung gesellschaftlicher Wirklichkeit, in: IG Psychologie der Universität Salzburg (Hg.), Jenseits der Couch, Frankfurt 1984.
6. G. Devereux, Angst und Methode in den Verhaltenswissenschaften, Frankfurt/Wien 1976, S. 29.
7. M. Erdheim, Die gesellschaftliche Produktion von Unbewußtheit, Frankfurt 1982, S. 25.
8. P. Parin, F. Morgenthaler, G. Parin-Matthèy, Die Weißen denken zuviel, Zürich 1963.
9. F. Morgenthaler, F. Weiss, H. Morgenthaler, Gespräche am sterbenden Fluß, Frankfurt 1984.
10. M. Nadig, Die verborgene Kultur der Frau, Frankfurt 1986.
11. M. Nadig, Der Wahn der Männer – die Arbeit der Frauen, in: J. Belgrad u. a., Zur Idee einer psychoanalytischen Sozialforschung, Frankfurt 1987, S. 249.
12. ebenda, S. 250.
13. Vgl. als Überblick und Leitfaden: Th. Leithäuser, B. Volmerg, Psychoanalyse in der Sozialforschung. Eine Einführung, Opladen 1988.
14. Vgl. exemplarisch: W. Graf / K. Ottomeyer – Österrreichisches Institut für Friedensforschung (Hg.), Szenen der Gewalt, Wien 1990.
15. F.B. Simon, Meine Psychose, mein Fahrrad und ich. Zur Selbstorganisation der Verrücktheit, Heidelberg 1991, S. 270

Verstehende Psychologie als Alternative zu New Age

Zunächst drei kleine Geschichten aus dem Leben des Autors. Die erste: Ich habe zehn Kilo Ton in meinem Reisegepäck und bin kurz vor der Abfahrt zu einer Psychodrama-Fortbildung für Bewährungshelfer. Als Psychodrama-Leiter habe ich die Idee, das Warming-up und die Darstellung des aktuellen Selbstbildes oder Selbstgefühls der einzelnen Teilnehmer über das Arbeiten mit Ton laufen zu lassen. Ich glaube zwar nicht an Tarot-Karten, lasse sie mir aber – verbunden mit der Frage, was ich wohl für einen guten Verlauf des Kurses tun kann – von meiner Frau legen, die eigentlich auch nur halb an Tarot-Karten glaubt. Die Karte, die ich unter den 72 verdeckten Möglichkeiten ziehe, zeigt eindeutig einen Herrn, der als Töpfer tätig ist; sieben expressiv gestaltete Gefäße stehen schon in seinem Regal. Im Text dazu heißt es u. a.: "However fearful or grand the vision, one must still work at one's craft." Ich soll also meinen therapeutischen und sonstigen Größenwahn zügeln und handwerklich ordentlich arbeiten. Daß es sich dabei um die 8. Münz-Karte (des Hurley & Horler-Tarot-Deck) handelt, macht zusätzlichen Sinn; es geht ja auch ums Geldverdienen.

Eine zweite Geschichte: Zu Beginn eines Psychodrama-Kurses, bei dem sich die Teilnehmer noch nicht kennen, sollen die Teilnehmer sich an Bücher oder Geschichten erinnern, die sie als Jugendliche sehr interessiert haben. Ein jüngerer Mann erinnert sich an die Geschichte eines afrikanischen Autors, die in einem Dorf handelt. Dort gibt es verschiedene Personen, die die Gruppe interessieren. Wir beschließen ein Psychodrama-Spiel zu machen. Der Mann darf die Rolle entsprechend seinen spontanen Empfindungen mit den Gruppenmitgliedern besetzen. Eine Frau bekommt die Rolle der Mutter eines epileptischen Kindes. Beim feed-back nach dem Spiel ist sie sehr bewegt und fragt den Protagonisten, dessen Geschichte wir gespielt haben: "Wußtest Du, daß mein Mann Epileptiker ist?" Er hatte es natürlich nicht gewußt, oder er hat vielleicht mehr gewußt, als er wußte. Solche Merkwürdigkeiten, über welche sich dann dichte emotionale Beziehungen ergeben, ereignen sich in psychodramatischen (und anderen therapeutischen) Gruppenprozessen relativ oft. Und manche sind versucht, an solchen Stellen das Psychodrama oder den Gruppenleiter als etwas Wundersames anzusehen.

Meine Großmutter konnte hellsehen und hypnotisieren. Mit dem Älterwerden wurde ihr das unheimlich und als gute Christin hat sie uns davor gewarnt. Aber bei der Beerdigung der Großmutter berichtete noch ihre Schwester, eine sehr nüchterne alte Bäuerin, daß es vor einigen Nächten, ziemlich genau zur Todesstunde der Schwester heftig an ihre Schlafzimmertür geklopft hatte.

Derlei kommt vor. Wenn man eine Reihe solcher Geschichten aneinanderfügt, entsteht durch die Ballung spontan so etwas wie ein New-Age-Weltbild. Das Gefühl dabei ist ein, meist gerade noch angenehmes, leichtes Gruseln und das einer teils beunruhigenden, teils beruhigenden Teilhabe an "höheren Mächten". Freud, der die Existenz parapsychologischer Phänomene nicht rundweg in Abrede stellte, wußte, daß hinter dem "Unheimlichen" frühe, mühevoll überdeckte und verbotene Allmachtswünsche stehen. Man könnte in unserem Fall und im Lichte der neueren Narzißmustheorie sagen: narzißtische Wünsche auf einer Stufe, wo das Größenselbst etwas unklar mit einer idealisierten Elternimago verschmilzt, wir uns gewissermaßen von sehr beeindruckenden Instanzen auf höherer Ebene gehalten und gespiegelt fühlen. Man weiß dann nicht mehr so genau, ob der Geist des Tarot so großartig ist oder die beteiligten Personen; das Psychodrama in der Nachfolge des genialen Gründervaters Moreno, der Leiter oder die Teilnehmer am Gruppenprozeß; die Großmutter oder der Nachfahre, der möglicherweise etwas von ihr geerbt hat. Der Narzißmus scheint einerseits aufgegeben, ist andererseits massiv wirksam; er kann sich jederzeit hinter der Ehrfurcht verstecken.

Es gibt für die "transpersonalen" Gefühle und Wahrnehmungen, unsere geheimnisvolle oder "kosmische" Verbundenheit auch recht nüchterne Erklärungsversuche. Man könnte (im ersten Beispiel) den Zufall bemühen in Verbindung mit der Annahme, daß Tarot-Karten zusammen mit den sehr vagen Kommentartexten wie projektive Tests wirken, die die latenten Wünsche und Ängste aktivieren und uns zum Nachdenken anregen. Man könnte auch an die entwicklungspsychologisch gut fundierte These von René Spitz[1] denken, daß wir unterhalb und vor unserer "diakritischen", unterscheidenden, verbal-rational geprägten Wahrnehmung über eine zwischen Mutter und Kind entwickelte "koinästhetische" Wahrnehmung (und Interaktion) verfügen, die auf das subtile Zusammenspiel der Körper, "ganzheitliche" Stimmungsschwankungen zwischen den Menschen, die begleitenden Veränderungen der inneren Organe usw. gerichtet ist. Dieses Wahrnehmungsvermögen wird in der Trancestimmung eines intensiveren gruppentherapeutischen Prozesses (z. B. der "surplus reality" des Psychodrama) reaktiviert. Alles ist dabei noch von dieser Welt. Die Existenz der "transpersonalen Kräfte", die von der New-Age-Psychologie so gefeiert wird, kann einen nur wundern, wenn man zuvor von unseren westlichen Modellen eines diakritisch dominierten "homo-clausus" (N. Elias), eines eingemauerten Einzelmenschens ausgegangen ist.

Die wiederentdeckte transpersonale Dimension, das Flair des New-Age hat seinen eigenen Reiz. Als Autor und Wissenschaftler, der sich alten Ideen von Psychoanalyse und Marxismus, der "Utopie der assoziierten Produzenten" verpflichtet fühlt, habe ich in den letzten Jahren immer häufiger die etwas kränkende Erfahrung des öffentlichen Vortrages vor halbvollem Saal machen dürfen. Durch eine eher zufällige institutionelle Verknüpfung komme ich zu einem Vortrag mit dem Wort "New-Age" im Titel ("Verstehende Psychologie als Alternative zu New-Age") – der Saal ist übervoll. "Psychologie heute" meldet sich schon Wochen vorher mit der Bitte um einen Artikel, ein Reporter des ORF versucht, tiefgründige Worte für eine geplante Sendung "Nacht der Magie" zu erhaschen. Das spricht doch wieder für New-Age – es ist vor allem auch ein Etikett für recht heterogene Tätigkeiten im Bereich der Kulturindustrie und der kulturellen Handwerksbetriebe, welches derzeit bei Verwendung fast sofort die Produkt- und Selbstverkaufschancen der Anbieter in die Höhe schnellen läßt. Es ist interessant, daß alle New-Age-Autoren bei ihren weitschweifigen Ausführungen über Welt und Mensch um die recht simple und harte Logik in den Verkehrsformen der Warenbesitzer, unter denen wir alle handeln, einen weiten Bogen machen; das paßt so wenig zum Aufbruch in die postmaterielle Spiritualität, die Überwindung des mechanischen (Newton'schen) Zeitalters. Es sind ziemlich banale Marktmechanismen am Werke, unter denen sich Menschen wechselseitig instrumentalisieren, verdinglichen. Marilyn Ferguson, die einflußreiche Wegbereiterin des "Wassermannzeitalters" hat als Journalistin gut gewußt, wie man heterogene Stories und aktuelle Trends unter ein verkaufsförderndes Etikett bringt. Sie gesteht zwar zu Beginn ihres Bestsellers "Die sanfte Verschwörung"[2], daß sie von Astrologie keine Ahnung hat, hält aber doch das "Wassermannzeitalter", in dem jetzt, aufgrund der Verschiebung der Erdachse in ein neues Sternzeichen, alles sensibel, liebvoll, ganzheitlich, transpersonal und spirituell wird, für die beste zusammenfassende Beziehung der dargestellten Trends. Das Musical "Hair" mit dem Aquarius-Song ging ja damals auch so gut.

Auch für die Kritik ist das Schnellklebe-Etikett "New-Age" eine Versuchung. Viele Kritiker wittern hinter den Marktmechanismen wirklich eine Verschwörung zur Zerstörung der Reste unserer linken und Protestkultur[3]. Und es läßt sich leicht eindreschen auf das unterstellte Gesamtprojekt des New-Age, weil sich in der Warensammlung, die so heißt, neben harmlosen und sehr interessanten Dingen, wie dem Interesse für östliche Religionen oder die biologische Systemtheorie, auch ganz offenkundiger Schwachsinn befindet wie eine Karmatheorie, welche meint, daß die Opfer von atomaren Unfällen oder afrikanischen Hungernöten Leute sind, die – in einer bestimmten Weltgegend versammelt – sowieso noch Rechnungen aus ihren verschiedenen Vorleben begleichen müssen. Einen eigenen Reiz hat das "New-Age" für die Kritiker aus den Reihen der seriös auftretenden Psychotherapeuten. Indem wir uns von seltsamen Rebirthing- oder Drogentherapie-Verfahren abgrenzen, können wir "unsere" Gestalttherapie, das Psychodrama, die Gruppendynamik als wissenschaftlich fundiert hinstellen; dabei erinnert jemand wie J. L. Moreno, allen sozialwissenschaftlichen und medizinischen Ordnungsversuchen seiner Schülerinnen und Schüler zum Trotz, bei genauerem Hinsehen schon sehr einem frühen New-Age-Propheten. Das Psychodrama und die Soziometrie waren bei ihm durchaus religiös unterlegt und mit dem Plan der Errichtung einer neuen, "therapeutischen Weltordnung" (jenseits von Kapitalismus und Sozialismus) verbunden, der in seine Unbescheidenheit durchaus an das "healing of the planet" erinnert, welches uns heute die Neo-Schamanen des New-Age auf ihren Selbsterfahrungsseminaren gleich mitversprechen.

Die New-Age-Psychologie knüpft an bildhafte und sinnliche Bedürfnisse der Menschen in unserer Kultur an und ist in gewisser Hinsicht die verdiente Strafe für die Sünden der akademischen Psychologie. Marilyn Ferguson hat schon früh die Forschungsergebnisse über die rechte Gehirnhälfte des Menschen zusammengetragen, in der sich die ganzheitlichen, gestaltwahrnehmenden, "ikonischen", musikalischen und dramatischen Funktionen konzentrieren. Nun findet sich die These von der unterschiedlichen und einander ergänzenden Funktion beider Hirnhälften zwar mittlerweile auch in jedem Psychologie-Lehrbuch. Man kann aber sagen, daß die akademische Psychologie in ihrer Darstellungs- und Vorgehensweise voll und ganz den linkshemisphärischen Mustern der diskursiven, verbal-rationalen, eindeutigen und bildarmen Sprache verhaftet ist. Man kann etwas bildhaft (also "rechtshemisphärisch") sagen: Mit der rechten Hirnhälfte können wir den Wald fühlen, spüren, ihn bildhaft oder musikalisch kommentieren, die rechte "sieht ihn vor lauter Bäumen nicht", kann diese aber genau zählen und auf verbal-rationale Weise symbolisieren. Marilyn Ferguson verglich unsere Wissenschaftskultur mit einem split-brain-Patienten, bei dem die wichtige Brücke zwischen beiden Hemisphären zerstört ist.

"Wir nehmen ohne Skalpell einen operativen Eingriff zur Gehirnspaltung an uns selbst vor. Wir isolieren Herz und Geist – Gefühl und Verstand. Abgeschnitten von der Einbildungskraft, den Träumen, Eingebungen und holistischen Prozessen der rechten Gehirnhemisphäre, ist die linke steril. Und die rechte Gehirnhemisphäre, die von der Integration mit ihrem organisierenden Partner abgeschnitten ist, setzt den Kreislauf ihrer emotionalen Ladung fort. Gefühle werden eingedämmt, wodurch sie möglicherweise im Stillen Unheil anrichten: durch Ermüdung, Krankheit, Neurose, durch ein durchdringliches Gefühl, daß etwas nicht stimmt, daß etwas fehlt – eine Art kosmisches Heimweh. Diese Aufsplitterung kostet uns unsere Gesundheit und unsere Fähigkeit zur Innigkeit."[4]

Unsere akademische Psychologie, die es eigentlich besser wissen sollte, hat (verglichen mit anderen Fächern der Universitäten, etwa den Literaturwissenschaften), die Züge eines split-brain-Patienten oder eines "Alexithymikers", Gefühlsanalphabeten noch perfektioniert. Die naturwissenschaftlich exakten, durchmathematisierten Studiengänge sozialisieren. In unserer psychologischen Landschaft kommt allerdings seit einigen Jahren auch eine Spezies vor, die ich als "gelernten Positivisten mit humanistischer Dauerkrise" bezeichne. Der Mangel wird gespürt, aber immer noch nach dem Muster einer Spaltung bewältigt. Man bewegt sich dann neben den exakten und vorgezeichneten Bahnen in Bereichen wie Sufi-Mystik, Zen-Buddhismus oder der "echten Zwischenmenschlichkeit" von Gesprächstherapie oder Encounter-Gruppen. Herrscht dort die Stimmung eines leicht depressiven, heroischen Asketismus, wird hier in fast religiöser Inbrunst die Entwicklungsfähigkeit des Menschen zum Wahren und Guten, Höheren hin gefeiert.

Die New-Age-Psychologie jubiliert über ihren Fund, verknüpft die Bilder und Dramen der Menschen, so wie sie kommen und gehen, läßt sie, gerne auch unter Wiederaufnahme der Jung'schen Theorie des "kollektiven Unbewußten", quer durch Jahrtausende und Weltenräume untereinander schwingen und kommunizieren. Die Auswahl und Abfolge kann wohl in einigen Fällen nur von dem Hintergrund der (weitgehend unbekannten) Privatneurose der Autoren verstanden werden. Das gilt für religiöse Autoren wie Bailey, Spangler, Rosenberg, von denen sich Auszüge bei Ruppert[5] dokumentiert finden. Es geht immer wieder um Gipfel und Größe, Erhabenheit und Tiefe; man kann auch sagen: schwerpunktmäßig geht es um narzißtische und symbiotische Gefühle, die bei der fast wahllosen Berührung der Bilder (und Körpererregungen) entstehen. Reflexive Zufallstreffer sind nicht ausgeschlossen. Das Gehirn mit seinen neuentdeckten Potenzen wird z. B: in Fergusons Buch "Geist und Evolution" (einem Sammelsurium der Hirnforschung) durchgängig wie eine narzißtisch besetzte Wunderwaffe behandelt, das wir aller gesellschaftlichen Entfremdung und Demütigung zum Trotz immer schon in uns tragen: "Das menschliche Gehirn, dieses 'perfekte Instrument', dieser ungeheure Elektronentanz, kann unser Sesam-öffne-Dich für ein Leben sein, das unendlich reicher ist als wir je für möglich gehalten hätten. Die fließenden, kreativen, heilenden Eigenschaften der veränderten Zustände können dem Bewußtsein einverleibt werden."[6] Und natürlich dürfen wir uns über dieses Organ immer schon mit dem gesamten Kosmos verbunden fühlen. "Des Menschen ... Körper und sein stolzes Gehirn sind Mosaike aus den gleichen Elementarteilchen, welche die dunklen, treibenden Wolken des interstellaren Raumes zusammensetzen", wird Lincoln Barnett zitiert.

Sehr beliebt ist auch das Bild von einem Strudel im Wasser, der zwar eigenständig scheint, aber nur im beständigen Durchfluß der umgebenden Elemente existiert. Das "ozeanische Gefühl", auf dessen Herstellung die verschlungenen Gedankengänge, die bunten Bilderfolgen und verschiedenartigen praktischen Inszenierungen der New-Age-Psychologen mit einer gewissen Penetranz hinauslaufen, findet sich bekanntlich bei Freud als Abkömmling unserer kleinkindlichen Wünsche nach Getragen- und Gehalten-Werden behandelt.[7] Das Vorkommen dieses Gefühls in allen Religionen, geradezu als Basiserfahrung des Religiösen, so wendet Freud gegen seinen Freund Romain Rolland ein, sei noch kein Beweis für die Existenz höherer Wesen, die uns nach dem mehr oder weniger zwingenden Ausfall der realen Elternfiguren tatsächlich ein Leben lang halten und schützen. Den Allmachts-Aspekt dieser symbiotischen Gefühle und Wünsche habe ich oben schon angesprochen. Das verstärkte Auftauchen symbiotischer

Wunschphantasien, die in den Kosmos projiziert werden, muß damit zu tun haben, daß in den Niederungen des realen Soziallebens für die Menschen im Zuge von Modernisierungs- und Individualisierungsprozessen eine Symbiose nach der anderen fragwürdig und brüchig geworden ist.

Die New-Age-Psychologen stellt auch eine gerechte Strafe für den Verlust der Dialektik in unserem wissenschaftlichen Denken dar. Dialektik hat – etwas einfach gesagt – mit dem angemessenen Zusammenhang von Identität und Nicht-Identität im Leben und Denken zu tun. (Hegel würde sagen mit der "Identität von Identität und Nicht-Identität"). Nachdem in der westlichen Kultur jahrhundertelang vorwiegend mit undialektischen Subjekt-Objekt-Trennungen operiert wurde: der Trennung von Mensch und umgebender Natur, der Trennung von (bürgerlichem) Individuum und Gesellschaft, der Trennung von Wissenschafts-Subjekt und Wissenschafts-Objekt, wird nun die verbindende Beziehung zwischen den Polen, die Seite der Identität wiederentdeckt, aber so abstrakt, so sehr als extreme Rückschlagbewegung des Pendels, daß ein illusionäres, symbiotisch gefärbtes Identitätsdenken dabei herauskommt, das immer noch die Merkmale der Entfremdung aufweist. Hierzu ein Beispiel aus einem Buch von Robert Harsieber: "Wenn ich in diesem Augenblick diese Buchseite lese, existiert in Wirklichkeit nur der Akt des Lesens. Ich und Buchseite sind eine Auftrennung des Prozesses. Ich, Seite und Lesen sind ein und dasselbe."[8] Natürlich entsteht über die menschliche Tätigkeit eine Verbindung, eine Identität zwischen Buchseite und Subjekt, aber die Seite der Nicht-Identität wird hier völlig vergessen. Wir verstehen einen Text immer nur teilweise, müssen uns an ihm "abarbeiten" und auch das Entziffern der Schrift ist nicht bei allen Menschen (z. B. bei Legasthenikern oder ABC-Schützen) schon so weit habitualisiert, daß ihnen die These einer einfachen Identität zwischen "Ich und Buchseite" einleuchten könnte.

Es ist richtig, daß das östliche Denken im Gegensatz zum westlichen Entfremdungs- und Weltbeherrschungsmodell die Seite der Identität, der Verschmolzenheit zwischen Subjekt und Objekt, Mensch und Kosmos betont und z. B. in Meditations- und Entsagungstechniken als Empfindung zu steigern vermag. Damit ist aber Entfremdung nicht aufgehoben. Die realen Gesellschaften, in denen sich Hinduismus und Buddhismus entwickelt haben, waren bereits Klassengesellschaften mit einem beträchtlichen Elend der bäuerlichen Bevölkerung und despotischen zentralen Instanzen. Es handelt sich bei den östlichen Projekten der Ich-Auflösung bereits um eine *auf Leid und Trennung antwortende* Weltfluchtbewegung. Mit Glück hat das wenig zu tun, eher mit dem Versuch, gegenüber dem Leiden und gegenüber dem Glück (ohne das es ja kein Leiden gäbe) ganz unempfindlich, regungslos zu werden.

Hans-Peter Duerr vergleicht die "Lebenderlösten" mit "Depersonalisierten" oder "Derealisierten" im Sinne der Psychiatrie und meint nach ausführlicher Analyse, "daß die moksa- und nirvana-Lehren extreme Entlastungsideologien darstellen, die den Menschen, die nicht mehr in der Lage sind, die Spannungen des Lebens auszuhalten, den Weg weisen, diese Spannungen aufzulösen, und zwar nicht, indem sie in die Welt eingreifen, sondern eher dadurch, daß sie sich als denkende, fühlende und handelnde Personen aus der Welt zurückziehen."[9] Die New-Age-Anhänger verhalten sich überhaupt zu fremden Kulturen nach dem Muster der Steinbruch-Ethnologie. Was in das selbstgezimmerte Sinngebäude paßt, wird umstandlos herausgebrochen und eingesetzt, nicht nur fernöstliche, sondern auch indianische und schamanische Elemente aller Art. Die Wirtschafts- und Lebensform der Lieferanten interessiert dabei kaum.

Das schlichte Identitätspostulat, die auffällige Trennungsverleugnung im Denken und Fühlen bei New-Age-Verkündern und ihren Anhängern bedeutet psychoanalytisch gesehen, daß Trennungsschmerz vermieden und Trauerarbeit umgangen wird. Ich bringe ein Beispiel aus der zunächst seriös wirkenden Zeitschrift "bio spezial". Auf den "Seiten für die Seele" (Heft 2 / 90) wird die These aufgestellt, daß Trennungen zwischen Menschen im Lichte der neueren Physik eigentlich gar nicht wirklich sind. Es gibt nämlich das sogenannte Einstein-Podolsky-Rosen-Paradoxon, nach welchem Elektronen, die einmal in Berühung waren, auch nach der räumlichen Trennung noch in Kontakt sind und Informationen tauschen. Christa hat ihren Mann Knut verloren; sie hatten unzertrennlich gewirkt. Sie leidet aber nicht, ist heiter und obwohl sie vom EPR-Paradoxon nie gehört hat, "umspielt ein merkwürdig wissendes Lächeln ihre Mundwinkel". Christa hat überall die Fotos von Knut stehen und glaubt, daß sie zu ihm bzw. seinem "Wesenskern" trotz der äußeren Veränderungen immer noch denselben Kontakt hat wie früher. Weil "alles mit allem verwoben ist", wissen wir nun, daß "Trennung eine Illusion" ist. Ich möchte Christa und anderen die Selbstschutzmechanismen der Verleugnung, die für eine frühe Phase im komplizierten menschlichen Trauerprozeß typisch sind, nicht wegnehmen – aber als Verkündung des neuesten interdisziplinären Standes der Welterforschung ist das ein ziemlicher Blödsinn. Derlei tröstliche Kurzschlüsse von der "neueren Physik" auf die Logik sozialer und psychischer Prozesse sind für das New-Age-Weltbild und seine Autoren absolut typisch, so als ob der Physikalismus in den Sozialwissenschaften nicht schon genug angerichtet hätte. Die Verleugnung von Trennungsschmerz und Entfremdung kostet Energie, der krampfhaft euphorische Ton der New-Age-Darstellungen, oft auch ihr großer Seitenumfang zeigen, daß etwas "weggeredet" wird. Wenn wir Lebensentwürfe von Menschen verstehen wollen, so ist das nur entlang der Bruchlinien des Trennungsschmerzes und der Ahnung eines dennoch möglichen Glücks möglich. Physikalische oder chemische Systeme können wohl kaum an Trennungen leiden oder über gelingende Verschmelzungen glücklich sein; auf höheren Stufen der biologischen Evolution beginnt derlei vorzukommen und wird uns mehr oder weniger einfühlbar.

In der biologischen Evolutionstheorie, wie sie etwa in Gestalt von Maturana und Varela[10] ins New-Age-Denken einverleibt wird, kommt beim Aufsteigen von den einfachen zu den komplizierten Systemen, beim Nachzeichnen der Evolution vom Einzeller über funktionsteilige Zellverbände bis zum Menschen und seiner Kultur interessanterweise weder die evolutionäre Errungenschaft der Leidensfähigkeit noch diejenige der Arbeitsfähigkeit vor.

Statt einem optimistischen Zureden, der beschwörenden Betonung der (immer auch vorhandenen) Seite der Identität brauchen wir ein deutliches Empfinden und klares Bild der Trennungsszenarien in Gesellschaft und Lebensgeschichte, unter denen die Menschen leiden; erst über diese "szenische Konkretisierung", das wissen eigentlich alle Psychotherapeuten, ist dann so etwas wie die verbleibend mögliche Wiedervereinigung, eine erneute und partielle Identität zwischen Subjekt und Objekt möglich. Ohne Trennungsschmerz gibt es keine Symbiose, jedenfalls nicht unter Erwachsenen. Der Identitäts- und Symbiosewahn des Denkens steckt aus verstehbaren Gründen in uns allen und läßt sich mit modernen dramatischen Psychotechniken ganz leicht anheizen. Eine österreichische New-Age-Vertreterin, die ihr Produkt inzwischen allerdings TV-wirksam als "Light-Age" (Licht-Zeitalter) verkauft, macht das folgendermaßen: Der Klient oder mehrere davon kauern am Boden und werden angehalten: "Mama komm, Mama, komm doch endlich!" zu rufen, während einige Meter entfernt eine Mitspielerin oder auch mehrere unbeweglich mit verschränkten Arme dastehen. Niemand kommt. Das Geheule steigert sich, der Teilnehmer regrediert auf sein jeweiliges, weitgehend vorsprachliches Trennungsdrama bis er sich schließlich in den Armen der Gruppe und/oder Therapeutin wiederfindet, wo er tatsächlich – ein Fläschchen erhält und trinken darf. Mit den solcherart stimulierten mächtigen Verschmelzungswünschen läßt sich dann weiterarbeiten, endlich ist die Mama doch erschienen. Nichts gegen die Mütter. Aber es gibt noch andere Hinweise darauf, daß ein fast halluzinatorisches Wiedererscheinen der Mutter, von der wir getrennt wurden und gegen die wir uns versündigt haben, auch sonst durch das New-Age-Erleben geistert. Der Autor Harsieber zum Beispiel, dem wir ein kleines Kompendium über das "Neue Weltbild" verdanken, zitiert für die Zwecke seiner Identitätstheorie den Physiker Schrödinger. Die äußere Welt und das Bewußtsein seien "ein und dasselbe Ding". Und "... darum ist dieses dein Leben, das du lebst, auch nicht ein Stück nur des Weltgeschehens, sondern in einem bestimmten Sinn das Ganze ... So magst du dich hinwerfen auf die Erde, flach angedrückt an ihren Mutterboden in der gewissen Überzeugung: Du bist so festgegründet und unverletzlich wie sie, ja tausendmal fester und unverletzlicher ..."[11] Mit dem letzten Satz geht Harsiebers Schrödinger-Zitat (dessen Quelle für mich leider unauffindbar war) schon wieder von der kindlichen Symbiose- in die Allmachtsphantasie über.

Der Management-Berater Gerken spricht von der neuerdings wirksamen "Gaia-Hypothese": "Gerade die Elite erkennt, daß unsere Erde ein lebender Organismus ist. Eine wirkliche, atmende Mutter Erde, die mit uns fühlt, mit uns denkt, mit uns handelt. Die Gaia-Substanz ist insbesondere im Unterbewußtsein und in den kollektiven Archetypen wieder aufgeblüht (siehe Indianer-Boom)".[12] Ich denke, daß viele Naturwissenschaftler, aber auch Psychologen, die in ihren künstlichen Laborsituationen sehr isoliert und infolge der gesellschaftlichen Arbeitsteilung überindividuiert sind, oft das Gefühl haben, ihren Objekten und sich selbst Gewalt anzutun und sich periodisch in den kosmischen und sonstigen Mutterschoß zurückphantasieren. Das folgt gewissermaßen der Psychodynamik des "Hänschen-Klein"-Liedes. Diese im Prinzip richtige dialektische Bewegung zwischen Symbiose und Individuation droht, wenn sie nicht reflektiert wird, in unsäglichem Symbiose-Kitsch zu enden. Beim humanistischen Psychologen Maslow werden die mystischen Erfahrungen, die bei den gesündesten Menschen häufig, uns allen aber zugänglich sein sollen, beschrieben als "... Seligkeit, weil das Wort Glück manchmal zu schwach ist, um diese Erfahrung zu beschreiben. Jedes Getrenntsein und jede Distanz von der Welt waren verschwunden, als sie sich eins mit der Welt fühlten ... Einer sagte zum Beispiel 'Ich fühle mich als Mitglied einer Familie, nicht mehr als Waisenkind'".[13]

Neben dem Identitätskult gibt es im New-Age-Denken noch eine weitere Beschwörungsformel, in welcher die Notwendigkeit der Dialektik wiederkehrt. Das ist die "Transformation" oder der "Paradigmenwechsel". Entwicklung vollzieht sich u. a. in der Dialektik von Quantität und Qualität. Unauffällige Schritt-für-Schritt-Änderungen führen, oft zu einem Zeitpunkt, an dem man damit nicht rechnet, zu einem "qualitativen Sprung" im Zustand eines Organismus oder Systems. Im umgewandelten System kommt es dann zu neuen unauffälligen, quantitativ beschreibbaren Veränderungen, die wieder einen qualitativen Wandel ermöglichen usw. Die quantitativ orientierte akademische Psychologie hat für derlei wenig Sinn und das humanistische oder New-Age-Interesse am psychologischen "Durchbruch" ist verständlich. Es wird nun aber diese Seite der Entwicklung verabsolutiert; die endlose und optimistische Aneinanderreihung von Durchbruch-Fallgeschichten in Kurzform (die man etwa bei Ferguson findet) läßt gerade das Besondere, Qualitative eines bestimmten menschlichen Lebensdramas wieder außer acht. Abgesehen davon, daß die "Transformation" für die beteiligten Subjekte durchaus nicht immer gut ausgehen muß, springt die informationsarme Sprache mit der die ganz neuen Seinszustände beschrieben werden, ins Auge. Ein "rehabilitierter Alkoholiker" mit Transformationserfahrung wird bei Ferguson so zitiert: "Die einzige Person, die ich zu sein brauche, bin ich selbst. Damit kann ich wirklich zufrieden sein. In der Tat kann ich niemals scheitern, solange ich einfach ich selbst bin und dich so lasse wie du bist."[14] Die letzten Worte lassen vermuten, daß der Rehabilitierte zuletzt auf einem Gestalt-Wochenende war. Eine Redakteurin, die nach achtzehn Jahren Brille, ohne dieses Gerät einen Stressabbau-Kurs nach William Bates besuchte, hat dort den Durchbruch, nämlich ein "... blitzähnliches Erlebnis der klaren Schau, das sie so beschrieb: 'Als ich das erste Aufleuchten wahrnahm, schien eine starke Kraft in mir zu sagen: Nun, da du uns ein klein wenig hast sehen lassen, bestehen wir auf ein vollständiges Sehen. Ich erkannte, daß wir alle ganzheitlich und vollkommen sind und daß wir diese Ganzheit einfach deshalb nicht erfahren, weil wir sie verhüllt haben. Es erfordert weniger Energie, frei und fließend zu sein, als vom eigenen Stress eingeschlossen zu werden, und zu erfahren, daß sich etwas in uns schrecklich danach sehnt, dieses Verströmen und Fließen zu erleben und auszudrücken. Wir lernen so, uns zu befreien und loszulassen, statt uns zu verschließen'".[15] Auf ähnlichem Konkretionsniveau werden Dutzende von Geschichten vorgeführt.

Wirklich therapeutische Prozesse sind eher langwierig. Es ist zwar richtig, daß durchbruchartige Neu-Bebilderungen, Neusymbolisierungen psychischer Konflikte dazugehören, die zuvor vielleicht als ausweglos, sackgassenartig erlebt wurden. Das sieht in der Regel so aus, daß eine Reihe von lebensgeschichtlichen Szenen im Erleben des Klienten unvermutet mit einem anderen konfliktreichen und bedeutsamen Szenenbild aus der Erinnerung oder Phantasie in Kontakt geraten und in ein neues Licht getaucht werden. Die dabei auftretende Erschütterung, das Lachen oder Weinen hat immer einen konkreten lebensgeschichtlichen Bezug; das allgemeine Philosophieren über Selbst und Kosmos, Energieströme und Archetypen, das im New-Age-Denken so aufgebläht wird, ist nur eine begleitende (im Prinzip verständliche und legitime) Trost-Bewegung gegenüber der prekären lebensgeschichtlichen Neu-Bebilderung des Konflikts. Es wirkt konfliktzudeckend, wenn es die lebensgeschichtliche Konkretisierung erschlägt, von ihr ablenkt. Und zweitens sind die eher unspektakulären und oft langen Phasen des Durcharbeitens von subjektivem Material in kleinen Schritten, manchmal auch das geduldige Warten zwischen den qualitativen Sprüngen, die andere Seite eines jeden therapeutischen Prozesses. Wer das nicht weiß, muß natürlich gleich zum nächsten Transformations-Wochenende oder Psycho-Guru.

Die New-Age-Bewegung nimmt die Mühen einer verstehenden Psychologie nicht wirklich auf sich. Ich möchte jetzt einige der Elemente einer solchen Psychologie, vor allem in Anschluß an die psychoanalytische Theorie von Alfred Lorenzer und die Ethnopsychoanalyse skizzieren.[16] Der Psychologe ist mit seinem Gegenüber, einem oder mehreren Menschen im Rahmen einer bestimmten Kultur in ein gemeinsames Drama verstrickt, das er teilweise versteht, teilweise (noch) nicht. Der Empathieversuch stößt immer auch auf Fremdheit. (Die Seite der "Nicht-Identität"). Die Psychologin oder der Psychologe muß sich geduldig dem Gefühl der Irritation aussetzen, die mit der "Gegenübertragung" aufsteigenden befremdlichen Bilder und eigenen Regungen spüren und als Teil eines Dramas zu verstehen versuchen, auf das sie / er sich mit der Therapie, Beratung oder Forschung eingelassen hat. Sie oder er muß sich von seltsamen Einfällen und Verrücktheiten überraschen lassen können, dabei aber auch sondieren lernen, welche Elemente in der Gegenübertragung eher aus seiner eigenen, mehr oder weniger neurotischen Lebensgeschichte stammen und welche eher stimmige, gewissermaßen typische Antworten auf die Inszenierung seines Gegenüber sind. Der "überraschte Psychologe" (Theodor Reik) sieht natürlich anders aus als der auf "Erklärung und Prognose" ausgerichtete, linkshemisphärische akademische Psychologe. Er ist mit der eigenen verwirrenden Bilderwelt ebenso wie mit der seiner Klienten, "Objekte" gewissermaßen befreundet. Mit Lorenzer läßt sich im Verstehensvorgang das "logische Verstehen", das eher nüchtern auf die Konsistenzprüfung die Wahrnehmung von Brüchen im Text oder der Darstellung zielt, vom psychologischen Verstehen unterscheiden, das auf die (relativ einfachen) Affekt- und Beziehungsqualitäten in einer Lebensäußerung gerichtet ist (Trauer, Freude, Spott); beide gehen über in ein "szenisches Verstehen" dort, wo sich für den Psychologen ein erhellendes Szenenbild gewissermaßen als Organisator bisher verstreuter Äußerungen und Bilder ergibt. Beim szenischen Verstehen erläutern sich Szenen gegenseitig. Ein etwas herausgelöstes Beispiel: Die Trennungsinszenierung eines Menschen, der sich aus der Gruppe lösen will, wird erhellt durch einen szenischen Bericht darüber, wie er sich in der Adoleszenz von der Mutter gelöst hat und umgekehrt; später tritt vielleicht noch ein lebensgeschichtlich früheres Szenenbild von Verlassenwerden und Verlassen hinzu, von dem der Psychologe noch mehr den Eindruck hat, daß es "weichenstellend" für die angeeigneten, zum Teil unbewußten Interaktionsformen des Anderen waren. Wenn das szenische Verstehen Unbewußtes zutage fördert, wird es zum "tiefenhermeneutischen Verstehen". Derlei kann sich mit einem unmittelbaren Gegenüber, einem Patienten, Klienten oder mit einem Interviewpartner in der "qualitativen Forschung" abspielen; aber auch im Umgang mit dem Text eines Autors oder auch bei der Beschäftigung mit einem Film, so daß eine verstehende Psychologie auch in Literatur- und Kulturanalyse übergehen kann. Immer aber setzt der Psychologe seine eigene, teils kulturtypisch "normale", teils biographisch hochspezifische und beschädigte Subjektivität in die angebotenen dramatischen Figuren als Mitspieler ein. Wenn ich zum Beispiel bestimmte wiederkehrende Figuren in New-Age-Texten als die Inszenierung von Symbiose-Wünschen interpretiere, dann nur, weil ich über das Einlassen auf die Texte mit dem eigenen Mutter-Kind-Drama, Symbiose- und Allmachtswünschen in Kontakt gekommen bin. Die Neigung zum Spott, die dabei auftaucht, wird lebensgeschichtlich auch etwas bedeuten, hat vielleicht mit dem Vom-Leibe-Halten eines allzu Vertrauten zu tun.

An solchen Stellen merkt man, wie wichtig eine die Psychologentätigkeit begleitende, vertrauensvolle Gruppe oder "Kontrollbeziehung" ist. Dem Praktiker ist dies als Forderung nach Supervision geläufig. Der konkurrenzierende akademische Psychologie-Betrieb kennt derlei (noch) nicht. In einer solchen hilfreichen Beziehung geht es um eine kritische Sonderung und Sondierung der Bilderfolgen und Phantasien, die sich beim Psychologen oder Therapeuten begleitend zur Arbeit einstellen. Diese zwar bildbezogenen, aber wieder kritisch verortenden, reflexiv-verbalen, eher diakritischen und "linkshemisphären" Wahrnehmungs- und Denkfunktionen kommen im Bilderkult der New-Age-Psychologie nicht vor. Die Gegenübertragungs-Reflexion scheint unbekannt. Dasselbe passiert offenbar bei den Klienten oder Patienten. Die Bilder werden so genommen, wie sie erscheinen; es kommt zu einer "Bildhüpferei" zwischen lebensgeschichtlicher Szene, Tarotkarte, irgendwelchen Phantasien über unsere Vorleben, die Archetypen des kollektiven Unbewußten usw. In der erscheinenden oder berichteten Bilderfolge, das weiß man seit Freuds Unterscheidung von manifestem und latentem Trauminhalt, steckt oft genug auch die Abwehr der Wahrheit über den zugrundeliegenden Konflikt.

Wir verfügen über zwei Symbolsysteme: das eine ist die Welt der "präsentativen Symbole", die ganzheitlich-bildhaft und dramatisch organisiert ist, sie ist sinnlichkeits- und körpernah und man kann gewissermaßen darin noch die präsentativen "Subkulturen" der musikalischen, pantomimischen, architektonischen, metaphorisch-verbalen (dichterischen) und theatralischen Kommunikation unterscheiden. Individuen, aber auch Gruppen und Gesellschaften symbolisieren und verhandeln beständig ihre Lebensentwürfe, Wünsche und Ängste auf diesen präsentativen Ebenen, die bereits zueinander durchaus in Spannung stehen können. Die zweite große Symbolwelt ist die der "diskursiven" Symbolik, die rational-verbal, mit hintereinandergereihten Elementen und Argumenten, eher additiv, zerlegbar (oder kürzbar) organisiert ist, so wie der vorliegende Text, etwa im Unterschied zu einem Liebesgedicht, einer Spielszene oder einem Lied. Eine verstehende Psychologie hat es mit dem einfühlsamen und nachzeichnenden In-Beziehung-Setzen der Lebensäußerungen von Menschen auf den verschiedenen genannten Ebenen zu tun. Das sind mindestens fünf oder sechs und es ist klar, daß wir uns immer nur einen kleinen Teil des Gesamtdramas bewußt machen können. So wie im Psychodrama (und wohl auch anderen Therapien) auf das ganzheitliche, koinästhetische, spontane und überraschend widersprüchliche Erleben in der "Aktionsphase" und auf das emotionale sharing in der Gruppe die deutende und analysierende verbale Benennung der aufgetretenen Spannung und lebensgeschichtlichen Konflikte folgen muß, so sollte es auch in der Forschung, der Untersuchung von Gruppen und Kulturen zugehen. Es geht um das produktive Wechselspiel von Miterleben der Inszenierung und (selbst-)kritischer Reflexion, von präsentativer und diskursiver Symbolisierung, wenn man so will, rechter und linker Hirnhälfte.

In unserer Kultur (aber auch in uns selbst) ist die Dialektik zwischen präsentativer und diskursiver Symbolisierung zerrissen. Ein Beispiel ist die bekannte Theorie von Neil Postman in seinem Bestseller "Wir amüsieren uns zu Tode".[17] Er beklagt, daß in der westlichen Welt die Kunst der Rede und des Argumentierens zugunsten der Comic-, Hollywood- und TV-Kultur völlig zerfallen ist. Aber er versucht, die sinnlichen Themen und Lebensentwürfe, die die Menschen zwischen den Kanälen hin und her schaltend und beim Kinobesuch mehr oder weniger verzweifelt verfolgen, die sie öffentlich bebildert und dramatisiert haben wollen, gar nicht erst zu verstehen. Und er kann eigentlich nur nostalgisch eine blut- und bilderleere Intellektuellen-Kultur des gesprochenen und geschriebenen Worts glorifizieren, von der sich die Massen doch wohl nicht nur aus Dummheit abgewandt haben. Selbst an so einer Trivialserie wie "Denver" läßt sich beispielsweise verstehen, daß ein Thema, welches die Menschen seit Beginn der achtziger Jahre fast suchtartig beschäftigt, der Geschlechterkampf, die Frage nach der Stellung der mächtigen Frau ist. In neueren Kinofilmen wie "Eine verhängnisvolle Affäre" oder "Der Rosenkrieg" zeigt sich ebenfalls das aufschlußreichste Wechselspiel der erregenden Thematisierung und der nachfolgenden Abwehr der Geschlechterkampfes. Eine inhaltliche Analyse der angeblich so besorgniserregenden Videowellen unter Jugendlichen ist mir noch nicht bekannt, wäre aber eine wichtige Aufgabe einer verstehenden Psychologie. Aber dazu muß mit den Bildern (auch den "trivialen") mitgehen, mitspielen, mitkonsumieren, um dann wieder distanzierter zu reflektieren und zu analysieren.

Derzeit zerfällt die Kultur in zwei große Welten. Auf der einen Seite, vor allem im Berufsleben, müssen die Individuen immer mehr unter einer Flut von sinnlichkeitsfernen und bildhaft entleerten "Zeichen", in einer Buchhalter- und Computer-Sprache miteinander und der Welt umgehen. Auf der anderen Seite und zum Ausgleich sitzen sie dann stundenlang vor Bilderfolgen, die angeblich nichts bedeuten, sich aber doch auffällig oft um "sex und crime" drehen und die Pausengespräche des folgenden Tages beleben. Psychoseminare und New-Age-Kultur bieten zumindest Dramen zum Mitspielen an, auch wenn sie letzten Endes die kulturelle Spaltung noch verstärken und zu einem wirklichen Verstehen der Bilder im lebensgeschichtlichen und gesellschaftlichen Kontext wenig beitragen.

Eine verstehende Psychologie, wie ich sie hier umreiße, besteht (mindestens) aus folgenden Elementen:

a) Sie besteht aus einer Bewegung des dramatischen Sich-Einlassens, des szenischen Verstehens in bezug auf das Objekt, mit dem der Psychologe einerseits verbunden, "eins" ist, das ihm andererseits auch fremd, "nichtidentisch" gegenübersteht.

b) Sie besteht aus einer Nachspürbewegung und kritischen Reflexion in bezug auf die dabei auftauchenden eigenen Bilder und Regungen, die "Gegenübertragung", welche möglichst in eine vertrauensvoll-kritische Beziehung eingebettet sein soll.

c) Sie besteht aus einer Persönlichkeitstheorie, weil Einfühlung, Verstehen und Selbstreflexion immer auch "im Lichte" von Theorie stattfindet; diese spielt gewissermaßen "von der Seite" in den Verstehensvorgang hinein; wenn sie zur Subsumtion oder Schubladisierung von Erfahrung verwendet wird, zerstört sie die Nähe zum Gegenüber. Ihr Angstabwehrcharakter ist immer vorhanden, muß reflektiert werden. Im vorliegenden Fall ist die Persönlichkeitstheorie ziemlich offensichtlich psychoanalytisch, so wenn ich annehme, daß menschliche Entwicklung in einem bestimmten, unauflösbaren Wechselspiel von Symbiose und Individuation stattfindet oder mich auf die Narzißmustheorie, eine Theorie der Abwehrmechanismen usw. beziehe. Andererseits wird aus der Sicht einer Marx'schen Persönlichkeitstheorie auch hartnäckig die Frage nach dem Stellenwert der Arbeit in den untersuchten Lebensentwürfen gestellt.

d) Zu einer verstehenden Psychologie gehört schließlich eine Kultur- und Gesellschaftstheorie. Die Lebensäußerungen von Individuen, etwa die Sinngebilde des New-Age werden mißverstanden oder kurzschlüssig (psychologisierend) verstanden, wenn wir sie nicht gerade auch in ihrer Einseitigkeit, partiellen Verblendung als Antworten auf die kulturellen und sozioökonomischen Zustände und Krisenerscheinungen einer bestimmten Gesellschaft beziehen. So hat der Ganzheitswunsch etwas mit der zunehmenden Zerrissenheit von moderner Identität zu tun, der Symbiosewunsch etwas mit der Überindividuation der Warenbesitzer und Karrieremenschen, der Transformationskult mit der gesellschaftlichen Blockierung von Zukunftsentwürfen und das seltsame Pathos der Autoren sehr viel mit den Anpreisungszwängen unter konkurrierenden Marktteilnehmern.

Zum Stellenwert der Gesellschaftstheorie will ich mich etwas ausführlicher äußern: Auch Gesellschaftstheorie darf nicht subsumierend, schubladisierend verfahren. Wie kann sie dann das szenische und bildhafte Verstehen zwischen Menschen unterstützen? Sartre hatte schon früh am orthodoxen Marxismus kritisiert, daß dieser dazu neigt, die Lebensentwürfe der Individuen lediglich "regressiv", d. h. zurückgehend auf ihre objektiven Handlungsbedingungen, Klassen- und Gesellschaftslagen zu bestimmen, und nicht "progressiv", d. h. verstehend, mitgehend mit dem immer auch einzigartigen, teils angepaßten, teils protestierenden, nach vorne gerichteten Lebensentwurf, den Individuen oder auch Gruppen innerhalb der determinierenden Bedingungen entwickeln. Beide Denkbewegungen seien notwendig, das Denken müsse zwischen ihnen gewissermaßen oszillieren. Bleibt man bei der regressiven Denkbewegung stehen, – etwa nach dem Muster: die Äußerung des Autors XY ist "nichts als" ein Ausdruck des kleinbürgerlichen Individualismus, seiner Klassenlage etc. – so werden die wirklichen Lebensäußerungen der Menschen im Salzsäurebad eines abstrakten Soziologismus oder Objektivismus aufgelöst. Bewegt man sich nur verstehend innerhalb oder entlang der mitgeteilten Lebensentwürfe der Individuen, so verfällt man leicht einem Psychologismus und Beliebigkeitsdenken. Denn die objektiven Verhältnisse oder sozialen Systeme sind aufgrund ihrer Verselbständigung und Versachlichung im Gegensatz zu den "Lebenswelten" der Individuen (wie Habermas sagen würde) nur mit "kontraintuitiven" Methoden zu erschließen. Das Sartre'sche Programm einer "regressiv-progressiven Methode" oder das eines "begreifenden Verstehens" ist immer noch aktuell und schwer einzulösen.

Die New-Age-Welle und der Bild- und Sinnhunger ihrer Träger lassen sich besser verstehen und begreifen, wenn man sich vergegenwärtigt, daß die kapitalistische Ökonomie seit ihrer Geburt ein notorischer Sinnfresser ist. Sie ist nicht nur ein arbeitskrafteinverleibender, umweltzerstörender, sondern auch ein sinnfressender Moloch. Eine Zeitlang konnte der alltägliche Sinnbedarf der ihm unterworfenen Individuen noch aus übernommenen vorkapitalistischen Sinnsystemen, Christentum und partriarchalischer Familie befriedigt werden. Tendenziell alle bedeutsamen Lebensthemen, z. B. Liebe und Tod, sind mittlerweile Teil von hundertfach wiederholten profitablen Inszenierungen geworden; wenn man nicht in Fallen tappen will, müssen so gut alle angebotenen Bedeutungen (wie in der Dynamik des modernen Kriminalromans) in Frage gestellt, relativiert werden. Der Wunsch nach Echtheit, nach stabilen "tiefen" Bedeutungen bleibt; das westliche Kulturmaterial ist inzwischen so abgelutscht, verkitscht oder ironisiert, daß jetzt der Osten, unbekannte Religiosität oder verschüttete Elemente der eigenen dran sind.

Moderne Identität (jetzt verstanden als einheitsstiftende Funktion des Ich, als "Selbstgefühl", "Selbstbewußtsein" des Individuums) ist eine sehr schwierige, fast unmögliche Angelegenheit, weil die Teil-Identitäten, welche den Individuen aufgezwungen werden, ganz widersprüchlich, kaum "unter einen Hut" zu bringen sind. Klar, daß dann der Wunsch nach "Ganzheit", "Holismus" wächst. Ich werde die Teilidentitäten der Produktion, des Marktes und der privaten Konsumtion bzw. Reproduktion durchgehen, um verständlicher zu machen, wie der moderne Identitätsstress das New-Age-Syndrom, zumindest für eine bestimmte Teil-Population begünstigt.

Die Produktionsphäre ist überwiegend und mehr denn je kapitalistisch (und bürokratisch) organisiert. Der Lohnarbeiter muß sich selbst für einen außerhalb dieser Welt liegenden Zweck instrumentalisieren und disziplinieren, die eigene Sinnlichkeit immer noch "asketisch" unter Kontrolle bringen. Er ist austauschbar und das "Netzwerk", in dem er dennoch kooperiert, hat er nicht selbst geknüpft. Nur im Rahmen einer grundlegenden Entfremdung und Isolation kommt es zu teilweiser Re-Identifikation mit dem konkreten Produkt und den anderen Arbeitern. Die Produktion ist zudem hierarchisch organisiert, die Einzelvollzüge werden insbesondere auf den unteren Ebenen immer arbeitsteiliger und atomistischer organisiert. Die Wünsche nach "holistischer" Arbeitserfahrung sind mächtiger denn je und werden – zumindest auf den höheren Rängen der Hierarchie – auch manchmal wieder teilbefriedigt. Es entstehen immer wieder Bereiche, in denen eine Zügelung der Arbeitsteilung und eine gewisse Kontaktaufnahme der voneinander weggedrifteten Experten schon aus Gründen der Profitsicherung notwendig sind. Die bei dieser temporären Gegen-Bewegung der Scheuklappenlockerung entstehenden Wahrnehmungen, Gefühle und das damit verbundene Begegnungs- und Vernetzungspathos finden sich in der New-Age-Kultur, den entsprechenden Managerseminaren usw. organisiert. Dabei entstehen alle möglichen Verknüpfungsprojekte, welche die historisch tief verwurzelte Arbeitsteilung illusionär und auf dem Wege des Analogiedenkens überwinden, so wenn die Trennungsprobleme aus der Mikrophysik auf menschliche Beziehungen übertragen werden, die Prinzipien der Holographie auf die Weltwahrnehmung überhaupt oder die historisch entstandene Teilkompetenz von Psychotherapeuten auf die Bewältigung der globalen Strukturprobleme. Und es wird so getan als ob der Profit- und Karriere-Egoismus, die Isolation, Arbeitsteilung und darüber laufende Herrschaftsstabilisierung (das Divide-et-impera-Prinzip) der kapitalistischen Produktion nur kulturelle oder psychologische Irrtümer des Newton'schen Weltbildes seien, die nun mit dem guten Willen aller abgeschafft werden könnten, der "Transformation" unterliegen. Wichtig ist sicher der Einfluß der Computer, die einerseits durch "Vernetzung" und Zwang zum systemischen Denken Hierarchien abbauen, andererseits neue entstehen lassen. Der Computer schafft jede Menge Selbstwert- und Abgrenzungsprobleme. Er scheint sehr unabhängig von seiner körperlichen Gestalt denken und arbeiten zu können. Aber eines kann er bislang nicht: an höhere Dinge glauben und "spirituell" sein. Der Spiritualismus ist auch eine Fluchtbewegung vor den neuen Maschinen.

Unsere Teilidentität als Marktteilnehmer sieht wieder anders aus. Unter der Herrschaft der Ware und des Geldes und unter dem Druck der Konkurrenz müssen Käufer und Verkäufer von einander ausschließenden Standpunkten aus sich überlisten. Die Überlistung erfordert einen "liebenswürdigen Schein" im wechselseitigem Verhalten, Schmeicheln, Einfühlung. Die Rollenhaftigkeit und der Verpackungscharakter des Verhaltens wird tendenziell wieder gespürt und allseits unterstellt. Im Spätkapitalismus haben die Individuen schon fast jeden sinnlichen Kitzel ausprobiert, soweit er warenförmig – gewissermaßen als Konservendose, welche den Besitzer wechseln kann – angeboten wird. Der Hunger ist geblieben, das Bedürfnis nach "Echtheit" und "Ganzheit", nach einer nicht nur vorgespielten Identität, wird seinerseits zum bestverkäuflichen Artikel, womit die Spirale von vorn beginnt. In diese permanente Sinn- und Identitätskrise der Marktgesellschaft fügt sich das New-Age-Angebot als blinder Nutznießer ein, solange nicht die Grundlage in der Verkehrsform der Warenbesitzer selbst thematisiert werden. Sinn geht seit einigen Jahren besser als Sex. Insbesondere in seiner unverpackten Variante birgt dieser zuviel Sprengstoff für die familialen Beziehungskompromisse und auch für die Gesundheit.

Nachdem in der Marktwelt letztlich Egoismus und Überlistung erfahren werden, in der Produktionswelt ein anstrengender Asketismus, ein von der Dennoch-Kooperation nur abgemildeter Egoismus und Karrierismus die Identität bestimmt, suchen schließlich die Individuen in der Welt der Konsumtion (oder Reproduktion der Arbeitskraft), also im "Privatleben" vor allem Kompensation, "Harmonie um jeden Preis". Die hauptamtliche Wärterin dieser psychosozialen Tankstelle ist natürlich die Frau, der ihrerseits (selbst wenn sie berufstätig ist) kaum vergleichbare Kompensationsinseln zur Verfügung stehen. Werden "draußen" Härte, Verstellung, Asketismus und Selbstinstrumentalisierung gefordert, soll es hier ganz echt, herzlich, konsumorientiert zugehen. Auch ökonomisch wird ein hektischer Konsumismus verlangt, was in immer größerem Widerspruch zum Asketismus der Produktion steht. Das Normenchaos verschärft sich zudem durch das Zerfallen der patriarchalischen Normen, die vordem manchmal noch eine Art äußerlich stabiles Korsett für die Einigungsprozesse abgegeben haben. Das ist einerseits durch die Frauen- und andere Emanzipationsbewegungen erkämpft, andererseits wirtschaftlich bedingt; patriarchalisches Kleineigentum hat sich zugunsten einer tendenziellen "Verlohnarbeitung" tendenziell beider Partner aufgelöst. Die commerzielle Thematisierung von Sinnlichkeit und Sexualität (z. B. des weiblichen Organismus) hat dazu beigetragen, die illusionären Selbstbilder der Möchtegern-Patriarchen anzusägen. Die Hoffnung auf dennoch gelingende Partnerschaften, die uns von der Entfremdung und Verwirrung erlösen sollen, ist freilich nicht geringer geworden. Nur jedes zweite Kind, das heute geboren wird, hat die Chance mit beiden Eltern aufzuwachsen. Je klammernder die familiale Symbiose als Kompensation der Überindividuationszwänge auf dem Markt und in der Produktion angestrebt wird, desto leichter zerbricht sie. Hier springen als Krisengewinner jede Menge Sekten, Therapiegruppen, neoreligiöse Programme ein, die die familiale Symbiose teils in einer Gruppenkultur, teils als kosmische Projektion wiederaufleben lassen. Das mag für viele eine vorübergehende Stütze sein.

Die Teil-Identitäten der Produktion, des Marktes, der Reproduktion sind (und bleiben vorläufig) eine höchst zerrissene Angelegenheit – bereits innerhalb der einzelnen Sphären, dann aber auch im Verhältnis zueinander. Kein Wunder, daß "Ganzheit", "Einheit" so sehr gewünscht wird. "Einig Vaterland" und der "Holismus" in einer "ganz neuen" Weltanschauung sind nur unterschiedliche Programme und Metaphern, welche uns Identität in einer realen gesellschaftlichen Zerrissenheit versprechen.

Zwei Dinge kommen noch hinzu. Wir wissen inzwischen prinzipiell, daß wir eingespannt sind in eine Ökonomie, deren Gesetzmäßigkeiten sowohl im Markt- als auch im Produktions- und Konsumtionssystem tendenziell naturzerstörend wirken. Auch hier ist es leichter, den verlorenen Naturzusammenhang anzubeten, zu beschwören, als die Zerstörungsdynamik klar beim Namen zu nennen. Der Optimismus der New-Age-Bewegung ist angesichts der ökologischen Probleme eher ein Wegreden von Verzweiflung. Zweitens haben wir seit Jahrzehnten einen von Ulrich Beck[18] so genannten "zweiten Individualisierungsschub". Der "erste Individualisierungsschub" war die Freisetzung der modernen Lohnarbeiter, die sich allerdings bald kollektiv, nachbarschaftlich subkulturell, gewerkschaftlich usw. zu organisieren begannen. Im "zweiten Individualisierungsschub" werden die Risiken und Chancen der Marktteilnehmer, z. B. auf dem Arbeitsmarkt, nur mehr als individuelle Schicksale, nicht mehr als "ständische" Klassen- oder Kollektivschicksale erfahren. Jeder wartet allein auf den Gängen des Arbeitsamtes, stellt Anträge bei der Krankenversicherung, und versucht sich als mehr oder weniger erfolgreicher Organisator seiner Karriere und Ausbildung. Biographien werden extrem unvergleichbar, schwer kommunizierbar. Die Individualisierung wird als Einsamkeit erlebt. Jeder versucht auf seine Weise, seine alltagsweltlich und biographisch vielfach gebrochene, zerschnittene Identität "unter einen Hut" zu bekommen. Kriegsfolgen in den Familien, Entväterlichung vieler Familien in verschiedenen Varianten, Entwurzelung, Migration und Reassimilation haben im Verlauf der letzten 50 Jahre ein Übriges dazu beigetragen, daß – trotz ökonomisch und strukturell ähnlicher Grundbedingungen – eine verstehende Psychologie die Bewältigungsmuster und Lebensentwürfe der konkreten Individuen jedesmal neu zu erkunden hat. Sie sind objektiv entstandardisiert. Psychotechniken sind heutzutage nützlich, und eine Verständigungshilfe, wenn sie sich auf die konkrete Vermittlung von Lebensgeschichte und Gesellschaftsgeschichte einlassen. Im raschen Bezug auf die spirituelle Dimension werden beide Seiten nicht ernst genommen und kommen nicht zueinander. Es erfolgt nur eine scheinhafte Gemeinschaftsbildung.

Man kann die moderne Identitätssituation mit einem gordischen Knoten vergleichen, dessen Verschlungenheit, Blockierung und Gegenläufigkeit uns Schmerzen bereitet. Verschiedene Anbieter bieten rasche Lösungen an. Eine Gruppe sind die neokonservativen Heldendarsteller, Rambo-Figuren, US-Präsidenten, Neonationalisten, die mit einer großartigen, männlichen "Tat" und nach dem Muster des antiken Vorbildes das Knäuel mehr oder minder brutal zu zerschlagen versprechen. Eine andere Gruppe verspricht Verfahren, mit denen die gegenläufigen Stränge und Enden auf einem eher gewaltfreien Zauberweg sanft verschmolzen, die Knotenbildungen zum Verschwinden gebracht werden sollen. Das sind die New-Age-Propheten. Heiner Keupp[19] diskutiert die moderne Identität als "patchwork-identity". Das Gewebe "aus dem Guß" ist gesellschaftlich nicht mehr möglich. Vielleicht war das auch schon früher eine – vor allem männliche – Illusion. Das New-Age-Bewußtsein trägt der patchwork-Identität in gewisser Weise Rechnung. Jeder kann sich aus der großen sinngebenden Gemischtwarenhandlung seine Privatreligion, so wie es zu seinen derzeitigen Identitätsfacetten und persönlichen Bewältigungsmustern paßt, in einem Do-it-yourself-Verfahren zurechtbasteln. Es sieht so aus als ob, wie schon zu den Zeiten der protestantischen Ethik, auch die neuen Wirtschafts- und Karriere-Individuen eine Motivation brauchen, die sich nicht nur auf das schnöde Geld-Machen bezieht. Ein höherer Sinn wird gesucht und schon gibt es Leute, die erklären, daß spiritueller Fortschritt auch am wirtschaftlichen Erfolg zu erkennen ist. Jedenfalls ist beides gut vereinbar. Härte und Individuation im Alltagsdschungel, Meditation, Erleuchtung und kosmische Symbiose in der Freizeit, in der verlängerten Mittagspause oder den Spezialseminaren für das gehobene Personal.

Es spricht vieles dafür, daß das New-Age-Bewußtsein zu einer Art Markenzeichen für Elite-Identität in den großen Organisationen wird. Ferguson[20] berichtet von einem jungen Psychologen, der an einem Castaneda-Zitat eines Chefs erkennt, daß sie beide zu den Eingeweihten gehören. Die richtige Antwort öffnet ihm Tür und Tor für eine weitere Karriere als Reformer. An anderer Stelle zieht Marily Ferguson explizit Vergleiche zum Freimaurerwesen, in dem die hervorragenden Geister der amerikanischen Geschichte organisiert gewesen seien.

Ebenso wie den Glauben an Nicht-Materielle scheint der erfolgreiche Alltagsmaterialist den Evolutionismus als Begleitmusik zu benötigen. Nachdem der bürgerliche Glaube an die stetige Höherentwicklung der Gattung, jedenfalls auf der sichtbaren und gesellschaftlichen Ebene, seit Beginn des Jahrhunderts vor allem Mißgeburten produziert hat, wird der Evolutionismus nun gewissermaßen in die spirituelle und psychologische Dimension verschoben. So kann man trotz allem das Gefühl haben, "daß es immer weitergeht".

Anmerkung:

1. R. Spitz, Vom Säugling zum Kleinkind, Stuttgart 1987.
2. M. Ferguson, Die sanfte Verschwörung. Persönliche und Gesellschaftliche Transformation im Zeitalter des Wassermanns, Basel 1982.
3. R. Schweidlenka, Altes blüht aus den Ruinen. New-Age und Neues Bewußtsein, Wien 1989.
4. M. Ferguson, a. a. O., S. 90.
5. H.-J. Ruppert, New-Age. Endzeit oder Wendezeit? Wiesbaden 1985.
6. M. Ferguson, Geist und Evolution, Olten 1981.
7. S. Freud, Das Unbehagen in der Kultur. Studienausgabe Bd. IX, Frankfurt 1974.
8. R. Harsieber, Das neue Weltbild. New-Age, Paradigmawechsel, Wendezeit: Das Entstehen eines ganzheitlichen, holistischen Denkens, Wien 1989, S. 75.

9. H.-P. Duerr, Sedna oder die Liebe zum Leben, Frankfurt 1984, S. 246.
10. H. Maturana, / F. Varela, Der Baum der Erkenntnis, Bern-München-Wien 1987.
11. R. Harsieber, a. a. O., S. 73.
12. H.-J. Ruppert, a. a. O., S. 140.
13. R. Harsieber, a. a. O., S. 55.
14. M. Ferguson, Die sanfte Verschwörung, a. a. O., S. 112.
15. M. Ferguson, Die sanfte Verschwörung, a. a. O., S. 113/14.
16. K. Ottomeyer, Lebensdrama und Gesellschaft. Szenisch-materialistische Psychologie für soziale Arbeit und politische Kultur, Wien 1987.
17. N. Postman, Wir amüsieren uns zu Tode, Frankfurt 1985.
18. U. Beck, Die Risikogesellschaft. Auf dem Weg in eine andere Moderne, Frankfurt 1986.
19. H. Keupp, Riskante Chancen, Heidelberg 1988.
20. M. Ferguson, Die sanfte Verschwörung, a. a. O.

Widersprüchliche Verhaltenszumutungen und die Schwierigkeiten von Identität

Im letzten Kapitel ist Ihnen ein Drei-Sphären-Modell der Identitätsbildung vorgestellt worden, das auf dem Marx'schen Gedanken beruht, daß der Reproduktionsprozeß der Gesellschaft in die unterschiedlichen Sphären oder "Subsysteme" der Produktion, Zirkulation (Distribution) und Konsumtion (Reproduktion) zu gliedern ist.[1] Eine Ergänzung dieses Modells kommt zustande durch die Berücksichtigung der lebensgeschichtlichen, biographischen Dimension von Identitätsbildung. Nicht nur Segmente des Alltagskreislaufes, sondern auch Zeitabschnitte mit unterschiedlichen Anforderungen und Identitätsmustern müssen von der vereinheitlichenden, balancierenden "Ich-Identität" irgendwie zu einem einheitlichen Lebensgefühl und Lebensplan zusammengefügt werden. Für das 1980 erschienene "Handbuch der Sozialisationsforschung" entstand folgende Graphik[2]:

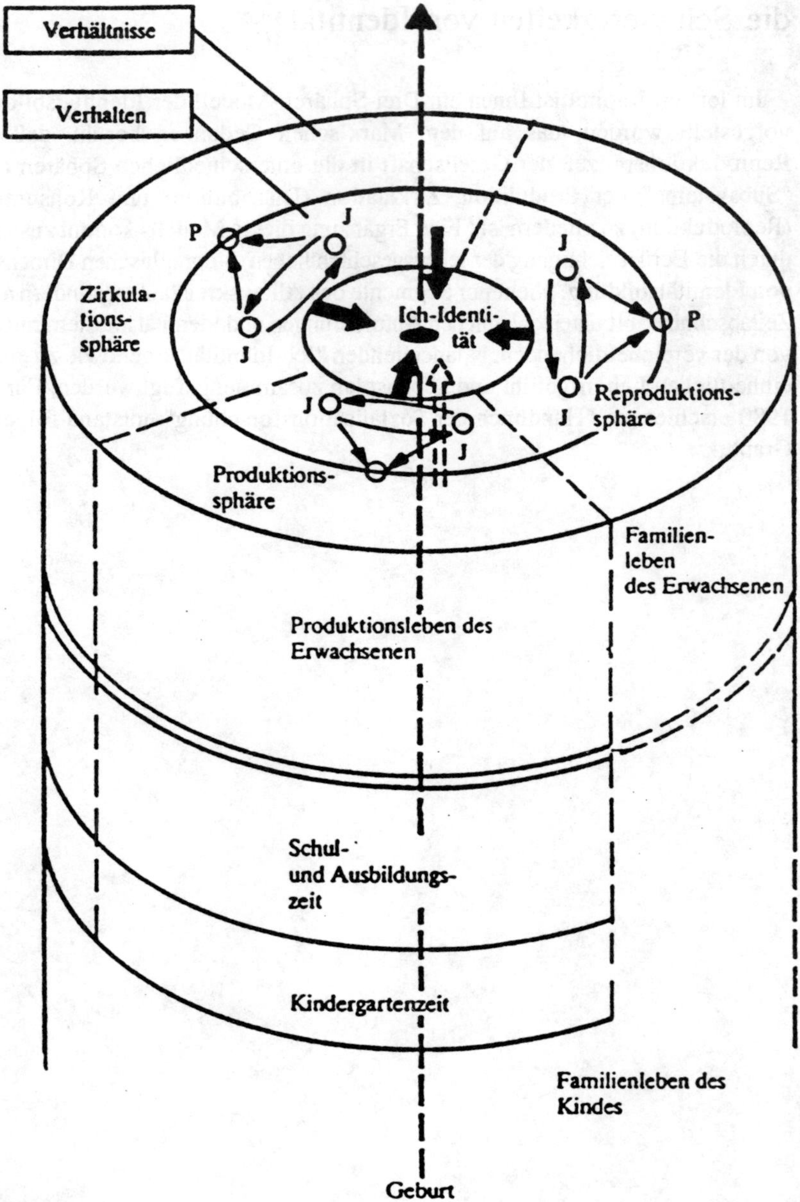

(Erläuterung im Text)

Der schwarze Fleck, auf den die Anforderungspfeile aus den aktuellen Lebenswelten, aus der Vergangenheit und aus der Zukunft eindonnern, ist die Ich-Identität. Sie muß die Teilidentitäten auf einer vermittelnden Ebene integrieren. Manchmal hilft hierbei der Taschenkalender. Wenn es gelingt, haben wir das Gefühl einmal wieder "alles unter einen Hut" bekommen zu haben; wenn nicht, gibt es das typische moderne Zerrissenheits- und Stressgefühl, manchmal auch ein Krankwerden oder Aussteigen. Die dreieckigen Gebilde in den drei Sphären sollen besagen, daß die jeweilige Lebenspraxis der Individuen ("I") als Interaktion wechselseitig aufeinander bezogen, "perspektivenverschränkt" ist, aber immer auch einen Bezug auf Produkte ("P") hat (welchen die Interaktionstheorien gerne vergessen). Im Produktionsprozess sind das die gemeinsamen Arbeitsprodukte, auf dem Markt käufliche Waren und Geld und in der Reproduktionssphäre die kurz- und langfristigen Konsumgüter. Die Produkte liegen an der Schnittstelle zu den übergreifenden ökonomischen *Verhältnissen,* weil über ihre Geprägtheit und Bestimmtheit als Waren die Logik der Verhältnisse auf das *Verhalten* (den inneren Ring der Graphik) einwirkt. In Anlehnung an Habermas' Terminologie ist der innere Ring ein Bereich von (divergierenden) Lebenswelten, der äußere ein Bereich der unpersönlichen, versachlichten Systeme. Die zentrale Stichellinie von der Geburt bis hin zum Tod geht durch verschiedene biographische Brüche. Mit der Kindergartenzeit, mehr noch dem Beginn der Schule lernt das Kind sich in die Teilidentität des "Familienmenschen" und den Teil aufzuspalten, der allgemeinen Regeln und abstrakten Leistungsanforderungen, bis hin zur geldähnlichen "Notenauszahlung" unterworfen wird. Das bereitet zwar schon auf die spätere Erwerbsexistenz vor, dazwischen steht aber die große Hürde und Frage, ob der Arbeitsmarkt und die Produktionswelt den Heranwachsenden überhaupt aufnimmt. Die "Überzähligkeitsangst", die schon manches Kleinkind im Wechselbad von emotional-kompensatorischem Gebrauchtwerden durch entfremdete Eltern einerseits, ökonomischer Ballastrolle und "Lästigsein" andererseits verspürt, erhält an späteren Stellen des Lebensweges, bis hin zur Pensionierung mehrfach und schubweise eine kräftige Nahrung. Praxisschock nach der Ausbildung, Weggang der Kinder aus dem Haus, Berufswechsel, Partnertrennung, Pensionierungskrise – all das sind typische und teilweise gesellschaftliche vorgegebene Anforderungen an die *biographische* Synthetisierungsfunktion der Ich-Identität. Das Fehlen überschaubarer und öffentlicher Übergangs-Riten zwischen der Kindheits- und der Erwachsenen-Identität schafft Probleme, die "krank" machen können:

"Wenn beispielsweise weder er selbst noch seine Angehörigen klare Maßstäbe dafür haben, ob ein junger Mensch als erwachsen und eigenverantwortlich oder als nicht-eigenverantwortlich anzusehen ist, so entsteht eine uneindeutige, oft widersprüchliche Kommunikation. Während in den Übergangsriten die Umwandlungsphase zeitlich klar begrenzt ist, manchmal nur Tage beträgt, in denen der Novize vom Rest der Gemeinschaft ausgeschlossen ist (und z.B. sozial als tot gilt), kann sich die Übergangsphase ohne derartige Riten auf Jahre verlängern. Je individualisierter die Kontextwechsel vollzogen werden, desto individualisierter sind auch die Krisen der persönlichen Identität.(...) Manchmal dehnt sich aber auch diese unritualisierte Übergangsphase aus - bei manchen sogenannten psychotischen (Lebens-) Verläufen dauert das Schweben zwischen den Welten, der vorübergehende soziale Tod, das Sitzen auf dem Zaun, das Pendeln zwischen drinnen und draußen viele Jahre."[3]

Es gibt historische und kulturelle Trends zur Normenrelativierung in der westlichen Welt, die den "strukturell" vorgezeichneten Identitätsstress noch verschärfen. Einer ist die Computerisierung in der Produktionssphäre, welche alle Berufsrollen, an die sich Leute anklammern wollen, gnadenlos umwälzt und die Menschen nach Können und Nicht-Können sortiert. Ein nächster ist die Umwälzung der Sinnlichkeitsregulierung und sexuellen Normen von der Logik des Marktes her. Die Enttabuisierung, Stimulierung und warenförmige Abfütterung – auch noch der "verworfensten Regungen" – vom Sateliten-Porno bis zum halböffentlichen Kabinensex verunsichert nicht nur Konservative und läßt Wünsche nach "neuer Ordnung" entstehen. Und in den Familien hat – nicht ohne Verbindung zur commerziellen Liberalisierung der Sexualität – der Geschlechterkampf zu einem Glaubwürdigkeitsverlust der alten Männerrolle und einer Emanzipation der Frauen geführt. Die rapide angestiegene Teilnahme der Frauen an Bildungskarrieren und an der Berufstätigkeit ist ein wichtiger Hintergrund für diese Veränderung von Rollenbildern. Je nachdem wie man es wertet, ist das Familienleben destabilisiert oder freier geworden. Im Zeitalter des "zweiten Individualisierungsschubes" (U. Beck) und der "Verhandlungsfamilie auf Zeit" sind die Menschen trennungsbereiter geworden. Nur etwa jedes zweite Kind soll derzeit noch die Chance haben, bei seinen leiblichen Eltern aufzuwachsen. Unter diesen Bedingungen werden die Lebenswege vielfach gebrochen und hochindividuell. Jeder Partner muß in seiner "patchwork-Identität" (H. Keupp) abgetastet und neu erkundet werden. Jeder ein einzigartiger Balancekünstler auf dem Drahtseil der modernen Erhaltung und Bildung von Ich-Identität.

Anmerkungen:

1. K. Ottomeyer, Soziales Verhalten und Ökonomie im Kapitalismus. Vorüberlegungen zur systematischen Vermittlung von Interaktionstheorie und Kritik der Politischen Ökonomie, Gießen 1976.
2. K. Ottomeyer, Gesellschaftstheorien in der Sozialisationsforschung. In: K. Hurrelmann / D. Ulich (Hg.) Handbuch der Sozialisationsforschung. Weinheim / Basel 1980. (Überarbeitet ist dieser Aufsatz für das "Neue Handbuch der Sozialisationsforschung", das 1991 erschien).

3. F.B. Simon, Meine Psychose, mein Fahrrad und ich. Zur Selbstorganisation der Verrücktheit, Heidelberg 1991, S. 212/13.

Ramboismus, Gewalt und Aggression

Anfang September 1990 gab es in Wien auf einer Party von jungen Leuten ein Blutbad. Ein junger Mann schoß wild um sich. Mehrere Jugendliche starben, andere wurden schwer verletzt, der Täter erschoß sich auf der Flucht vor der Polizei. Über ihn wurde bekannt, daß er in seinem Zimmer Rambo-Plakate hängen hatte und kurz vorher nach längerem Wehrdienst als Berufssoldat abgelehnt worden war. Er war mit der Schußwaffe auf die Party zurückgekehrt, von der man ihn zuvor hinauskomplimentiert hatte. Eine Journalistin von einem politischen Wochenmagazin bat mich um einen sozialpsychologischen Kommentar. Über das hinaus, was ich aus den Zeitungen wußte, erhielt ich von ihr ein Protokoll über Gespräche, die sie einige Tage nach der Tat mit Überlebenden von der Party geführt hatte. Ich zitiere aus dem (leicht gekürzten) Protokoll:

"Peter (studiert Bodenkultur, ruhiger Typ, über Täter): er war ein sehr ordinärer Typ, es waren auch Äthiopier auf der Party, er hat mit denen gesprochen, aber ich hatte den Eindruck, daß er die verachtet

– er ist immer besoffener geworden, war ein Störfall, wild herumgetorkelt auf der Tanzfläche

– er hat Ansätze gehabt, zu erbrechen, wir haben ihn hinausgedrängt, zwei greifen ihm unter die Schulter, helfen ihm auf die Wiese zum Erbrechen, was er dann nicht tat (konnte), er kommt wieder zurück, ich hab gesagt, du gehst jetzt, er will wieder her, da hab ich ihn gepackt und die Böschung runtergeschmissen, er ist so runtergerollt, hat sich gut abgerollt

– man gibt ihm dann zum Abschied seine Jacke, noch einmal ein Glas Wein, er nimmt einen Schluck, spuckt ihn demonstrativ aus

– einer begleitet ihn raus, der Täter hat sein Messer vergessen (das hat man ihm vorher abgenommen, das hatte er irgendwann aufgeklappt, reines Imponieren, keine Bedrohung einer Person), beim Warten auf das Messer hat er angefangen, mich zu beschimpfen, Du Hurenkind und so, ich: Burli, geh jetzt, ich bin dann über den Zaun gehüpft zu ihm hinaus auf die Straße und hab gesagt, i will dir nix tun, aber verschwind jetzt, er hat sehr viel Angst gehabt vor mir, er hat so leicht an meine Hände gegriffen, ist so zusammengezuckt, ich hab gesagt, lass aus, ich tu dir nichts. Ich hab vorher auf einem Sommerlager drei Wochen mit Kindern gearbeitet, manche von denen haben auch so zusammengezuckt, aus Angst, es kommt etwas, obwohl nichts kommt – ich kann mir vorstellen, daß er (vom Vater) geschlagen worden ist.

– Erhard, ruhiger Typ, Elektrotechniker, erzählt: wir haben gesagt, es ist gescheiter, wenn du jetzt gehst, er hat erwidert, glaubt's, ich fürchte mich vor euch? Einmal ist er ausgezuckt und hat auf mich eingetreten (gegen Genitalgegend), waren aber schwache Tritte, weil er schon so betrunken war, – das war der einzige Körperkontakt mit ihm vorher – und: er wollte mit einem Mädchen tanzen, hat sie gleich so eng um die Taille genommen

– Diskussion über Bundesheer war ein einziger Satz. Der Täter will immer wieder seine Musikkassette spielen, droht an, wenn sie noch einmal einer aus dem Rekorder nimmt, er werde ihm eine auf die Finger hau'n – darauf geht der einzige Zivildiener (österr. Kriegsdienstverweigerer Anm. K. O.) in der Runde zu ihm und sagt: obwohl ich Zivildiener bin, aber das wirst nicht machen – dieser begleitet ihn auch heim, zu ihm sagt er: du bist eh in Ordnung, aber das andere Kommunistenpack mag ich nicht. Erhard zur Ausstrahlung des Täters: er ist auf jeden Fall so ein typischer Versagertyp, zaundürr, ein wenig ungute Ausstrahlung (...)

– ein Mädchen, Studentin über ihn: das war so ein Psychopath, der hat Komplexe gehabt, er ist von uns überhaupt nicht beachtet worden – sie erzählt dann auch die Szene, wo er mit einem Mädchen so eng tanzen wollte ... – Mädchen (...), Schwester des ermordeten Gastgebers, kennt den Täter seit Kindergarten: unsicher, großer Bestätigungsdrang, als einen sehr netten Menschen kennengelernt, er war zwar relativ belächelt mit seiner Bundesheer-Gier, für ihn war das Bundesheer so wichtig, da hat er seine Aufgabe gefunden

– er hat sehr viele Schwierigkeiten mit seinen Eltern gehabt, die Mutter sehr hysterisch, weil sie Lehrerin war und mit den Kindern nicht zurechtgekommen ist, bei denen hat's manchmal nur Schreierei gegeben. Der Vater eher ein ruhiger Mensch, der mit dem Felix auch nicht zurechtgekommen ist, er hat ihn sehr erniedrigt oft und geschimpft. Die Kinder haben nie eine eigene Meinung haben dürfen; und wenn's was g'sagt haben, ist es nicht ernst genommen worden. Der Felix (Täter), der hat sich eher sehr verschlossen, er hat sich mit der Zeit eben Waffen, durch das Bundesheer an die Waffen geklammert, weil er eben niemanden gehabt hat, er hat sich zu niemanden richtig zugezogen gefühlt

– zur Tat: für mich war das nicht der Felix, irgendetwas hat nicht funktioniert mit ihm.

Zu seiner Bundesheer-Zeit habe ich in Kürze folgendes erfahren: Er ist vor einem Jahr vom Heerespsychologischen Dienst untersucht worden, das ist Ausfüllen von Bilderbögen etc. unter anderem der sogenannte Bunker-Test: Zwölf bis zwanzig Mann verbringen eine Nacht in einem Bunker und haben dort verschiedene Aufgaben zu lösen – wie: einander kennenlernen und müssen nachher schriftlich berichten über Sozialisationserfahrungen im Bunker. Der Täter ist nirgends aufgefallen. Jetzt dürfte es keine psychologische Untersuchung mehr gegeben haben, sondern nur Beobachtung durch Vorgesetzte. Ergebnis: er habe keine Führungseigenschaften, Unverträglichkeit."

Ich schrieb damals folgenden Kommentar: *Im unbewußten Zusammenspiel aller Beteiligten ist auf der verhängnisvollen Party ein gesellschaftlich vorgezeichnetes Skript abgespielt worden, das man unter den Titel "Die gewaltsame*

Resouveränisierung depotenzierter Männlichkeit" oder "Ein Mann kehrt zurück" stellen könnte. Dieses Skript ist den meisten von uns (uns Männern) zugänglicher und vertrauter als es auf den ersten Blick scheint und einem angenehm ist. Felix Zehetner wurde aus einer Mittelpunkts-Position gedrängt, die er – aus welchen Gründen auch immer – an diesem Abend besonders heftig gewünscht hat. Ausgerechnet ein Zivildiener zwingt ihn, den ehemaligen Soldaten, seine Musik-Cassette aus dem Recorder zu nehmen. Ein anderer wirft den Alkoholisierten, nach einen vergeblichen Versuch zu erbrechen, eine Böschung hinunter. (Im Protokoll der Journalistin betont dieser, daß er Felix dabei jedenfalls körperlich nicht verletzt hat, hinsichtlich der seelischen Verwundungen sind wir alle immer erst nachher klüger.) Die Vertreibung und Kränkung wird Felix Zehetner auch als Mann getroffen haben. Eins der überlebenden Mädchen sagt, "er ist von uns überhaupt nicht beachtet worden". An jenem Abend wollte er unbedingt mit einem Mädchen tanzen "hat sie gleich um die Taille genommen". Einen Jungen, der ihn wegdrängen wollte, tritt er – schon schwach – in die Genitalgegend. Für jemanden, der unter dem Zwang des Stärke- und Männlichkeitsbeweises steht, ist es besonders schlimm, wenn andere an ihm Zeichen der Schwäche und der Angst sehen. Und noch schlimmer ist es, wenn man über ihn lächelt. "Burli, geh jetzt ..." sagt einer der Männer zu ihm. Seine "Gier auf das Bundesheer", in dem er eine – für ihn ernste – Aufgabe gefunden hatte, wurde, so sagt die Schwester des ermordeten Gastgebers, von den anderen nur "relativ belächelt". Zum Ramboismus-Syndrom gehört das Programm: "Über mich lacht keiner mehr". Über Sylvester Stallone wird die biographische Legende verbreitet, daß er als Jugendlicher wegen seiner körperlichen Schwäche, einer partiellen Gesichtslähmung, ein verspotteter Außenseiter war. Das Training zum schlagkräftigen Muskelmann soll dem ein für allemal ein Ende gesetzt haben. Die Partyteilnehmer schildern Felix als "zaundürren" Versagertyp. Der bittere, ja tödliche Ernst des zurückkehrenden ramboistischen Helden und das Flair des Lächerlichen, das wir fast unweigerlich an ihm wahrnehmen, gehören zusammen. Das Schrecklichste, das abgewehrt werden muß, ist es, in die Position eines Kindes zu geraten, das von den Größeren, Erwachsenen ausgelacht wird. Psychoanalytisch gesagt, kommt es an diesem Punkt zu einem Ausbruch "narzißtischer Wut". Kindern gelingt es manchmal, mit dem allseitigen Um-Sich-Schlagen, Toben, Umwerfen zumindest für wenige Minuten die Mittelpunktsposition wiederherzustellen, aus der sie sich so absolut verdrängt gefühlt haben. Rambo II ist der Befreier der Vergessenen, Abgeschobenen, Gedemütigten (die im Film im Tigerkäfig des Vietcong auf ihn warten); seine Schießorgien werden lustvoll als das Ungeschehenmachen aller bisherigen narzißtischen Kränkung erlebt. Über die Familie von Felix Zehetner weiß ich zu wenig. Die große Kränkbarkeit, auch als Mann, muß dort eine Vorgeschichte haben. – Ganz sicher hat die Zurückweisung Überzähligkeits- und Tauglichkeitsängste aufgerissen. Wir wissen, daß die Armeen überall auf der Welt auch die Funktion haben, jungen Männern, die wenig Halt, eine brüchige Identität haben, wenigstens vorübergehend "etwas Festes in die Hand" und ein Korsett aus klaren, strengen Regeln als Rückenstärkung zu geben. Wenn diese Krücken wegfallen, kann im Extremfall (z. B. unterstützt von größerem Alkoholkonsum) ein quasi-psychotischer Prozeß ablaufen. Aus der Arbeit als Bewährungshelfer kenne ich genug Offiziere, die über die Identitätsstützfunktion ihrer Einrichtung und die "therapeutische" Wirkung der in ihr organisierten Spiele im Prinzip Bescheid wissen und sich verantwortlich fühlen. Das Bundesheer hat eine verdeckte Funktion als – laienhaft geführter – psychosozialer Dienst. Diese Funktion sollte öffentlich diskutiert und zum größeren Teil an die wirklichen sozialen Dienste delegiert werden.

Dieser Artikel wurde in zerhackter Form in die Titelgeschichte eingebaut. Ich kann mich noch an meine Gefühle des Ärgers erinnern. Ich hätte ihn gerne zur Gänze präsentiert, kam dann aber ins Nachdenken über das Verhältnis von Gewalttaten, Medien und Narzißmus, in das ich selbst hineingeraten war. Gewalttaten, wie die von Felix Zehetner, bieten nicht nur dem Täter – in einer tragischen und oft endgültigen Weise – die Möglichkeit "ganz groß herauszukommen", sondern aufgrund der sofort einsetzenden Medieninszenierung allen, die als Berichterstatter, Betroffene, Beobachter und Kommentatoren der Tat naherücken, in das Scheinwerferlicht der Tatbühne treten. Der ernste Ton des Kommentars droht zur bloßen Maske für das eigene narzißtische Erfolgsstreben zu werden. Bei Kriegsberichterstattern ist es ähnlich. Es gibt eine Gruppe von Gewalttaten, die offensichtlich bereits "im Lichte", in der Vorwegnahme der großen Medienreaktion begangen werden. Die gewaltfördernde oder zumindest das Gewaltthema zynisch ausnutzende Rolle der Medien hat etwas mit der Logik des Verkaufs von Waren zu tun: die Medienmeldung als Ware und die Arbeitskraft des Journalisten, Kommentators müssen karrierefördernd und unter Konkurrenz verkauft werden.

Über die Korsettfunktion des Militärs für junge Männer mit brüchiger Identität, die am Schluß erwähnt wird, gibt es zwei große Untersuchungen. Eine psychoanalytisch-literaturwissenschaftliche von Klaus Theweleit unter dem Titel "Männerphantasien"[1] über die Freikorpskämpfer im Deutschland nach dem Ersten Weltkrieg, in der die militärsüchtigen Männer als "Nicht-Zu-Ende-Geborene" mit starken Symbiose- und Stützwünschen beschrieben werden. Und es gibt eine psychologisch-empirische Arbeit von Mantell über Freiwillige, die sich nach Vietnam gemeldet hatten, bei der u. a. herauskommt, daß die Freiwilligen im Vergleich zu Kriegsdienstverweigerern eher aus lieblos-hierarchischen Elternhäusern stammten, eher unter perspektivelosen Karrieren litten und beziehungsflüchtig waren.[2]

Den Ramboismus hatten wir in einem Projekt des Österreichischen Instituts für Friedensforschung ziemlich ausführlich untersucht.[3] Die Handlung des

Filmerfolgs "Rambo II" möchte ich hier dem Leser, auch aus Platzgründen ersparen. Wir sahen den vietnamesischen Dschungel als Metapher für die zunehmend wieder sozialdarwinistische Welt der kapitalistischen Konkurrenz, durch die sich – nach dem eigentlich sehr alten Muster des "survival of the fittest" – der auftrainierte, beziehungsenttäuschte Mann als Einzelkämpfer durchschlagen muß. Das "fitness-center" an der Ecke kann uns bei der Bewältigung von Enttäuschungen und Kleinheitsängsten behilflich sein. Als zweiter Aspekt fällt bei Rambo II die "Fetzenreligiosität" ins Auge. Der sozialdarwinistische Triumph bekommt die höheren Weihen einer abendländischen "Mission" und der Muskelheld ein Jesus-Image verpaßt. Er hängt gekreuzigt vor seinen Folterern und bringt Erlösung durch eine Endschlacht zwischen Gut und Böse am Orte Armaggedon, wie sie in der Offenbarung des Johannes entworfen wird. Das Sinndefizit der westlichen Kultur ist ins Auge springend. Religion wird dringend benötigt, aber bitte nicht als zusammenhängendes, normatives Gebilde, als wirklicher Maßstab, sondern eher als Munitionskiste zur raschen Legitimation der eigenen Übergriffe. Der Film thematisiert indirekt auch die ökologischen Krisen unserer Welt; er zeigt den Helden in einem grünen Paradies, das mit den geschädigten, bombensplitterverseuchten Wäldern des heutigen Vietnam wenig zu tun hat. Ein beträchtlicher Teil der Pfadfinder- und Soldatenromantik lebt übrigens von vergleichbaren Sehnsüchten nach einem direkten Naturkontakt. Und Rambo reagiert auf die Erfahrung des "Vergessenseins" und der "Überzähligkeit" immer größerer Menschengruppen in der westlichen Ökonomie. Die amerikanische Gruppenphantasie von den Vietnam "vergessenen", festgehaltenen US-Soldaten – für die es nicht die geringsten Beweise gab – ist wahrscheinlich eine verschobene, gewissensberuhigende Thematisierung der schlecht behandelten Veteranen, Invaliden, von Frühverschrottung bedrohten Menschen im eigenen Land, die nicht nur der Vietnamkrieg, sondern vor allem auch der normale Gang der kapitalistischen Ökonomie zurückläßt. Rambo ist zu ihrer Befreiung und Rache angetreten. Er selbst spricht im dialogarmen Film an einer Stelle mit seiner vietnamesischen Gefährtin über seine Überzähligkeitsangst. Seine Schieß- und Explosionsorgien lassen eine narzißtische Wut gegen "den Rest der Welt" heraus und faszinieren insbesondere gedemütigte Männer. Und Rambo bewältigt unsere modernen Technikängste. Im ersten Teil des Films zeigt er als halbnackter Messer- und Bogenkämpfer, daß der körperkräftige Mann noch existiert und ohne die Technik auskommt. Im zweiten Teil bemächtigt er sich souverän der gegnerischen Hubschrauber- und Bombentechnik, um den Gegener gleich in Hundertschaften in die Luft zu jagen; und ganz am Schluß wird die Computerzentrale des treulosen Bürokraten Murdock mit der MP zerschossen, während ihr Verwalter um Gnade winselt. Überhaupt war "Rambo II" auch ein antibürokratischer Protest, der gut zu den etwa gleichzeitigen antibürokratischen Ambitionen der "Reagonomics" paßte. Rambo hat aber auch

Symbole und Ausdruckselemente der kraftlos gewordenen Studenten- und Alternativbewegung übernommen: lange Haare, Stirnband, Indianer-Outfit. Der Körperkult ist in Zeiten der Sinnkrise, der Lügenvermutung gegenüber dem öffentlich verkauften Wort und der buchhalterischen Entsinnlichung großer Lebensbereiche zumindest ambivalent.

Natürlich sollte der Ramboismus die Kränkung und Unsicherheit rückgängig machen, die mit der Vietnam-Niederlage der amerikanischen Männer, dem traumatischen Niedergang der Expansionsphantasie entstanden war. Aber auch die kulturell und ökonomisch tiefersitzende und längerfristige Kränkung und Normenunsicherheit, unter welcher wir westliche Männer stehen, wird in diesem – und ähnlichen – Kulturprodukten in faszinierender Dramatik verleugnet. Der Mann scheint die Frauen nicht mehr zu brauchen. Das einzige Exemplar dieser Gattung stirbt denn auch im Film "Rambo II" sogleich in den Armen des Helden, nach dem es den Wunsch geäußert hatte, an dessen Seite nach Amerika mitzukommen. Rambo antwortet auch auf das Bild der (ebenfalls schon durchtrainierten) Power-Frau, das seit etwa Mitte der 70er Jahre über die Bildschirme und durch die Zweierbeziehungen geistert. Die Normenrelativierung wird – wie schon einmal bei der Nazi-Antwort auf die wilden 20er Jahre – in holzschnittartigen Bildern vom "richtigen Mann" gewaltsam negiert. Das Risiko sexueller Leidenschaften weicht einer narzißtisch-phallischen Männererotik. Der "Zerfall" scheint gestoppt. Die eigentliche Leistung der neokonservativen und faschistoiden Regisseure der westlichen Welt ist die klare und entschiedene *Bündelung* der aus den normativen Verankerungen herausgelösten Bilder und Affekte unter einer neumännlichen Leitfigur, die ich im Prinzip imitieren und der ich mich im "Do-it-yourself-Verfahren" anähneln kann, so daß ich mich selbst irgendwie "gebündelter" fühle. (Vielleicht ist es mehr als ein Wortspiel, daß sich "Faschismus" vom Rutenbündel, "fasces", der strafmächtigen römischen Liktoren ableitet). Die Bündelung gibt Orientierung in der modernen Welt der Zerrissenheit, Normenrelativierung und Dauerreflexivität, in der "modernen Unübersichtlichkeit".

Nach dem Eindruck, den wir in unserem sozialpsychologischen Friedensforschungsprojekt hatten, ist das Rambo-Skript nicht etwas gewesen, das vielleicht nur in der Regierungszeit von Reagan wichtig gewesen und dann überholt war. Es ist eher eine dynamische Tiefenstruktur, die auch mit anderen Namen verknüpft wirksam sein kann. Unser Kollege Russell Berman von der Stanford University hatte aufgrund der Bilder in "Rambo III" 1988 die Vermutung geäußert, daß die nächste Inszenierung des real-existierenden Ramboismus in einer orientalischen Wüste handeln würde. Im Golf-Krieg unter Anleitung des Vietnam-Veteranen Schwarzkopf mit seiner Imponiergestalt schien das Vietnam-Trauma dann – vorläufig endgültig – überwunden. Spätestens seit Anfang der 80er Jahre haben die USA versucht, einen orientalischen Schurken als Duell-Gegner für die, auch psychohygienisch notwendige, Abrechnung aufzubauen.[4] Dabei ging das Visier ein paar Mal hin und her: von Khomeini, über Ghaddafi, Afghanistan bis hin zu Saddam Hussein. Natürlich ging es dabei auch um die Suche nach einer besseren Machtbasis für die Ölinteressen, nicht nur um Psychopolitik. Schon 1985 war Martina Sommeregger bei einer breit angelegten Untersuchung über die Verarbeitung atomarer Bedrohung bei verschiedenen Bevölkerungsgruppen (in Anlehnung an Volmerg und Leithäuser) darauf gestoßen, daß die Gruppe der österreichischen Offiziere als Gegen- und Feindbild zu ihrem westlich-technokratischen Selbstbild sich einen mehr oder weniger wahnsinnigen "bloßfüßigen Orientalen" mit modernem Waffenbesitz vorstellten.[5] Hussein galt damals noch als Verbündeter des Westens gegen den Iran.

Ich habe bisher die Begriffe Gewalt und Aggression nicht differenziert. Ihre Unterscheidung ist aber sinnvoll, damit es nicht zu Mißverständnissen und der "Softi-"Position einer generellen Ablehnung von Aggression kommt. Aggression umfaßt nach der hier vertretenen Definition zunächst ein breites Feld von Lebensäußerungen eines Organismus, bei denen *die Lebensäußerung eines anderen* in intendierter Weise kurz- oder längerfristig *blockiert* wird. Ob man die häufigen physiologischen Begleitumstände, erhöhtes Aktivationsniveau, Adrenalinspiegel, Muskeltonus usw. mit in die Definition nehmen sollte, scheint mir strittig. Gerade menschliche Aggression kann distanziert, bürokratisch, unkörperlich sein. Die zitierte weite Fassung von Aggression ermöglicht u. a. die Unterscheidung von "gutartiger" und "bösartiger" Aggression (Erich Fromm)[6]. Auch die heftige "Blockierung" einer fremden Lebensäußerung, sagen wir der Partner-Angewohnhheit, immer wieder das gebrauchte Geschirr und die Milchtüten auf dem Eßtisch stehen zu lassen, oder des Intrigenspiels am Arbeitsplatz, muß nicht zu einer tieferen Verletzung führen, sondern kann mittelfristig sogar entwicklungsfördernd, "gesund" sein. Es gibt konstruktive Aggression; der "Schuß vor dem Bug", der kein Wrack, sondern nur eine Richtungsänderung produziert, kann selbst lustvoll besetzt sein. Es gibt aber aggressive Lebensäußerungen, die auf den fremden Organismus in einer solchen Weise (die beabsichtigt oder in Kauf genommen wird) einwirken, daß dessen Entwicklungsprozesse dauerhaft beeinträchtigt oder sogar beendet werden. Die Brutalität und der Sadismus gehören hierher. Im letzteren wird aus dem Leiden des Opfers noch ein eigener Gewinn gezogen. Fromm unterscheidet bei den bösartigen Formen noch die "Thanatophilie", die (z. B. bei Hitler und anderen Vernichtungsphantasten feststellbare) Freude an der Verwandlung von lebender in tote Materie ("Es regte sich nichts mehr"). Nur in den letztgenannten Bereichen (deren genauen Grenzen interpretationsabhängig sind) überschneidet sich Aggression mit Gewalt im Sinne von Johan Galtung (dem wichtigsten Gewaltforscher), der Gewalt als eine *Entwicklungsbehinderung* definiert hat. Gewalt liegt für ihn dann vor, wenn wir ein Phänomen bestimmen können "als Ursache für den Unterschied zwischen dem Potentiellen und dem Aktuellen, zwischen dem, was hätte sein können und dem was ist". Dieser (Unterschieds-)Nachweis muß oft in einer Argumentation erbracht werden. Im Fällen einer Gewalttat, wie in der Geschichte am Anfang dieses Kapitel verzichten wir meistens auf den Nachweis, weil er selbstevident ist. In der Frage, ob das Bombardement von Kindern im Irak vermeidbar gewesen wäre, gehen die Meinungen schon auseinander; bei der Frage, ob die Gesundheitsschäden durch unser modernes (autozentriertes) Verkehrssystem oder die Leistungsgesellschaft vermeidbar sind, ist es noch komplizierter. In jedem Fall aber ist die informierte Debatte über Entwicklungsbehinderung und Vermeidbarkeit sinnvoll, Teil einer kommunikativen Kultur im Sinne von Habermas. Wo sie verboten ist, herrscht ganz sicher Gewalt. Gewalt ist auch ein historischer Begriff: "Eine Lebenserwartung von nur dreißig Jahren war in der Steinzeit kein Ausdruck von Gewalt, aber dieselbe Lebenserwartung heute (ob auf Grund von Kriegen, sozialer Ungerechtigkeit oder beidem) wäre nach unserer Definition als Gewalt zu bezeichnen."[7]

Wichtig und bekannt ist weiters Galtungs Unterscheidung zwischen personaler und struktureller Gewalt. Personale Gewalt ist diejenige, die an sichtbare Akteure geknüpft ist, etwa den Attentäter aus der Eingangsgeschichte, an Polizeiwillkür, Folter, Korruption. Personale Gewalt ist immer destruktive Aggression. In diesem Feld werden Aggression und Gewalt deckungsgleich.[8] In anderen Bereichen sind sie es nicht. Strukturelle Gewalt ist nicht an sichtbare Akteure und aggressive Handlungen geknüpft, sondern in unpersönlichen Zwängen der Ökonomie, des politischen Systems und des Alltags verborgen, an die wir uns schon mehr oder weniger gewöhnt haben. Die Arbeitslosigkeit und Randständigkeit von Bevölkerungsgruppen sowie die Verwendung eines immer größeren Teils des gesellschaftlichen Reichtums für die Rüstung scheinen zum "normalen Gang der Dinge" in einer sich modernisierenden Industriegesellschaft zu gehören, stellen aber strukturelle Gewaltfaktoren dar, vor deren Hintergrund aggressiv-gewalttätige Personen, wie die Anhänger des Ramboismus oder Rechtsextreme breiteren Einfluß haben können. Die strukturelle Gewalt vermittelt sich durch die personelle und umgekehrt. Warum ist das so wichtig? – Weil eine wirksame Gewaltkritik und Anti-Gewalt-Praxis immer auf beiden Ebenen operieren und hin- und hergehen muß. Das auf Heranwachsende bezogene Verbieten von Kriegsspielzeug oder Herunterreißen von Rambo-Postern ist ein Beispiel für eine personalisierende (außerdem psychologisch naive) Strategie, wenn es die demütigende Lebens-, Schul- und Arbeitsmarktbedingungen nicht auch thematisiert und angeht. In Österreich und anderswo gibt es eine Tradition, der Thematisierung struktureller Gewalt dadurch auszuweichen, daß ein begeistertes Interesse an den *Skandalgeschichten* von Personen gepflegt wird. Strukturelle Gewaltverhältnisse sind auch medial schwer sichtbar zu machen. Die Winzer und Weinhändler, die das süßliche Glykol in den Wein gemischt haben, werden angeprangert und eingesperrt, die Logik der Waren, die überhaupt auf dem rücksichtslos-profitablen Anlocken und Ködern des Kundengeschmacks beruht und einen Großteil der Lebensmittel wie die Umwelt permanent mit Giftstoffen versetzt, kann vornehm umschifft werden. Die Personalisierung eines Gewaltphänomens kann Teil einer Abwehrstrategie sein, aber auch die "Objektivierung" oder "Strukturalisierung". Mit ihr, der Berufung auf "Sachzwänge", die Erhaltung der Arbeitsplätze (in der Rüstungs- und Giftmüllindustrie) des "Weihnachtsgeschäftes" (im Falle von Kriegsvideos und Rambo-Spielzeug) usw. können sich die Verantwortlichen sehr gut herausreden. Achselzuckend stehen sie dann neben sich selbst. Um die Dialektik von struktureller und personeller Gewalt zu berühren, Gewalt zu bekämpfen, muß man hin und wieder auch das Kunststück fertigbringen, *Personen anzugreifen*, unter Druck zu setzen (mit "einem Schuß vor den Bug" zu beeindrucken) *ohne* die Gewaltproblematik *zu personalisieren*. Wahrscheinlich müssen wir sogar für einen effektiven Widerstand gegen den Sozialdarwinismus die *Aggressionslust* neu entdecken, die in einer gemeinsamen "Frechheit von unten" (Sloterdijk) steckt. Sonst wird auch diese Lust von den neuen Rechtspopulisten und Rassisten usurpiert und ins Bösartige gewendet.

Anmerkungen:

1. K. Theweleit, Männerphantasien, Bd. 1 u. 2, Reinbek 1980.
2. D. M. Mantell, Familie und Aggression, Frankfurt 1972.
3. Vgl. K. Ottomeyer, Männlichkeit und Gewalt: Rambo und wir, in: M. Liebel / B. Schonig (Red.), Ist die Zukunft schon verbraucht? – Nachdenken über Jugend und Jugendarbeit. Zur Erinnerung an Hellmut Lessing, TU-Berlin Dokumentation, Berlin 1987; sowie die Beiträge von R. Bernau, in: W. Graf / K. Ottomeyer, Österr. Institut für Friedensforschung (Hg.), Szenen der Gewalt, Wien 1989,
4. Zur Logik des Schurken-Aufbaus, vgl. L. de Mause, Reagans Amerika, Basel / Frankfurt 1984; zum de Mause'schen Psychologismus und seiner Vernachlässigung des Ökonomischen, vgl. ausführlich: J. Berghold, Krieg als Gruppenphantasie? Ein Briefwechsel mit Lloyd de Mause, in: K. Ottomeyer / W. Graf (a. a. O.).
5. M. Sommeregger, Gruppenspezifische Verarbeitungsmuster der atomaren Bedrohung. Unveröffentlichte Dissertation. Universität Klagenfurt 1987; vgl. auch den Beitrag von Berghold und Sommeregger, in: Ottomeyer / Graf (a. a. O.).
6. E. Fromm, Anatomie der menschlichen Destruktivität, Frankfurt 1972.
7. J. Galtung, Strukturelle Gewalt. Beiträge zur Friedens- und Konfliktforschung.
8. H. P. Nolting, Lernschritte zur Gewaltlosigkeit, Reinbek 1981, S. 23.

Modernisierung und Fremdenhaß

Ist Fremdenangst etwas Natürliches? – Natürlich ist in bezug auf ein Fremdlebewesen unserer eigenen species allenfalls ein emotionales Hin und Her zwischen Angst und Neugier, bei dem das Objekt gewissermaßen vorsichtig umkreist, "beschnuppert" wird. Die Ergebnisse der vergleichenden Verhaltensforschung sind hier mehrdeutig. Bei Schimpansen gibt es zwar Aggressivität gegen fremde Gruppen, besonders solche, die abtrünnig geworden sind. Andererseits ist ein Fremder als Spielgefährte und als Sexualobjekt interessanter als die Nahestehenden, der "Artgenosse mit Heimcharakter". Der Kulturvergleich und manche touristische Erfahrung zeigen, daß bei vielen Völkern außerhalb der westlichen Zivilisation die ambivalente Bewegung in eine Einladung des Fremden übergeht, sofern dieser nicht selbst erobernde Absichten zeigt. Die massive Fremdenangst, die den Fremden als Verfolger sieht, in Fremdenhaß umschlägt, ist ein Produkt unserer Gesellschaftsentwicklung und einer bestimmten Erziehung.

Aber auch unsere moderne, westliche Fremdenangst ist zwiespältig. Die Psychoanalyse würde sagen, sie besteht aus "Realangst" und "neurotischer Angst". Man darf sie nicht auf die eine oder andere Seite reduzieren. Die Realangst signalisiert real bedrohliche Verschiebungen in der Außenwelt; etwa auf dem Arbeitsmarkt, wo ja für viele Lohnabhängige als Folge einer ungebremst-egoistischen Unternehmer-Politik sehr leicht eine billige Lohnkonkurrenz entstehen kann. In der "Überzähligkeitsangst" (Sartre) der modernen Existenz steckt viel Realangst – besonders dann, wenn eine Welle der Computerisierung und Rationalisierung durch die Büros und Fabriken geht. Andererseits steckt unsere Fremdenangst voller neurotischer Angst, die auf ungelöste innere Triebspannungen und Gefahren verweist, die an den Fremden, den Ausländern, Asylanten nur stellvertretend abgehandelt wird. Je sozial desintegrierter wir sind, je größer und wilder sich unser "inneres Ausland" anfühlt, desto mehr wird der neurotische Angstanteil an der Fremdenangst aufgebläht, desto phantastischer wird das Ausländerbild. Ein Hinweis auf solche Angstanteile ist z. B. der empirische Befund, daß in österreichischen Regionen, wo es kaum Realkontakt mit Juden gegeben hat, die antisemitischen Vorurteile besonders wilde Blüten treiben. Auch die zahlenmäßige Überschätzung des Ausländer- und Asylanten-Anteils an der Bevölkerung gehört hierher. Der neue Ethnozentrismus in Österreich verweist auf Desintegrations- und Entwicklungsprozesse, die den Menschen durch die Modernisierung, den Ruin der Bauernwirtschaften, den Zwang zum Pendlerwesen, drohende Grundstückkäufe, durch das "Überrolltwerden" nicht nur auf den Transitstrecken, überhaupt das Nicht-Mithalten-können in der abgeforderten "Euro-Fitness" drohen. Die Rebellion gegen die wirtschaftlich Mächtigen, den ausländischen Druck im Norden und Westen scheint aussichtslos, sie wird nach Süden und Osten verschoben. In den Gebieten der ehemaligen

DDR, die von einer aus der BRD kommenden kapitalistischen Modernisierung überrollt werden, tobt sich die Rebellion offenbar vor allem an den Polen und den Ausländern aus der "Dritten Welt" aus.

Der Neo-Nationalismus treibt mit der Modernisierung ein doppeltes Spiel. "Damals wie heute sind die Rechtsradikalen aber noch in einem zweiten, viel grundsätzlicheren Sinne modern. Sie sind eine reaktionäre Reaktion auf die Krisen der industriellen Modernisierung mit Mitteln der Moderne. Von dieser Paradoxie lebt der Rechtsradikalismus bis heute. Er profitiert von den Krisen der Industrialisierung und trägt gleichzeitig dazu bei, sie auf die Spitze zu treiben".[1]

Der Ethnozentrismus, die Ablehnung der Fremden, verbunden mit der Stilisierung, narzißtischen Selbstbeweihräucherung der eigenen Volksgruppe äußert sich nur zum kleinen Teil offen. Die Angst vor den herrschenden Repräsentanten der Demokratie und den Resten des eigenen Über-Ich ist (noch) zu groß. Das moderne ethnozentrische Vorurteil hat eine indirekte Struktur, der Rauswerf-Impuls läuft zum großen Teil "über Eck": Nicht ich bin gegen Schwarze, Türken usw., sondern der Nachbar, "die Bevölkerung", wird sie leider nicht tolerieren; nicht ich habe Angst, sondern Frauen und Kinder müssen vor Übergriffen geschützt werden. Politiker wissen, wie man zur rechten Zeit "Bürgerversammlungen" einberufen kann, hinter deren Unvernunft man sich dann wieder mit der achselzuckenden Selbstgefälligkeit eines "erwiesenen Demokraten" verstecken kann. So geschehen z. B. 1990 in Velden am Wörthersee, als ein Gastwirt bereit war, eine Gruppe von Asylanten aufzunehmen. Zivilcourage einzelner ist aber das, was auch hartgesottene Ethnozentriker noch am ehesten beeindruckt.

Zwar gibt es wohl immer noch charakterliche, anerzogene Dispositionen zum Ethnozentrismus (Restbestände des in den 40er Jahren untersuchten "autoritären Charakters"), aber bei sozialer Desintegration und in Krisen sind wir alle für die Verlockungen des ethnozentrischen Weltbildes anfälliger als uns lieb ist.[2] Was sind seine Inhalte? – Das Weltbild polarisiert sich in die Eigengruppe und die Fremdgruppe. Diese wird gewissermaßen zum Dauerbrenner des Denkens und kreislaufförmiger Gespräche. Wird das Thema der feindlichen Anderen erst einmal angesprochen, kommt man kaum noch davon los. Es ist fast wie bei einer Sucht. Der Fremdgruppe, den Juden, Slowenen, Ausländern, Flüchtlingen, wird Gefährlichkeit und Machtgier unterstellt. Gleichzeitig werden sie als schwach wahrgenommen. Der Widerspruch muß dann mit einer mehr oder weniger wahnhaften Einfluß- oder Zusammenrottungstheorie überbrückt werden.[3]

Es gibt bei Ethnozentrikern einen Unwillen, individuierte, differenzierte Erfahrungen mit Mitgliedern der Fremdgruppe zu machen; ihre Lebensgeschichte hält man sich vom Leibe. Zulässig ist allenfalls die "menschelnde" Spaltung der Fremden in die bedrohliche Mehrheit und einige wenige Alibiexemplare,

z. B. rührende Kinder aus Kurdistan oder einzelne jüdische Bekannte, an denen ich meine Güte und Hilfsbereitschaft zeigen kann.

Ethnozentriker neigen zu einer penetranten Personalisierung gesellschaftlicher Probleme; so wird das gesellschaftliche Problem der Konkurrenz, die strukturelle Gewalt, die Überzähligkeitsdrohung, die in der freigesetzten Marktwirtschaft enthalten ist, auf die Bedrohung durch eine kleine, sichtbare Personengruppe reduziert und für den Affekthaushalt handhabbarer gemacht.

Ethnozentriker brauchen das Moralisieren. Der "sauberen" Eigengruppe steht die "unsaubere" Fremdgruppe gegenüber. Oftmals wird vom erzwungenermaßen verwahrlosten Zustand der Wohnhäuser von Ausländern auf deren Bewohner geschlossen, die sich aber, wenn sie z. B. dem Islam anhängen, vielleicht häufiger waschen als der Durchschnittsösterreicher. Aus der erwähnten Veldener Bürgerversammlung wurde die Befürchtung geäußert, das Veldener Abwässersystem könne durch die ausländischen Bewohner verstopft werden. Wie unerledigt unsere "anale" Problematik ist, wie schlecht die Integration der Partialtriebe gelungen ist, wird an den Phantasien über Ausländer deutlich. (Ein hoher französischer Politiker mobilisierte kürzlich die Angst vor den "Gerüchen" arabischer Nachbarsfamilien).

Auch andere "unmoralische Anteile" können mühelos auf Ausländer projiziert werden. Wir westlichen Individuen sind – wie schon Hegel und Marx behandelt haben – notwendigerweise gespalten in einen Bourgeois-Anteil, der egoistisch wirtschaftet, auf seinen Gewinn achtet, seine Konkurrenten und alljährlich auch die Finanzbehörde systematisch hinters Licht führt und andererseits den "Citoyen", den Teil des loyalen Staatsbürgers, Gemeindemitglieds, Familienvaters, der seine Abgaben leistet, Mitglied der freiwilligen Feuerwehr ist. In der bekannten Fernsehserie "Dallas" treten diese beiden Anteile als Brüderpaar auf, das sich bekämpft und doch untrennbar aneinander hängt. Der nette Bobby wie der rücksichtslose Intrigant "J.R." sind Mitglied einer Familie, der es letztlich "um das Geschäft" geht. Die Nazis haben es bereits verstanden, den finsteren, egoistischen Anteil des modernen Individuums auf die Juden zu projizieren. Derzeit können wir ihn den Ausländern und "Wirtschaftsflüchtlingen" anlasten, die sich aus angestammten Bindungen lösen und denen es nur ums "leichte Geld", möglicherweise sogar um Behördenbetrug geht.

Eine Ausländer- und Asylpolitik, welche den Menschen die Teilhabe am Citoyen-Status: an den Bürgerrechten, am Wahlrecht, am Gemeindeleben verweigert, treibt sie allerdings künstlich in eben den Egoismus, die Welt der Überlistung, der Halblegalität, die unsere Phantasie ihnen von vorneherein anlastet. Sie betreibt eine "self-full-filling prophecy".

Die Einwanderer, insbesondere die Flüchtlinge fungieren als Container für unsere eigenen konsumistischen und Faulheitswünsche, psychoanalytisch gesprochen: die unerledigte "orale" Problematik. "Wenn ich mir den Lech Walesa anschaue, der schon mehr breit als hoch geworden ist," so tönte es am 1.Mai 1991 aus dem Munde eines Jörg Haider, dann müsse man die Polen und die Osteuropäer dringend darauf aufmerksam machen, daß die Teilhabe am Wohlstand "nur durch Arbeit" möglich sei. Das Bild derer, die dauernd "im gemachten Bett" herumliegen, hat seinen eigenen Reiz.

Aber auch das Gegenteil, der Asketismus, der auffällige Fleiß der (bereits arbeitenden) Ausländer kann dem modernen Ethnozentriker zum Ärgernis werden. Die schicken noch Geld nach Hause: Und das in einer Zeit, in der die konsumistisch gewordenen Durchschnittsösterreicher sich immer schneller verschulden und die alten bürgerlichen Spartugenden doch längst "out" sind. Allerdings geben die Banken Ausländern auch kaum Kredit.

Schließlich ranken sich Phantasien des sexuellen Übergriffs bevorzugt um die Ausländer. Es gibt eine wechselseitige erotische Attraktion, die zugleich – was "unsere" Anteile angeht – tabuisiert und verfolgt wird. Man lastet sie – wie übrigens auch schon damals den Juden – einseitig den Ausländern an, die nur darauf lauern, unsere Frauen (vielleicht sogar noch die Kinder) anzufallen. Die Einwanderer sind meistens "im besten Alter"; ihre Sinnlichkeit weist noch nicht die Züge des langjährigen Schreibtischmenschen auf und die etwas andere Haut- und Haarfarbe ist immer auch etwas Interessantes. Im Falle der thailändischen Frauen und exotischen Tänzerinnen ist das ganz offenkundig. Die Liebesinteressen der Menschen wirken "in the long run" eher antirassistisch. Deshalb sind die ethnozentristischen Politiker überall auf der Welt auf die Heiratsschranken besonders bedacht. Sie mobilisieren die Angst vor dem gleichgeschlechtigen Ausländer als dem ödipalen (möglicherweise potenteren) Rivalen.

Zumindest in bezug auf bestimmte Fremdgruppen, z. B. Slowenen, Juden, Türken, gibt es einen massiven Identitätsneid. Diejenigen, deren Gruppenidentität unter dem Mobilitätszwang, dem neuen Karrierismus des "zweiten Individualisierungsschubs" (Ulrich Beck) spürbar zerfällt, beginnen Fremdengruppen vollere Wut und Ressentiment als die Leute zu verfolgen, die "alle unter einer Decke stecken". Den Wunsch nach einer sozialen Wärmedecke haben aber viele. Die rechtsradikalen und Neonationalisten springen hier mit ihren Angeboten zu einer exklusiven ideologischen Nesterbildung oder zum "Gemütsfaschismus" ein.[4] Auf dem Markt und in der Produktion kann sich derweil der Trend zur Ellenbogengesellschaft nach den vor der großen Industrie vergegebenen Wegweisern (z. B. in Richtung auf die globale Auto-Gesellschaft) umso ungehinderter durchsetzen.

Mein Ton ist polemisch geworden. Das erinnert mich an die Gefahren eines "Ethnozentrismus zweiter Ordnung", zu dem intellektuelle Kritiker neigen. Ich meine damit eine Attidüde, die den Ausländerfeind als das "ganz Andere" meiner selbst sieht und die genauso moralisierend und ausgrenzend ist, wie der

Ethnozentriker gegenüber "seinen" Fremdgruppen.[5] Die genannten Tendenzen, Projektionsneigungen sind in uns allen. Unsere Wahrnehmung ist überhaupt immer voller Projektionen; es kann nicht darum gehen, sie zu verbieten oder zu vermeiden, sondern nur darum, sie im Dialog anzusprechen und zu reflektieren. Und nicht alle, die sich über Ausländer aufregen, sind lernunfähig. Es gibt auch Realängste und Informationsmangel. Patentlösungen weiß ich nicht. Aber ein Mittel gegen Vorurteile ist sicher das Erzählen von möglichst vollständigen Lebensgeschichten. Wenn erforderlich mit Dolmetscher. Das ist etwas ganz anderes als die stilisierten Lebensgeschichten, "Soziallegenden", zu denen viele Einwanderer von den Behörden gezwungen werden. Nicht erzählte Lebensgeschichten sind ein Stoff, aus dem Vorurteile gezimmert werden. Eine Erzählatmosphäre läßt sich in Schulen organisieren, wäre auch angewandte Geographie und Sozialkunde. Sie läßt sich über die Medien herstellen, Erzählungen können auch das oftmals verödete Kulturleben in den Gemeinden bereichern. Es gibt bereits Beispiele. So spannend wie der Lichtbildvortrag über die Kilimandscharo-Besteigung sind sie allemal. – Allerdings müssen wir auch darauf gefaßt sein, daß ein solcher konkreter Austausch von Erfahrungen nicht nur anregend und bereichernd ist, sondern auch neue Ängste auslöst. Die Ängste vor den Verletzungen und Alpträumen, die viele der Flüchtlinge erlebt haben. Die Anzahl der physisch und psychisch Gefolterten ist viel höher als wir wahrhaben wollen[6]. Und wir verfügen über eine Fülle von unbewußten Tricks, um unser schon unterminiertes kindliches Vertrauen in die prinzipielle Gutartigkeit unserer Welt zu verteidigen. Einer dieser Tricks besteht darin, diejenigen, die als verwundete Boten vom fortschreitenden Grauen außerhalb der Grenzen berichten, dafür zu bestrafen und zu wehleidigen Lügnern zu erklären.

Anmerkungen:

1. W. Oswalt, Einleitung. In: M. Kirfel / W. Oswalt (Hg.), Die Rückkehr der Führer, Wien 1989, S. 11.
2. A. Wacker, Zur Aktualität und Relevanz klassischer psychologischer Faschismustheorien, in: G. Paul / B. Schossig (Hg), Jugend und Neofaschismus, Frankfurt 1979.
3. Ich stütze mich im wesentlichen auf: Th. W. Adorno u. a., Der Autoritäre Charakter Bd. 1, Amsterdam 1969, S. 147 ff. Ein guter Überblick über die theoretische Diskussion des Antisemitismus und eine aktuellere empirische Untersuchung ist: H. Weiss, Antisemitische Vorurteile in Österreich, Wien 1984.
4. R. Jungk, Gemütsfaschismus und Technofaschismus. In: M. Kirfel / W. Oswalt (Hg), Die Rückkehr der Führer, Wien 1989.
5. Vgl. auch U. Osterkamp, Rassismus und Alltagsdenken, in: Forum Kritische Psychologie 28, Berlin/Hamburg 1991.
6. R. Baker (Hg), The Psychosocial Problems of Refugees. (The Britisch Refugees Council and European Consultation of Refugees and Exiles), London 1983.

Die Haider-Faszination[1]

Jörg Haider fasziniert sein Publikum durch die rastlose Aufführung eines mehrschichtigen Wunsch-Erfüllungs- und Angst-Abwehr-Theaters, das auf wechselnden Bühnen und in verschiedenen Kostümen aufgeführt wird. Er betreibt eine Art von ebenso massenwirksamer wie letztlich irreführender Großgruppen-Psychotherapie. Sein Haß auf Erwin Ringel und auf die "Psychiater", welche er zu einer in Kärnten überflüssigen Erscheinung erklärt hat, ist von daher verständlich. Sie sind gewissermaßen seine "natürlichen Konkurrenten". Eine erste, sehr grundlegende Inszenierung, mit der Haider großen Menschengruppen "ihr Selbstgefühl zurückgibt", bezieht sich auf die NS-Vergangenheit und wurde z. B. im Oktober 1990 auf dem Ulrichsberg, der Kärntner Soldaten-Gedenkstätte aufgeführt. Man könnte sie unter die Überschrift stellen: Ich nehme alle Schuld von Euch und versöhne zwischen den Generationen. Unterbrochen vom Applaus der Anwesenden, zu denen bekanntlich auch SS-Verbände zählten, verkündete Haider:

"Und so ist es auch an uns, nach Jahrzehnten des Endes des 2. Weltkrieges, und vielleicht gerade auch an mir als einem Vertreter der noch jüngeren Generation, der es erspart geblieben ist, diese fürchterlichen Ereignisse der kriegerischen Auseinandersetzung selbst miterleben zu müssen, einmal hier festzuhalten, daß diese Soldatengeneration nicht nur nach 1945 in ganz Europa eine großartige Aufbauarbeit geleistet hat, sondern endlich, endlich einmal davon frei gemacht werden muß, daß ständig die falsche Geschichtsschreibung den Eindruck zu erwecken versucht, als gäbe es etwas wie eine kollektive Schuld der Soldaten. Kollektive Schuld gibt es nicht! Unsere Soldaten waren nicht Täter, sie waren bestenfalls Opfer, denn die Täter saßen woanders ..."

Haider ist hier eine Art Heiland, der mit einem mächtigen Gedenkkreuz im Rücken, und als Sohn, auf den man gewartet hat, das komplizierte Problem der Schuld oder Mitverantwortung in der NS-Zeit einfach abschafft, und zwar ganz großzügig und pauschal. Etwas später erklärt er der "Kriegsgeneration", daß sie nicht nur durch die Bank unschuldig gewesen ist, sondern auch damals schon die Vision eines freien Europa ohne Kommunisten gehabt hat, deren Verwirklichung wir heute erleben dürfen. Das "fürchterliche Völkerringen", die Opfer der Väter und Großväter haben also einen Sinn gehabt. Die Umwertung der NS-Geschichte ist nachweislich alles andere als nur ein Ausrutscher, sondern Teil eines breit angelegten Programms zur kollektiven Rehabilitation und Idealisierung der NS-Väter. Psychodynamisch geschieht hier folgendes: Die Auseinandersetzung mit dem Vater, die Rebellion des Sohnes, welche spätestens gegen Ende der Adoleszenz zu einem realistischeren Vaterbild (und Selbstbild) führen sollte, in welchem die Widersprüche und Ambivalenzen, z. B. das Nebeneinander von Opfer- und Täterstatus ausgehalten werden können, wird zugunsten einer idealisierenden Unterwerfung unter den Vater aufgegeben. Und zwar aus Angst vor Vergeltung oder aus Angst, dann einen völlig demontierten Vater zu haben. Haider hat niemals sichtbar gegen den Vater rebelliert. Der Sohn des ehemaligen Gaujugendwalters machte auftragsgemäß in den nationalistischen Jugend- und Studentenbünden Karriere. Unter solchen Bedingungen muß die Wut auf den mächtigen Vater oder die Enttäuschung über sein Versagen zwar vorhandensein, darf aber nicht bewußt werden. Sie wird auf Ersatzobjekte, andere Autoritätsfiguren verschoben, die dann eindeutig böse, machtgierig, enttäuschend sind. Sie fangen all das auf, was man dem eigenen Vater erspart hat. Diese "schlechten Väter" (oder Eltern) sind in der Haider'schen Rhetorik die "Altparteien", Bonzen und Funktionäre, die alt, dick und faul geworden, "nicht mehr zeitgemäß" sind. An diesen und anderen Ersatz-Objekten darf sich die verbale Dauerrebellion austoben.

Die Haider'sche Rhetorik ist teilweise wie aus dem Lehrbuch der psychologischen Autoritarismus-Forschung. Ich zitiere zur Veranschaulichung aus der Einzelfallstudie über "Mack" im "Autoritären Charakter" von Adorno und anderen:

"Fremdgruppen werden als egoistisch und brutal aggressiv gehaßt. (Daß Fremdgruppen auch 'schwach' sind, mag ein logischer Widerspruch sein, ist aber kein psychologischer; Macks Denken über soziale und politische Zusammenhänge wird von unbewußten Vorgängen bestimmt, und man kann daher nicht erwarten, daß es mit den Gesetzen der Logik übereinstimmt.) Beides, die machtgierigen Züge in seiner Vorstellung von der Fremdgruppe und seine betonte Bewunderung der 'guten' Eigengruppe, kann man aus dem durch die Kindheit bedingten Vaterbild ableiten; aus dem Zwang, aus dem er sich ihm unterordnen mußte, entstand der Zwang, sich zu überreden, den Vater als 'gut' zu sehen; wodurch aber die ursprüngliche Feindseligkeit gegen ihn nicht überwunden war. Mack hat nie versucht, mit diesem Konflikt fertig zu werden, indem er bei sich selbst die Schuld suchte. Besonders fällt auf, daß er fast gar keine Selbstkritik kennt. Er verlegt die Feindseligkeit einfach auf Fremdgruppen oder besser ausgedrückt: die verfolgenden, strafenden Züge, die dem Vater nicht zugestanden werden durften, werden den Fremdgruppen als Eigenschaften zugeschrieben, und so kann er sie ruhig hassen. Sie sind dann nicht gefährlich, und man hat ein gutes Gewissen, weil die Züge, die man ihnen zuschreibt, bestimmt verdammt werden. Jedem 'guten' Zug, dem Vater zugeschrieben, entspricht ein 'schlechter' im Bild der Juden: des Vaters größtes Verdienst war, 'sich jedes Vergnügen zu versagen, um für uns Kinder zu sorgen'; dagegen 'kümmern sich die Juden nicht um Menschliches'."[2]

Das Problem der heutigen FPÖ-Söhne ist, daß sie sich den eigenen Vätern – aber auch der mächtigsten gesellschaftlichen Autorität: dem privaten Unternehmertum – völlig unterworfen haben, aber so gerne als Rebellen erscheinen wollen. Sie sind fixiert auf die – nicht zu Ende geführte Aufgabe der adoleszenten

Rebellion und wirken auch oft so, als habe ein Fluch sie daran gehindert, älter als 16 oder 17 zu werden.

Haider verspricht nicht nur eine "mutige" Lösung von Generationskonflikten, sondern auch eine Erlösung von aktueller Entfremdung, Distanz und Hierarchie zwischen den Menschen. Nachdem er den steifen Kärntner-Anzug gegen eine lockere Kleidung getauscht hat, inszeniert er bei zahllosen geselligen Anlässen und Wirtshausbesuchen die Hoffnung der Menschen auf eine "short-distance-society" (J.Galtung). Da herrscht gleich der Duz-Ton. "Man kann ihm alles sagen – er sagt dir auch alles ..." "Er will sich mit jedem Menschen verstehen ..." So oder ähnlich reden junge Fans, wenn man sie über die Wirkung Haiders befragt. Sie können sich zwar meistens kaum an das erinnern, was sie inhaltlich mit ihm geredet haben, als er ihnen am Buffet einen Teller in die Hand gedrückt hat. Aber das Nähe-und Symbioseerlebnis ist als solches schon sehr eindrucksvoll.

Aus einem der Interviews, die Hannes Krall im Rahmen unserer Studie gemacht hat:

"Das einzige, was mich stört beim Haider ist sein Beiwagen oder was das ist, der da mit ihm mitfliegt, der Sekretär, der müßte ein bisserl, wenn der Haider schon so locker ist, wie sie es gesagt haben, müßte er etwas lockerer sein, ich meine, er ist zu streng, ich meine, ich habe mit ihm gestern auch g'redet, ich sprech mit jedem, bei mir ist's ja nicht so, daß ich da Angst habe vor jemanden ...

... Ja, ich weiß nicht, unsympathisch kann man ehrlich sagen, das ist das beste Wort eigentlich ... Ich meine, wenn ich mit ihm gestern red', dann schaut er mich heute nicht einmal mehr an. In meinen Augen, beim Haider gibt's das nicht, ich meine, da fragt er mich gleich, der Haider hat mich heut schon wieder g'fragt, ich meine obwohl mir das nicht imponiert, muß ich gleich dazusagen, daß er mich fragt, wie lange war ich gestern am Ball."

Hier spricht jemand, der sich (noch) als Haider-Kritiker versteht, aber es nur mühsam schafft, sich die Haider-Faszination vom Leibe zu halten. Typisch ist die Projektion der unsympathischen distanzhaltenden Seite des Politiker-Auftritts auf den "Beiwagen". Haider hält sich seine "Leute fürs Grobe". Das ermöglicht erst die Idealisierung der Zentralfigur.

Eine weitere Szene aus dem Interview-Material von Hannes Krall (abgekürzt als "H. K."):

Franz: ... das ist, wie soll man sagen, irgendwo ein Kumpeltyp, also wo man ...

Haider: (Im Vorbeigehen) Halli-Hallo! (Gibt ihm die Hand und ist im schnellen Schritt schon wieder durch die Tür verschwunden)

Franz: Hallo! (lacht) Also ich glaub, das sagt ... (lacht).

H. K.: Das sagt alles?

Franz: Das sagt alles! (lacht)

H. K.: Aber er hat ja nur "Halli-Hallo" gesagt?

Franz: Ja aber, das ist ... Ich meine, das ist irgendwo bezeichnend für ihn, also für seine lockere Art. (...)

H. K.: Was steckt mehr für dich dahinter?

Franz: Ich meine, er dirigiert ja die Geschicke unseres Landes, er ist irgendwo ein Politiker, eine Respektsperson.

H. K.: Er ist eine Respektsperson?

Franz: Ja natürlich ...

H. K.: Und gleichzeitig ein Kumpel?

Franz: Für mich ist irgendwo ein Politiker eine Respektsperson, weil der hat Verantwortung und alles. Aber: Also ich hab vor ihm Respekt, er ist aber gleichzeitig für mich irgendwo ein Kumpeltyp, wo man hinkommen kann und dem man Probleme vorsagen kann. Und er wird auch sagen, paß auf, das machst so, und er kümmert sich auch um dich. Also er hat seinen Sekretär bei sich dabei ... Man hat echt das Gefühl, man wird ang'hört und man wird auch ernstgenommen.

Über unzählige Blitzkontakte und Kurzauftritte dieser Art scheint Jörg Haider das Gefühl zu vermitteln, sich um alle zu kümmern, auf alle einzugehen, für die Probleme aller ein offenes Ohr zu haben, alle ernstzunehmen.

Und es gelingt Haider in einzigartiger Weise, die Wirklichkeit einer Klassengesellschaft wegzuinszenieren. Das zeigt z. B. der folgende Interviewausschnitt, bei dem Viktor auf die Frage eingeht, was ihm an Haiders Rede am besten gefallen hat:

Viktor: Daß der Facharbeiter nicht als zweitklassiger Mensch degradiert werden soll, daß es eine wichtige Angelegenheit ist. Man muß ja nicht immer studieren gehen, daß man was werden kann, weil man kann genauso Erfolg haben als wie ein Studierter, oder wie ein Doktor.

H. K.: Du findest, daß ein Facharbeiter deklassiert ist?

Viktor: Nein, eigentlich nicht, ich meine, ich weiß selber nicht, wie ich auf das gekommen bin, ich habe eigentlich nie gedacht, daß ein Facharbeiter ... ich meine, ein Doktor oder ein Magister ist sicher höherg'stellt als wie ein Facharbeiter, das ist eh einmal klar, weil's einfach vom Titel her ist, aber mir persönlich ist es, ich kann mit einem Facharbeiter genausogut reden wie mit einem Doktor oder was.

Auffallend ist der Widerspruch, der hier zutage tritt. Einerseits lobt Viktor das Eintreten Haiders für den Facharbeiter, der "nicht als zweitklassiger Mensch degradiert werden soll", andererseits sagt er selbst, daß "ein Doktor oder ein Magister sicher höherg'stellt (ist) als wie ein Facharbeiter, das ist einmal eh klar". Obwohl Viktor diese Ungleichheit, die Deklassierung akzeptiert, wünscht er sich die Gleichstellung, was er in seiner Vorstellung dadurch erreicht, daß er mit einem Facharbeiter genausogut reden könne wie mit einem Doktor. Jörg

Haider, der aufgrund seines materiellen Besitzes und seiner akademischen Ausbildung eindeutig der Oberschicht ("Doktor") zuzuordnen ist, andererseits aber "unser Jörg" oder "Jörgl" genannt werden kann, verkörpert die in diesem Widerspruch vermittelnde Größe und inszeniert die Aufhebung der Klassengesellschaft, in der z. B. Facharbeiter degradiert werden.

Die Wirksamkeit dieses "Wirtshaussozialismus" verweist auf das traurige Schicksal, das einer sozialistischen Alltagskultur hierzulande beschieden war. Haider knüpft aber auch an an die Ästhetik der kulturell kraftlos gewordenen Alternativbewegungen: Funktionäre mit langen Locken, offenem Hemd, extrem lockeren Umgangsformen, hin und wieder sogar blaue Präservative als Werbegeschenke, und die "weiße Tina Turner" in der FPÖ-Disco. Die Wirklichkeit des Arbeitslebens, die Schaltstellen der Marktwirtschaft bleiben von dieser Inszenierung in Richtung auf sinnliche Lockerheit, Gleichheit und Solidarität völlig unberührt und sollen es auch bleiben.

Haider kann Leute, die gerade noch Kumpel, Parteifreunde usw. zu sein schienen, blitzschnell fallenlassen, "abschießen". Wieso halten dann die Fans so hartnäckig am Bild vom guten Kumpel Haider fest? Ich denke, diese heftig beschworene Phantasie ist zu einen beträchtlichen Teil eine Reaktionsbildung, eine beruhigende Antwort auf eine *Angst*, die Haider auch bei seinen Anhängern auslöst. Er hat versprochen, mit allen Tachinierern, Faulenzern, Privilegierten endgültig "aufzuräumen" ("Wir deportieren jeden Bonzen"); den Fans im Publikum macht er das Angebot, sie als fleißige, pflichtbewußte, eindeutig gute Menschen zu sehen. Diese schmeichelhafte Aufspaltung geht völlig vorbei an der Realität aller Lohnarbeiter, Angestellten und Geschäftsleute in unserer Gesellschaft. Ein Lohnabhängiger muß neben der Identifizierung mit seiner Arbeit immer auch Leistung zurückhalten können, in bestimmten Grenzen "Tachinierer", Egoist sein, wenn er nicht vorzeitig verschlissen werden will; jeder Geschäftsmann und Steuerpflichtige macht gegenüber dem Finanzamt Angaben, die mit Wahrheit und Pflicht nicht viel zu tun haben. "Also ist die Korruption unserer Mächtigen, die wir tagtäglich enthüllen, nur symptomatisch für die weit umfassendere Korruption unserer Kultur des egoistischen Expansionismus, der geheiligten Rivalität und des Siegermythos" schreibt H. E. Richter.[3] Viele dürften erleichtert sein, wenn die Geschosse gegen die Egoisten, Tachinierer und Schmarotzer weit hinter oder über ihnen bei einigen großen, von Haider namhaft gemachten Figuren einschlagen. Man hört allerdings noch das Pfeifen der Kugeln über dem eigenen Kopf, zieht diesen etwas ein, applaudiert nach vorne und fühlt sich noch einmal besonders zur Gruppe der Fleißigen und Guten oder zur Volksgemeinschaft zugehörig. – Es kommt zu einer blitzartig-unbewußten "Identifizierung mit dem Angreifer". Die Unterwerfungsgeste wird zur Freundschaftsbekundung uminterpretiert. Um es in der Sprache der Primatenforschung auszudrücken: Das entspannt wirkende Kontaktlächeln erweist sich bei genauerem

Hinsehen als ein Angstgrinsen gegenüber dem "dominanten Männchen". Anders als Schimpansen[4] scheinen wir menschliche Primaten über sehr wirksame Tendenzen und Abwehrmechanismen zu verfügen, welche die mit der Unterwerfung verbundene narzißtische Kränkung und Entwertungs-Angst dann wieder überspielen. Die Haider-Fans wähnen sich immer noch als besonders gleichberechtigte Mitglieder einer In-Group. Angst und Verfolgung gibt es nur draußen. Aber dort draußen dürfen sie umso genußvoller an der Verfolgung teilhaben. Haider inszeniert sich als Westernheld, der mit den Gegnern gnadenlos aufräumt. Die Werbespots der FPÖ zu den letzten Nationalratswahlen waren mit der Erkennungsmelodie der Django-Filme unterlegt. Die Berichte über ihn wimmeln nur so von Abschuß- und Hinrichtungs-Metaphern.

Ein kleines Beispiel:

"Haiders Programm für eine Dritte Republik kommt wie aus der Pistole geschossen und klingt wie eine gefährliche Drohung gegenüber all jenen, die in Österreich in irgendeiner Weise Machtträger sind." (Wiener 4/1989, S. 13)

Haider befriedigt die Wünsche der Menschen nach einer Personalisierung der teilweise komplizierten und "strukturellen" gesellschaftlichen Gewaltverhältnisse und spielt mit Kriegsbildern:

"Der Pressesprecher des Herrn Vranitzky (braucht) nur mehr anzurufen, und alle stehen am Küniglberg 'hab-acht' und wissen, daß sie nach dem Golfkrieg den nächsten Großeinsatz im Krieg gegen Jörg Haider haben und leisten dabei Erfüllungsgehilfendienste." (Solidaritätskundgebung am Neuen Platz 19.6.91)

Und einen Monat später im ORF-Inlandsreport:

"Politischer Bürgerkrieg – ich glaube, daß versteht jeder, der es verstehen will – das heißt, eine Partei soll um jeden Preis vernichtet werden durch die Macht, die die beiden alten Parteien haben." (ebd.)

Es ist völlig unbestritten, daß die staatlichen, halbstaatlichen und öffentlichen Institutionen Österreichs unter Mitwirkung der Parteien zu Pfründen geworden sind und daß von ihren erstarrten quasifeudalen Strukturen Modernisierungshemmnisse ausgehen. Von daher wird es Haider leicht gemacht, als Modernisierer und Protagonist einer längst fälligen Entfeudalisierung Österreichs aufzutreten. Die Abschaffung der Kärntner Hofratstitel liegt auf dieser Linie. Haider benutzt das reale Privilegien-Problem in den staatlichen und öffentlichen Einrichtungen zugleich als Projektionsfläche für andere psychische und gesellschaftliche Konflikte, an welche er nicht rührt.

Die Alt-Parteien werden zur Universalerklärung für das Scheitern unserer problematischen Lebensentwürfe in der modernen Industriegesellschaft. Wir selbst dürfen uns weiterhin als etwas ganz Großartiges und Liebenswertes fühlen:

"... es geht darum, zu erkennen, in welcher Situation wir uns befinden: Dieses Österreich ist ein so wunderbares Land, hat so viele Möglichkeiten, hat so tüchtige Menschen, so erfolgreiche Betriebe, so großartige Facharbeiter, eine so begabte

Jugend, aber wir scheitern überall dort, wo sich die 'alten Parteien', die Funktionäre und die Parteibuchwirtschaft zuviel in unser persönliches Leben einmischt und glaubt, dort die Menschen in Abhängigkeit versetzen zu können. Und das ist es, was wir wollen: das Zurückdrängen des Zuviel an Macht, des Zuviel an Einfluß und des zuviel Hineinregierens der politischen Parteien in unser persönliches Leben." (Rede in Grafenstein 1.10.90)

Die alltägliche Ausbeutung durch private Unternehmer und Wohnungseigentümer gibt es als eigenständiges Thema nicht mehr, weil der Ärger über Ausbeutung voll und ganz auf die politische und staatliche Bühne verschoben wird. So hält Haider die Fünftage-Woche im Gastgewerbe für nicht durchführbar und predigt Rücksicht auf die Unternehmer, um im selben Atemzug die Besteuerung des Trinkgeldes durch den Staat als eine schlimme Ausbeutung hinzustellen. Die Forderung nach einem Mindestlohn der Arbeiter wird als "blanker Unsinn" zurückgewiesen, aber der ÖGB soll dafür sorgen "daß endlich Steuergerechtigkeit stattfinde(t), indem die Besteuerung der Überstunden aufgehoben wird".

Haiders Unternehmer- und Beschäftigungspolitik zielt auf einen leistungsorientierten Sozialdarwinismus. Dieser Sozialdarwinismus ist zumindest faschismusnahe. Das zeigt sich z. B. in einer Leserbriefäußerung, die Haider im Zusammenhang mit der Kärntner Diskussion um ein FPÖ-gefördertes Behindertenorchester (das No-Problem-Orchester) passiert ist:

"Integration findet nämlich erst dann statt, wenn der Nicht-Behinderte seinem geistige behinderten Mitmenschen mit Ehrfurcht und echt empfundener Anerkennung gegenübertritt, was jedoch erst dann geschehen kann, wenn der Behinderte eine Leistung bringt, die nicht als selbstverständlich für diesen Personenkreis angesehen wird oder etwas besser kann als ein Nicht-Behinderter."

Und Haider hebt hervor: "..., daß es in Kärnten seit rund eineinhalb Jahren eine Art der Betreuung von geistig behinderten Menschen gibt, welche weltweit einzigartig und mittlerweile auch weltweit anerkannt ist. Es handelt sich dabei um das No-Problem-Musiktherapiezentrum Kärntens, in welchem geistig und körperlich schwerstbehinderte Kinder, Jugendliche und Erwachsene mittels einer völlig neuartigen Musiktherapie zu professionellen Musikern ausgebildet werden, um ihnen auf diesem Weg den Einstieg in das Sozialgefüge zu ermöglichen." (Kleine Zeitung, 6.6.1991)

In der Formulierung des ersten Satzes ist die "Ehrfurcht und Anerkennung" des geistig Behinderten eindeutig an die Bedingung geknüpft, daß dieser eine "Leistung bringt" und zwar nicht irgendeine, sondern eine "die nicht als selbstverständlich für diesen Personenkreis angesehen wird" oder eine solche, die zeigt, "daß er etwas besser kann als ein Nicht-Behinderter". Haiders Wunsch nach vorzeigbaren Spitzenleistungen zeigt sich auch noch in dem Nachsatz über Kärnten und sein Musiktherapiezentrum, das um das "No-Problem-Orchester" entstanden ist. Die Betreuung ist "weltweit einzigartig", "weltweit anerkannt", "völlig neuartig".

Es ist völlig unbestritten, daß es für die Identitätsentwicklung von Menschen sehr wichtig ist, sich künstlerisch, musikalisch, praktisch zu vergegenständlichen und darüber Anerkennung zu finden und daß entsprechende Angebote in jeder Rehabilitations- und Integrationsarbeit unabdingbar sind (freilich in den "totalen Institutionen" immer noch fehlen). Aber das ist etwas anderes als das "Bringen von Leistung" oder das Erbringen von besonders auffallenden Leistungen. Werden Ehrfurcht und Anerkennung erst dann gewährt, wenn Leistung oder Spitzenleistung vorhanden ist, dann fallen große Gruppen von behinderten Personen und Leidenszuständen aus dem Kreis der Anerkennungsberechtigten heraus. Hat Haider hier nur schlampig formuliert, einfach etwas nicht zu Ende gedacht? – Immerhin hat er schriftlich formuliert und es ist anzunehmen, daß er sich zumindest 10 Minuten oder eine Viertelstunde auf das Problem hat konzentrieren können. Psychologisch handelt es sich wohl um eine Projektion des um Überraschungseffekte und Spitzenleistung kreisenden narzißtischen Anerkennungsdramas, das für Haider und seine Fans typisch ist, auf die Gruppe der Behinderten. Gesellschaftspolitisch steht die Äußerung in einer Tradition, die den Menschen auf die Rolle als "Produktionsnützling" (Ernst Klee) reduziert und unter den Behinderten Einteilungen nach ihrer Verwertbarkeit für diese Rolle vornimmt. Ein solches Denken liegt zum Beispiel der Aufteilung von Psychiatriepatienten in Heilanstalten einerseits und Pflegeanstalten andererseits (in Kärnten z.T. auch "Außenpflegestellen") zugrunde. Die ersten sind noch potentielle Leistungserbringer, die zweiten nicht mehr. Es handelt sich hier um die Übertragung einer privat-unternehmerischen Leistungsideologie auf den Bereich der Sozialpolitik. Der sozialdarwinistische Standpunkt, der Anerkennung an Leistung und fitness knüpft, und unter dieser Perspektive zur Sortierung von Menschen führt, ist am konsequentesten von den Nazis verwirklicht worden.

Der Sozialdarwinismus und die Idee der Zwangsarbeit, die Tendenz zur Menschensortierung in Haiders Ausländerrhetorik ist von anderen Autoren ausführlicher behandelt worden.[5] Und den Grundmechanismus der Habgier-Projektion kennen Sie schon aus dem vorangegangenen Kapitel. Hier nur eine kleine Kostprobe:

"Und man muß ja auch ganz ehrlich sagen, es hat sich ja auch als richtig herausgestellt, daß es nicht immer die Besten sind, die zuerst von zu Hause weglaufen. Dadurch haben wir eine riesige Kriminalität in diesen Einwanderungsbereichen bekommen. Es geht sogar soweit, daß heute in tschechoslowakischen Zeitungen Inserate aufgegeben worden sind, wo man dafür geworben hat, für eine Einkaufsfahrt nach Österreich, mit dem Hinweis, daß bis zu 1000 Schilling in den österreichischen Geschäften ohne Strafe Ladendiebstahl begangen werden kann. Na, das ist eine hervorragende Einladung, da hab ich zumindest das Fahrtgeld herinnen, wenn ich für 1000 Schilling etwas mitgehen lassen darf

und nicht bestraft werd', während jeder 'kleine Österreicher' für 100 Schilling bereits abgestraft wird von einem Richter. (...)
(Rede in St. Filippen 24. 09. 1990)

Es ist kein Zufall, daß der Konflikt im Sommer 1991 an Haiders zustimmender Äußerung zur "Beschäftigungspolitik" der Nazis aufgebrochen ist. Über die Identifikation mit Haider stabilisieren sich all diejenigen, die unter dem Druck der Konkurrenz einen massiven Zwang zur Arbeit haben verinnerlichen müssen. Der Selbstzwang (Norbert Elias) wirkt. Das Schlimmste, das wir abwehren bzw. bei anderen verfolgen müssen, ist der Wunsch, "einfach so" das Vorgefundene zu genießen, sich fallen zu lassen, sich gar ins "gemachte Nest zu legen". Die Arbeitswut ist auch dafür gut, daß man nicht zuviel nachdenkt und die Depression unten bleibt. Der hektische Nachkriegs-Aufbau, den Haider an der "Kriegsgeneration" so lobt, hatte auch diese Funktion. Heute muß man die Pausen zwischen der Arbeit unbedingt noch mit arbeitsähnlichen Sportarten füllen, damit ja kein Zweifel am Sinn des ganzen Projekts auftaucht.

Die Realerfolge Haiders, z. B. die Wirtschaftsdaten, waren im Sommer 1991 sehr mager. Aber einem richtigen Haider-Fan macht das nichts. Das Image des bewunderten Helden, dem die Realität wenig anhaben kann, hat Haider u. a. dadurch aufgebaut, daß er seine Anhänger in sich verliebt gemacht hat. "Ein fescher Bua", so hört man es spontan aus Frauen- wie Männermund. Haider wirft sich dazu noch in fotogene männliche Posen, mit nacktem Oberkörper, bei allerlei sportlichen Leistungen und mit mächtigem Porsche-Auto. Freud hat beschrieben, wie der Führer die Mitglieder der Masse mittels "zielgehemmter Libido" an sich bindet.

Lassen wir zwei weibliche Fans zu Worte kommen, mit denen Hannes Krall gesprochen hat:

H. K.: Welche Eindrücke haben Sie von der heutigen Veranstaltung?
Anna: Ja, daß er die Wahrheit redt.
H. K.: Über welche Themen?
Anna: Alles fast, alles.
H. K.: Stimmt das alles, was er sagt?
Anna: Ja, weil das habe ich schon in Wien g'hört, daß das schon stimmt.

Eine andere Frau kommt hinzu:

Karin: Er sagt das, wie's wirklich ist.
Anna: Man könnt ihn die ganze Nacht hören.
Karin: Ja ...
Anna: Da wirst nicht müde.

Anna hat heute ein Bild von Jörg Haider bekommen, weil sie "ihn anschauen möcht". Leopold Wagner sei im Vergleich viel hochnäsiger gewesen.

Anna: ... aber der Haider, wirklich. Eine Sonnwendfeier waren wir auch schauen. Zwei Stunden haben wir auf ihn g'wartet. Da hab ich nicht einmal auf meinen Mann so lange g'wartet (Lachen). Na, haben wir g'wartet.
H. K.: Und wie war's dann?
Anna: Ja, super, schön!
H. K.: Hat er eine Rede gehalten?
Anna: Ja, Rede, und was da Leut waren ... zwei volle Stunden, dann ist er gekommen ...

Kärnten gleicht manchmal noch einer Art Sozialmuseum oder einem Kapitel aus einem psychoanalytischen Lehrbuch, in dem die Menschen noch fast unverhüllt und unverdorben vom popularisierten psychoanalytischen Wissen ihr Unbewußtes sprechen lassen. Man braucht die obigen Zeilen nur langsam zu lesen und auf sich wirken zu lassen.

Die Liebe muß in gewisser Weise schwärmerisch, unerfüllt bleiben. Auffällig ist, wie bei anderen Verliebten und auch bei Hypnotisierten, der Ausfall der kritischen Instanzen. Mit negativen Wirtschaftsdaten oder historischen Richtigstellungen kann man kaum einem Haider-Fan von seiner Begeisterung abbringen. Es kommt zur "Überschätzung des Liebesobjekts". Es gelingt diesem, an die Stelle des Ich-Ideals, als Vorbild und Gewissen, in die Psyche der Verliebten einzuwandern[6]. Über diese Gemeinsamkeit, den verinnerlichten Führer, fühlen sich die Mitglieder der Masse, die Fans miteinander verbunden. Sie sind nicht mehr einsam, weil sie nun gemeinsam für einen politischen Star schwärmen können. Diese Verliebtheit hat freilich im Falle von Haider einen auffällig narzißtischen Charakter. Haider ist einerseits ein äußeres Objekt, aber er wird andrerseits als Teil des Selbst geliebt, so wie das schnelle, starke Auto, das zwar außer mir ist, aber auch als eigener Teil gespürt und vorgeführt wird. Es ist "unser Jörg", auf den wir stolz sein können. In der Haider-Inszenierung bekommt das narzißtisch besetzte Liebesobjekt eine stark phallische Färbung. Jörg ist immer fit, nie schlapp, nicht kleinzukriegen, reißt sogar nach dem Sprung von der Jauntalbrücke nicht ab. Statt differenzierter Argumente bewundert man an ihm das "Stehvermögen". Sein Hang zum lautstarken, depotenzierenden Vergleich mit den weniger straffen Körpern der Rivalen (der bei jedem Normalbürger als peinliche Angeberei gewertet würde) gehört auch hierher und deutet an, daß Haider u. a. ein männliches Kompensationsprojekt im Zeitalter der vielfach unterminierten Männer-Identität anbietet.

Den letzten Beweis dafür, daß Haider seinen Fans als kastrierender Potenzprotz zu gefallen versucht, war seine Bemerkung über den (im Bezug auf Haider kritischen) Bundespräsidenten, den er Ende Juni 1991 als "feige, rückgratlos und lendenlahm" bezeichnete. Es ist nicht irgendeine Erotik, mit der Haider Männer wie Frauen fasziniert, sondern die Erotik des kastrierenden Angebers.

Viele lieben Haider auch wegen seines Unterhaltungswerts. Das gilt sogar für seine Kritiker. Mit seinem aggressiven Aktivismus, auch einer Art von "Beschäftigungspolitik", arbeitet er gegen die österreichische Neigung zur Depression an. Aktivistische, scheinbar lebendige und begabte Söhne helfen z. B. Müttern nicht in Verlustgefühlen, Langeweile und Melancholie zu versinken. So wie die Mutter mit glänzenden Augen auf ihren kleinen Unterhaltungsstar schaut, schaut das Publikum voll Faszination mit seinen tausend Augen, Kameras und Apparaten auf das, was Jörg uns "heute wieder bietet".

Er bietet u. a. ein Modell, einen möglichen Lebensentwurf im Zeitalter des gesteigerten Narzißmus und Karrierismus. Haider schwimmt auf der Welle des "zweiten Individualisierungsschubes" (Ulrich Beck), indem er die Erosion der ständischen Gruppierungen und Organisationen, der Kammern, Gewerkschaften, "Zwangsverbände", jedenfalls auf der Seite der lohnabhängigen Bevölkerungsteile, der kleinen Leute, noch beschleunigt und einseitig das Zwangselement in der Bindung hervorhebt. Alle werden befreit, "privatisiert", die Lohnabhängigen wie die Unternehmen und öffentlichen Dienstleistungen. Die alten Verbände erscheinen als "Bremser" des privaten Leistungswillens, z. B. die Gewerkschaften, wenn sie arbeitskraftschonende und arbeitszeitbegrenzende Kollektivverträge verlangen, statt die Überstundenbesteuerung zu bekämpfen. Auch die Arbeiter und Angestellten werden zu einer Art von individuell wirtschaftenden Privatunternehmern stilisiert.

Der Aufruf zur Privatisierung löst auf der psychologischen Ebene wahrscheinlich vor allem eine Art "Angstlust" aus, die dem Lebensgefühl von losgelösten Gipfelstürmern ähnelt. Haider verkörpert als Parteikarrierist, rücksichtsloser Partei-Führer und auch als Privatunternehmer im Forstbereich die Lustseite, die gelingende Angstbewältigung im "zweiten Individualisierungsschub" – oder er hat sie bis zu seinem Absturz verkörpert. Der Brückensprung am Gummiseil war ein Höhepunkt in einer allgemeinen Angstlust-Inszenierung. So ähnlich sollen sich die neuen Einzelkämpfer-Individuen in das "Abenteuer Arbeit" (österreichische Fernsehwerbung für Industriemontage-Arbeitsplätze im Ausland) oder in das "Abenteuer Wirtschaft" stürzen. Vertrauen in die eigene fitness und Narzißmus gehören dazu. Altertümliche Gruppenbindungen, Freundschaftsbande, berufliche Ethik sind aufzugeben. Sie stören die Karriere. Der soziale Wärmebedarf wird über Selbstbetätschelung und die möglichst nahtlose Aneinanderreihung von Starerlebnissen befriedigt. Auch der Nationalismus ist ein Ersatz für die wirklich-alltägliche Verbundenheit und Solidarität. Diese wird nur noch in der Abgrenzung gegen das Fremde, im kollektiven Wegbeißen konkurrierender Volksgruppen erfahren, auf die man zuvor die eigene Habgier projiziert hat. In diesem Zusammenhang sind die verharmlosenden Äußerungen über die Beschäftigungspolitik der Nazis kein Ausrutscher oder Schönheitsfehler. Im Umgang mit der alten Extremvariante des Sozialdarwinismus, welcher die

Leistungsfähigen verherrlicht und die Schwachen verachtet, probiert der neue Sozialdarwinismus aus, wieweit er gehen kann. Die Kälte und Skrupellosigkeit, die wir für das neue konkurrenztüchtige Persönlichkeitsmodell brauchen, wird unter anderem in der verbalen Freiheit und Frechheit gegenüber den Opfern der Vergangenheit eingeübt.

Anmerkungen:

1. Vom Frühjahr 1991 bis zum Sommer 1991 habe ich zusammen mit Harald Goldmann und Hannes Krall an einer sozialpsychologischen Haider-Studie gearbeitet, die mit den Mitteln des szenischen und psychodramatischen Verstehens und unter Supervision durch einen Psychoanalytiker angegangen wurde. Die ausführliche Fassung erschien Anfang 1992 als Buch mit dem Titel "Jörg Haider und sein Publikum" im Klagenfurter Drava-Verlag.
2. Der autoritäre Charakter, Bd. 2, Amsterdam 1969, S. 26/27.
3. H. E. Richter, Die hohe Kunst der Korruption, Hamburg 1989, S. 15.
4. Vgl. F. de Waal, Peacemaking among Primates, Cambridge/Mass. 1989.
5. Vgl. den ausgezeichneten Beitrag von Brigitte Busch, in: G. Fischer / P. Gstettner (Hg.), "Am Kärntner Wesen könnte diese Republik genesen", Klagenfurt/Celovec 1990.
6. S. Freud, Massenpsychologie und Ich-Analyse, in: ders., Studienausgabe Bd IX, Frankfurt 1969.

Zur Sozialpsychologie des Automobils

Die mit naturwissenschaftlichen Methoden arbeitende Verkehrspsychologie ist eine Teildisziplin, vor der ich großen Respekt habe, weil sie vermutlich schon viele Menschenleben gerettet hat. Zum Teil ist sie angewandte Wahrnehmungspsychologie, die uns z. B. mitteilt, daß ab etwa 150 Stundenkilometern eine völlig veränderte Wahrnehmung, eine "Tunnelsicht" entsteht, in der die schnellen Veränderungen am Rande unseres Gesichtsfeldes vom Gehirn kaum noch aufgenommen werden können, daß der optische Reiz der Zebrastreifen, die in Längsrichtung zum Autofahrer verlaufen, für sich genommen eher zur Beschleunigung einlädt, daß Verkehrsschilder zum Zwecke der schnellen Unterscheidung diese und jene Beschaffenheit haben müssen und so fort. Verkehrspsychologen haben auch herausgefunden, daß ältere Menschen entgegen verbreiteten Vorurteilen, bezogen auf die Fahrkilometer, keineswegs mehr Unfälle haben als jüngere, daß der Einbau von Sicherheitseinrichtungen, wie ABS Systemen und Gurten, keineswegs zu erhöhter Sicherheit führt, weil das Sicherheitsgefühl zu unvorsichtigem Fahren verleitet; und daß sich die meisten Autofahrer hinsichtlich ihrer Fahrerqualitäten in signifankanter Weise als über dem Durchschnitt oder sehr gut einstufen, was nach den Regeln der Mathematik nicht stimmen kann.[1]

Die exakte Verkehrspsychologie beschäftigt sich kaum damit, was das Auto und der Verkehr den Menschen *bedeutet*. Die beiden zuletzt genannten Ergebnisse weisen schon darauf hin, daß das Auto von vielen als ein Aufregungslieferant und als Hilfsmittel für die Darstellung eines Größenselbst gebraucht wird. In bezug auf das Auto macht die schöne Habermas'sche Unterscheidung zwischen instrumentellem Handeln und expressivem Handeln, Arbeit und Interaktion besonders wenig Sinn. Sicher *benützen* wir das Auto auch als Instrument auf dem Weg zur Arbeit, als Transporter, aber in derselben Minute zeigt es, nach außen und innen spürbar, als was und wie wir uns durch die Welt bewegen.

Zwei britische Kulturpsychologen, Marsh und Collett, die eine sehr ausführliche Untersuchung der Autogesellschaft vorgelegt haben, halten es am Ende ihres Buches sogar

"für eine unzutreffende Vorstellung (...), daß das Auto vor allem ein Transportmittel sei. (...) Praktische Notwendigkeiten werden unausweichlich zu einer Zunahme immer ausgeklügelterer öffentlicher Verkehrssysteme führen. Sie werden zweifellos auch die Entwicklung alternativer Kraftstoffe und Energiequellen fördern. Aber das Auto wird weiterbestehen. Das Autofahren als Leidenschaft wird das Überleben der expressiven Funktion garantieren, auf die sein Design abzielt und die es so vollkommen erfüllt."[2]

Die Autoren haben in der Geschichte des Autos einen historischen Wendepunkt gefunden, an dem die Weichen für seine Bedeutung als Ausdrucksmittel gestellt wurden. Die allerersten Automodelle waren natürlich schon Ausdrucksmittel für die wenigen wilden und gefährlichen Automobilisten. Die Ford-Modelle (T-Modelle), die bald darauf von den Fließbändern kamen, waren sehr einheitlich und in phantasielosem Schwarz gehalten. Sie wurden zwar immer billiger und waren praktisch, aber darum ging es nicht in erster Linie. General Motors nutzte die Gunst der Stunde:

"1925 trafen Sloan und seine für den Verkauf zuständigen Mitarbeiter eine Entscheidung, die das Schicksal des Unternehmens und den gesamten Kurs der Automobilgeschichte entscheidend verändern sollte: sie beschlossen, jedes Jahr neue Modelle zu produzieren, anstatt nach und nach Veränderungen an den vorhandenen Modellen vorzunehmen. Im Rückblick erscheint dieser Schritt nicht sehr bemerkenswert, aber damals war er von außerordentlicher Tragweite, denn er markierte einen Punkt, an dem in Massenproduktion hergestellte Autos zu Modeartikeln wurden".[3]

Nachdem ich als eine Art Spätentwickler erst im Frühjahr 1988 den Führerschein erworben hatte, konnte ich im darauffolgenden Wintersemester meine erste Lehrveranstaltung zur Psychologie des Autos abhalten. Das war in mancherlei Hinsicht vermessen, weil ich im Gegensatz zu den meisten Fünfjährigen immer noch nicht mit bloßem Auge die wichtigsten Autotypen unterscheiden kann, wurde aber dadurch zu einem spannenden Experiment, weil wir damit begannen, ein alljährlich in Kärnten stattfindendes großes Festival von Autofahrern mit dem Blick von leicht verwunderten, psychoanalytisch interessierten Völkerkundlern anzuschauen.

Es handelt sich um das alljährlich unter Beteiligung von mehreren Tausend Leuten in Maria Wörth am Wörthersee stattfindende "Internationale GTI-Treffen", welches der Fremdenverkehrsgemeinde bereits das weltweit einzige in Stein gehauene Golf-GTI-Denkmal und den heftigen Protest von Ökogruppen beschert hatte. Die Lokalpolitiker hatten das Ganze seit 1982 gefördert, um die Zwischensaison zu überbrücken, und weil die jungen Fahrer mit ihren Familien "das Gästepotential von morgen" darstellen.

Einer unserer Studenten, Hannes Krall, wagte es, beim nächsten Treffen im Mai 1989 sich für mehrere Tage unter die GTI-Fans zu mischen, mit ihnen ausführlich zu reden, herumzufahren, Tonband-Interviews zu machen und zu beobachten. Er erwies sich als ungewöhnlich begabt für eine kommunikative und selbstreflexive Erforschung fremder Inszenierungen. Aus der Untersuchung entstand eine als Buch erschienene Diplomarbeit. Es kam Hannes Krall sicherlich zugute, daß er – u. a. Sportlehrer von Beruf, noch relativ jung, aus einer Arbeiterfamilie stammend, und in der Sprache die Kärntner Herkunft nicht verleugnend – über einige kulturelle Brücken zu den "Forschungsobjekten" verfügte, mit ihnen rasch auf eine Wellenlänge kam. Außerdem dürften seine Gesprächspartner gespürt haben, daß es ihm wichtig war, die Bedürfnisse, die in die GTI-Faszination eingehen, ernstzunehmen und nicht gleich moralisierend zu entwerten. Krall hat, der ethnopsychoanalytischen Tradition entsprechend, zwischen den Felderkundungen ein Forscher-Tagebuch geführt, in das er die spontanen Eindrücke eintrug, um später das besonders Irritierende und Aufregende in einen szenischen Zusammenhang zu bringen. Auf einige seiner Ergebnisse will ich mich im folgenden beziehen. Das Buch von Marsh und Collett erschien bei uns erst zwei Jahre später. Die Übereinstimmungen haben uns verblüfft.

Das Auto ist im Sinne der Narzißmustheorie von Heinz Kohut ein "Selbstobjekt", d. h. ein Objekt, das als *Teil des Selbst* erlebt wird. In einem Teil der Wahrnehmung erkennen wir zwar die Eigenständigkeit des Objekts an, in einem anderen Teil empfinden wir es aber spontan als Teil von uns. Der Ratscher am Blech verursacht einen fast schmerzhaften Schrecken; beim Ein- und Ausparken haben wir ein Gefühl für die Begrenzung und Ausbuchtungen unseres Vehikels. Auf seine Kraftleistungen sind wir stolz wie auf die unseres Körpers. "Ich stehe dort und dort" sagen viele und meinen damit den Parkplatz ihres Autos. Und in der Werbung hören wir eine sehnsuchtsvolle Stimme: "Ja, ja ein Mazda müßte man sein". Die phantasiegestützte Verschmelzung des Selbst mit dem Auto ist die Bedingung für das Wirken der expressiven Funktion. Man kann mit dem Auto alles Mögliche ausdrücken. Aber der Haupt-Trend geht in Richtung auf Vergrößerung, Verschnellerung, Verschönerung des eigenen, manchmal ziemlich kleinen und brüchigen Selbst. Normalerweise wird dieses erweiterte Selbst eifersüchtig gegen andere Verkehrsteilnehmer verteidigt; es gibt sogar noch eine Art unsichtbares Revier um das Auto herum, dessen Verletzung Herausforderung bedeutet. Aber in bezug auf Autos derselben "Familie" und bei Versammlungen können die Grenzen des Auto-Selbst weich werden und in einem noch größeren Kollektiv-Selbst verschwimmen. Ein Interview mit "Peter" ("I." ist der Interviewer):

"I: Was waren deine größten Eindrücke im vorigen Jahr? Was war da los?

Peter: Es ist eine Traumatmosphäre, wenn zum Beispiel 500 GTIs – alle auf einem Parkplatz zusammen und ... du in der Mitte drinnen, ich meine ... das G'fühl kannst nicht beschreiben, es ist einfach traumhaft.

I: Wie ist das Gefühl? Versuch es einmal zu beschreiben!

Peter: Ja, da kommst du dir vor, du bist einer von die Großen, ich meine, du bist in der Mitte drinnen, das ist wie eine große Gemeinschaft, die halten alle zusammen. Zum Beispiel, so wie wir gefahren sind, Konvoi von Velden nach Klagenfurt, da braucht kein Polizist dazukommen oder einen aufhalten, da halten alle zusammen. Es ist einfach ... da bist du in der Mitte drinnen, da halten alle zusammen.[4]

In einer Gesellschaft, in der die Arbeitswelt dem individuellen Selbst wenig Bestätigung gibt und auch die befreienden Massenbewegungen versickert sind, brauchen wir uns über solche Bedürfnisse nicht lustig zu machen. Die GTI-Fahrer sind überwiegend junge Arbeiter. Überall auf der Welt, insbesondere aber in den USA, haben sich um bestimmte Sorten von Autos herum Gruppen gebildet, die untereinander höchst solidarisch sind. Sie sind wie eine Art moderner Stämme organisiert. In den USA waren es die "Hot-Rodders", die "Custom-Car-Anhänger" oder die "Lowriders". Die letzteren waren Chicanos, US-Bewohner mexikanischer Herkunft, denen es gelang, herkömmliche Modelle zu einer extrem tiefen Straßenlage herunterzusenken, die in ihrer polizeiwidrigen Eleganz zu einer Art "Totemtier" (Marsh/Collett) der Volksgruppe aufstiegen. Ein Beispiel für die negative, verachtungsvolle Seite dieser Stammessolidarität sind die "Manta-Witze" der letzten Jahre. Die Opel-Manta-Fahrer verkörpern offenbar die allerniederste Kaste in der quasi-ethnischen Autofahrerwelt. Der kürzeste Manta-Witz lautet: Ein Manta steht vor der Uni.

Das Ganze ist außerdem eine sehr geschlechtsspezifische Angelegenheit. Der Golf-GTI als europäische Variante eines kompakten "Muskelautos" (Marsh/-Collett), das noch mit vielen imposanten Extras ausgestattet werden kann, ist eindeutig ein Männerauto, und zwar eins für jüngere Männer aus den unteren Schichten der Erwerbsbevölkerung. Im Umfeld des GTI-Kultes hat Krall mehrere komplementäre Frauenbilder gefunden. Das eine ist die Frau als traditionelle Begleiterin, Beifahrerin, die sich vor allem für Kinder und Familie interessiert.

"An und für sich ist das (Treffen) immer geteilt, wenn die Frauen in den Club mitgehen, dann sitzen wir (Frauen) halt zusammen, reden über irgendetwas und die (Männer) unterhalten sich halt über die Autos. Wir sind zwar gemeinsam dort, aber irgendwie auch nicht."[5]

Dann gibt es bei den GTI-Fahrern ein zweites Bild, bei dem die Frau als GTI-Närrin vorgestellt wird, die die Männer überhaupt erst fanatisiert. Der Gesprächspartner Willi berichtet:

"Genausogut hätte jeder irgendwann mit 18 einen Opel kaufen können, oder einen BMW oder sonst ein Auto, dann wäre er jetzt halt kein GTI-Fan. So was entwickelt sich hauptsächlich über die Kontakte, über die Kameradschaft. Und dann gibt's eben manche, und das sind oft grad speziell die Mädels, die das wirklich dann total fanatisieren. So ähnlich, wie sie auch Beziehungen untereinander viel inniger haben und auch schneller zwischen – na ja – Feindschaft und Freundschaft hin- und herwechseln, und da ist's so ähnlich beim Auto. Also wenn sie auf GTI stehen, dann total. Dann ist jedes andere Auto ... Das kann 200.000 Mark kosten und wirklich super ausschauen, das eine ist Schrott, es ist bloß nur noch der GTI."[6]

Hier ist die Frau eine, die mit ihren Leidenschaften die harmlose Solidarität der Kameraden durcheinander bringt. Kürzlich gab es im Fernsehen eine Citroen-Reklame, bei der sich eine Frau fast in den Citroen-Händler verliebt, weil er das begehrte neue Modell in den Händen hat; es läuft darauf hinaus, daß man als Ehemann den neuen Citroen rasch erwerben muß, um gegen die Konkurrenten die weibliche Aufmerksamkeit zu erhalten. Ein drittes Frauenbild ist die Frau, die sich "über die Männer" stellt, die sagt: "Ich und meine Männer" und selbst die schnellste Fahrerin sein will. Sie kommt zwar in der Realität selten vor, dürfte aber – verschmolzen mit dem modernen Bild der erotischen Power-Frau (Grace Jones, Tina Turner, "Alexis" usw.) auf dem Weg in die männlichen Machtzentren – sehr stimulierend für den Trend zur männlichen Muskelbildung sein, dessen motorisierte Variante sich u. a. im GTI-Kult findet. Schließlich kann das Auto selbst als eine Art Frau, als verschmolzen mit der gefügigen Frau, phantasiert werden. Ein Gesprächspartner sagt:

"Dann fühlt er sich befriedigt. Dann fühlt er sich halt befriedigt, daß er ein schnelles Auto hat. Ich meine, es gibt Leute, die befriedigen sich damit, weil sie eine schöne Frau haben oder so was, und es gibt andere Leute, die befriedigen sich damit, daß sie ein schnelles Auto haben und ein schönes Auto. Es ist immer das gleiche, oder? Jeder befriedigt sich mit dem oder mit dem."[7]

Das steht nur scheinbar im Widerspruch zu der These, daß das Auto, speziell der GTI, ein Symbol für Männlichkeit darstellt. Unser Unbewußtes überwindet bekanntlich souverän alle Versuche, es in eine zweiweitige Logik zu pressen. Marsh und Collett schreiben:

"Das Auto wird dadurch zu einem einzigartigen Objekt, daß es sowohl über eine weiblich als auch über eine männlich besetzte Bildersprache verfügt. Es ist ein moderner Hermaphrodit und spricht somit Männer und Frauen gleichermaßen an. Für einen Mann kann das Auto eine phallische Erweiterung seiner Männlichkeit bedeuten und gleichzeitig eine begehrenswerte Geliebte darstellen. Für eine Frau kann das Auto sowohl Gegenstand ihrer Bewunderung und Liebe sein und gleichzeitig ihre eigene Sexualität versinnbildlichen."[8]

Trotz der Ambivalenz scheinen bei der Wahl von Typus und Design eine eindeutige Vorlieben der Geschlechter zu bestehen. Wer als Pädagoge oder Elternteil Kontakt zu einer größeren Anzahl von Kindern hat, kann mit ihnen ein erhellendes Experiment machen. Man läßt die Kinder ein Auto malen, "das sie sich wünschen". Die Buben malen fast immer ein vorne verlängertes, pfeil- oder projektilartiges Auto, die Mädchen vorzugsweise Familientransporter mit runden Formen, oft noch mit Blumen darauf, um das Umweltverträgliche auszudrücken. Diese Tendenz, die wir in mehreren Universitätsseminaren mit Lehrer-Studenten überprüft haben, läßt sich geradezu über einen "Längen-Höhen-Index" an den gemalten Objekten ausmessen. Bei Malexperimenten mit Erwachsenen ist es etwas komplizierter, aber nicht grundlegend anders.

Das Auto spielt mittlerweile im Geschlechterkampf unserer Gesellschaft eine ganz zentrale Rolle. Es gibt Autos, die eher der Stützung der angeknacksten Männeridentität dienen, Autos, die sich als Vehikel der emanzipierten Frau anbieten und den Trend zum Zweitwagen, der die Verhandlungen und Rangkämpfe in der Ehe elegant umgeht. Auch die angenehmen Seiten der Geschlechterbeziehung sind mit dem Auto eng verbunden. Die unbequeme Rücksitzpaarung, die noch für so viele Jugendliche der 50er und 60er Jahre fast unumgänglich war, ist heute im Zeitalter der Liegesitze, Kombifahrzeuge und Kleinbusse anderen Möglichkeiten gewichen.

Mit Hilfe des Autos nehmen die Menschen Stellung zur Gesellschaft. Was bedeuten z. B. die Geländeautos, die seit einigen Jahren die Städte und das Flachland bevölkern? – Ihre instrumentelle Rolle ist minimal, im Vergleich zu dem Hinweis, daß ihre Fahrer "tough guys" sein müssen, die das Abenteuer suchen und den Dschungelkämpfen, die unsere Gesellschaft wieder verstärkt bietet, als Einzelkämpfer gewachsen sind. Der Kampf der Klassen und Schichten gegeneinander, der in der Ideologie der westlichen Gesellschaft schon längst abgeschafft ist, geht auf den Straßen weiter. Die GTI-Fahrer äußern sich hier unmißverständlich:

Fritz: Er will vielleicht mit dem Golf einen großen Mercedes "verselchen", und der freut sich dann d'rüber. Das war ja am Anfang der GTIs das Interessante, daß niemand damit gerechnet hat, daß er so schnell ist. Es hat niemand damit gerechnet, wenn er einen BMW gefahren ist, von einem Golf überholt zu werden.

I: Du sagst: "Waffe gegen sich und andere." Woher kommt diese Aggressivität?

Rudi: Ja, das ist halt das, war wir d'rüber sagen.

I: Die Rache des kleinen Mannes gegen wen?

Rudi: Gegen die Großen.

Fritz: Gegen die Mercedesfahrer speziell, weil die mit der eingebauten Vorfahrt, die ...[9]

Und Fritz sagt dann noch, der GTI sei die Waffe des kleinen Mannes "gegen die Reichen vielleicht, die halt die Nase heben, wenn sie an einem vorbeifahren."

Die sexuelle Rivalität kann sich mit dem verschobenen Klassenkampf vermischen. Marsh und Collett zitieren einen Song von Chuck Berry, in dem der Fahrer des alten Ford (das Arbeiter-Auto) den Cadillac-Fahrer einholt, der ihm sein Mädchen weggenommen hat.

"As I was motivatin' over the hill
I saw Maybellene in a Coupe de Ville;
A cadillac a-rollin' on the open road,
Nothin' will outrun my V-8 Ford."[10]

Ein weiterer belebender Aspekt im Seelenleben der GTI-Fahrer, aber wohl auch vieler anderer Autofahrer, ist die hochambivalente Beziehung zur staatlichen Obrigkeit in Gestalt der Polizei. Diese schwankt zwischen Aggression und Unterwürfigkeit. Die GTI-Fahrer haben bei ihren Treffen eigentümliche Rituale entwickelt, bei denen z. B. mit angezogener Handbremse und im ersten Gang

Gas gegeben wird, sodaß die Reifen durchdrehen und der Motor aufheult, bis unter dem Gejohle der Zuschauer die Polizei eingreift. Es sind zum Teil dieselben Leute, die erst provozieren oder der Provokation applaudieren und später das Eingreifen der Polizei gutheißen. Die Doppelposition wird auch so bewältigt, daß man in nüchternem Zustand die Schuld an lauten und gefährlichen Aktionen auf eine kleine Gruppe von Übertreibern schiebt, die es "überall gibt" und mit denen man nichts zu tun hat. Beides, das aggressive Herausfordern und die einsichtsvolle Versöhnung mit der Autorität scheinen als lustvoll erlebt zu werden. Das hat vor dem Hintergrund von alltäglichen Arbeits- und Lebensverhältnissen, in denen man gegenüber dem "Chef" beständig den Kopf reinnehmen muß, sich aber häufig ausmalt, wie man es "ihm gibt", wahrscheinlich eine kathartische, fast therapeutische Funktion, die natürlich durch das Auftreten in der Überzahl erleichtert wird. Andere Autofahrer sind in bezug auf die Polizei kaum weniger ambivalent, nur drücken sie den Ärger über das "ungerechte Strafmandat", die Kontrolle der Polizei eher individuell aus. Interessant ist, daß trotz der allgemeinen Beliebtheit der Übertretungsspiele kaum jemand die Regeln und die Notwendigkeit der Polizei im Verkehr als solche in Frage stellt. Das Übertretungsspiel festigt wahrscheinlich sogar den hier vorhandenen breiten Grundkonsens und macht die Regeln erneut sichtbar.

Wahrscheinlich könnte ich mit Ihnen über den Sinn aller möglichen Normen in ein interessantes Streitgespräch eintreten. In bezug auf die meisten Verkehrsregeln aber würden wir das albern finden. Um das Automobil herum ist eines der wenigen, auch dem Alltagsbewußtsein plausiblen allgemeingültigen ("universalistischen") Normensysteme organisiert, welches – im Gegensatz zur spätkapitalistischen Normenrelativierung, die sich an den Familienrollen, den Reinlichkeitstugenden, dem Sparsamkeitspostulat, der Sexualität vollzogen hat – sofort allen einsichtig ist und nur um den Preis der Gefährdung von Leib und Leben relativistisch und "locker" gehandhabt werden kann. Zwar gibt es hier kulturelle Differenzen – in Italien können die Vorfahrtsregeln noch eher situativ ausgehandelt und modifiziert werden als in Deutschland oder Österreich, aber dieser Relativierungsbewegung sind doch einige Grenzen gesetzt. In unserem Alltagsbewußtsein dient das System der Verkehrsregeln oftmals als Metapher, um die Notwendigkeit, normative Regelungen von Bereichen, in denen es komplizierter zugeht, zu erläutern und emotional zu verankern. Ein Beispiel war die Debatte um die gesetzliche Regelung der Psychotherapie in Österreich, in der man 1989/90 auch öfter den Vergleich des nachweislich qualifizierten Psychotherapeuten mit dem Führerschein- oder Taxischeinbesitzer hören konnte.

Das Auto ist aus unserer sozialen Integration kaum noch wegzudenken. Zudem ist es fest in unserem Seelenhaushalt und in der Ökonomie verankert. Es ist ein wundersamer Gegenstand, der – als teure Ware käuflich – gleich mehrere Seiten der "vielseitigen menschlichen Sinnlichkeit" (Marx) eindrucksvoll reizt und befriedigt. Das Auto verschafft uns als glänzendes, schönes, schnelles Selbstobjekt Erweiterung, Umhüllung und Triumphgefühle für unser brüchiges Selbst, auch und gerade als Geschlechtswesen. Ebenso können sich symbiotische Geborgenheitswünsche ans Auto heften. Wir werden auf bequeme und schützende Weise gehalten, es singt und musiziert um uns herum; lebensgeschichtlich könnte derlei unter anderem an unsere angenehmen Erfahrungen im Kinderwagen, aber auch auf dem Arm der Mutter anknüpfen. Wenigstens hier eine Instanz, die zuverlässig für uns sorgt, und das noch, ohne uns dafür mit Schuldgefühlen zu verfolgen. Analer Sauberkeits- und Pflegedrang läßt sich ebenfalls gut am Auto befriedigen. Das Bild der exzessiven Autowäscher kennen wir zumindest aus der Nachbarschaft oder vom Vorbeifahren. Sparsamkeit und penible Kalkulation sind Orientierungen, die manchem Über-Ich Freude machen. Zielgehemmte Sexualität, aggressive und autoaggressive Regungen und fast alle Partialtriebe lassen sich mit Hilfe des Autos befriedigen. Manche "geben sich" auch noch die einmaligen achterbahnartigen Körpersensationen, die bei Hochgeschwindigkeit auftreten. Nur die Lust zu unmittelbaren Muskelaktivitäten und der wirkliche Orgasmus bleiben etwas auf der Strecke.

Über das Auto schließen sich die Logik der Verhältnisse und ihrem kapitalistisch-linearen Wachstumszwang und die Logik des Verhaltens der Individuen mit ihren Trieb- und Identitätsspannungen auf eine wechselseitig stabilisierende Weise zusammen. Das Auto hat Drogencharakter.

Es würde keine Mühe machen, das Auto noch genauer auf die im Abschnitt über Identitätsbildung vorgestellten unterschiedlichen ökonomischen Sphären der kapitalistischen Gesellschaft und die biographische Dimension von Identität zu beziehen. Daß das Auto großen Bereichen der Produktion den Stempel aufdrückt, daß die Fließbandproduktion bei Ford erfunden wurde, ist dem Leser sicher geläufig. Auf den Märkten sticht der europäisch-amerikanisch-japanische Konkurrenzkampf ins Auge; mit immer aufwendigeren Werbekampagnen versuchen sich die verschiedenen Marken in die potentiellen Käuferherzen einzuschmeicheln. Vom Problem der Rohstoffmärkte und den Ölkriegen ganz zu schweigen. Und in den Familien, wo es um Erholung, Reproduktion der Arbeitskräfte und die Gestaltung bedeutsamer gemeinsamer "Ersatzgegenstände" geht, steht die identitätsstiftende Rolle des Autos an vorderster Stelle. Biographisch dient es – vor allem den Buben – erst in der Phantasie, dann in der Realität als das wichtigste Vehikel für das Erwachsenwerden. Sein Verlust oder der Verlust des Führerscheins kann tiefe Identitätskrisen auslösen. Der Zweitwagen ermöglicht die Individuation, die nach den ersten Jahren der symbiotischen Familienbildung in manchen Paarbeziehungen notwendig wird. Der Wechsel der Modelle signalisiert Statusänderungen. Über das "letzte Modell", den altersbedingten Verlust der Fahrtauglichkeit denken wir lieber gar nicht nach. – Außerdem ist das Auto als eine Art "fahrendes Moratorium", als Nachdenk-

und Umschaltraum zwischen unseren divergenten Teilidentitäten und Rollen vonnöten. Wenigstens hier redet niemand fordernd auf uns ein, kommt es nicht zum Gezerre der unterschiedlichen Anforderungen.

Aber es gibt auch winzige Anzeichen, daß das Zeitalter der Autos zu Ende geht. Am Tag, da ich dieses Kapitel abschließe, meldet unsere Provinzzeitung, daß der bis vor kurzem als "GTI-Bürgermeister" bekannte Bürgermeister von Maria Wörth unter dem Druck der Kritiker und aufgrund vernünftiger Überlegungen ein neues Fremdenverkehrskonzept für die Wörtherseegemeinde verkündet hat: keine GTI-Treffen mehr und Maria-Wörth als autofreie Zone! Es ist möglich, daß die Studie von Hannes Krall (die in der Presse aufgegriffen worden ist) einen Beitrag zum Lernprozeß geliefert hat.

Kennen Sie "KITT", das Fahrzeug des TV-Helden Haselhoff? – In ihm ist die Faszination des Autos mit den Allmachtsphantasien um den Computer herum verbunden. Diesem zweiten Lieblings- und Angstobjekt des Jetztzeit-Menschen wenden wir uns im nächsten Kapitel zu.

Anmerkungen:

1. F. W. Hürlimann / B. v. Hebenstreit, Verkehrssicherheit in der Praxis, Bern / Stuttgart / Toronto 1987.
2. P. Marsh / P. Collett, Der Automensch. Zur Psychologie eines Kulturphänomens. Olten 1991, S. 286.
3. ebenda, S. 59.
4. H. Krall, Das Automobil oder die Rache des kleinen Mannes. Verborgene Bedeutungen des Internationalen Golf-GTI-Treffens in Maria Wörth / Kärnten, Klagenfurt / Celovec 1991, S. 61.
5. ebenda, S. 145.
6. ebenda, S. 147.
7. ebenda, S. 151.
8. Marsh / Collett, a. a. O., S. 279/80.
9. H. Krall, a. a. O., S. 132/33.
10. Marsh / Collett, a. a. O., S. 32.

Der Vormarsch des Computers

Von Michael Wieser unter Mitarbeit von Klaus Ottomeyer

Fragen wir uns, *was ist ein Computer*?, so lassen sich ein paar Antworten finden. Computer werden als Arbeitsmittel und Werkzeug gesehen, sie verlängern menschliche Organe und Sinne. Der Mensch, dieser "Prothesengott" (S. Freud) scheint hier einer seiner vorläufig letzten Triumphe zu feiern. Ungeahnte Fähigkeiten wie Nachtsicht durch Infrarot, Lenkung und Peilung durch Ultraschall können durch die Technik angeeignet werden. Die Computer sind die neue Form einer universellen "transklassischen" Maschine, deren Funktion erst durch das Programm, die unsichtbare Software, bestimmt ist. Im Gegensatz zur klassischen Maschine ist ihre Funktion durch die äußerliche Gestalt nicht erkennbar. Als Widerspiegelung der menschlichen Seele, vor allem des Mannes, bringt die Maschinenstruktur versteinerte Formen sozialer Beziehungen hervor. Menschenbilder, Erwartungen und Verhaltensweisen sind als Projektionen von Wesensmerkmalen des Menschen darin geronnen. Manche sehen hier eine Verdinglichung sozialer Beziehungen, eine neue Stufe der Entfremdung zwischen den Menschen. Allerdings gibt es auch neuartige Beziehungen neben, mit und in Gestalt der Technik. Menschliche Beziehungen die in einer Art neuer Geselligkeit "nebenher" ablaufen, Telefongespräche und Datenaustausch zwischen Maschinen sind Beispiele dafür. Unmittelbare Formen zwischenmenschlicher Kommunikation werden eher an den Rand gedrängt. Das Charakteristikum von Maschinisierung ist Eindeutigkeit und Geschlossenheit. Grundlage dafür ist die schon in einem vorigen Kapitel erwähnte aristotelische Logik, die zweiwertig klar zwischen "Ja" und "Nein", einem starren "Entweder-Oder" unterscheidet[1]. Maschinen sind begrenzt, berechenbar, regelhaft und zweckrational. Sie bleiben im Sinne unserer anfänglichen Terminologie "triviale Maschinen"[2] ohne Sinnlichkeit. Was in den Computer hineingeht, wird "trivialisiert".

Georg Tholen hat aber in Anlehnung an Lacan selbst bei einer bestimmten Art von Kleinkinder-Spielen eine Logik der Binär-Maschine gefunden. Er vergleicht die An- oder Abwesenheit der Mutter mit den 0 und 1-Zuständen beim Computer und knüpft an einen Bericht von Großvater Freud über sein Enkelkind an:

"Dieses brave Kind zeigt nun die gelegentlich störende Gewohnheit, alle kleinen Gegenstände, deren es habhaft wurde, weit weg von sich in eine Zimmerecke, unter ein Bett usw. zu schleudern, so daß das Zusammensuchen seines Spielzeuges oft keine leichte Arbeit war. Dabei brachte es mit dem Ausdruck von Interesse und Befriedigung ein lautes, langgezogenes o-o-o-o- hervor, das nach dem übereinstimmenden Urteil der Mutter und des Beobachters keine Interjektion (Empfindungsruf, M. W.) war, sondern 'Fort' bedeutete. Ich merkte endlich, daß das ein Spiel sei, und daß das Kind all seine Spielsachen nur dazu benützte, mit ihnen 'fortsein' zu spielen ... Das Kind hatte eine Holzspule, die mit einem Bindfaden umwickelt war. Es fiel ihm nie ein, sie z. B. am Boden hinter sich herzuziehen, also Wagen mit ihr zu spielen, sondern es warf die am Faden gehaltene Spule mit großem Geschick über den Rand seines verhängten Bettchens, so daß sie darin verschwand, sagte dazu ein bedeutungsvolles o-o-o-o- und zog dann die Spule am Faden wieder aus dem Bett heraus, begrüßte deren Erscheinen jetzt mit einem freudigen 'da'. Das war also das komplette Spiel, Verschwinden und Wiederkommen, wovon man zumeist nur den ersten Akt zu sehen bekam, und dieser wurde für sich allein unermüdlich als Spiel wiederholt, obwohl die größere Lust unzweifelhaft dem zweiten Akt anhing ..."[3]

Dem Gehen und Wiederkommen der Mutter, dem 'Fort' und 'Da' wird Lust und Unlust zugesprochen. Das Spiel ist die Symbolisierung der Anwesenheit einer vorgestellten Abwesenheit. Norbert Haas hat dies sogar in eine mathematische Formel gebracht.[4]

In einer dritten Szene trennt sich das Kind von 'sich selbst', genauer vom imaginären Charakter seines Spiegelbildes. Dies wird als Annäherung an symbolische Entfremdung verstanden.

"Als eines Tages die Mutter über viele Stunden abwesend gewesen war, wurde sie beim Wiederkommen mit der Mitteilung begrüßt: Baby o-o-o-o-!, die zunächst unverständlich blieb. Es ergab sich aber bald, daß das Kind während dieses langen Alleinseins ein Mittel gefunden hatte, sich selbst verschwinden zu lassen. Es hatte sein Bild in dem fast bis zum Boden reichenden Standspiegel entdeckt und sich dann niedergekauert, so daß das Spiegelbild 'fort' war."[5]

Lacan setzt diese 'Not der Entwöhnung' mit der zweiwertigen Logik in Beziehung:

"Das Imaginäre ist auf diese Weise in der Position zu unterbrechen, zu zerhacken, zu skandieren, was auf dem Niveau des Stromkreises geschieht ... Abwesenheit gibt es nur dann, wenn Sie annehmen, daß es eine Anwesenheit geben kann ... Das ist der ursprüngliche Widerspruch von 0 und von 1."[6]

Mehr noch als dieses einfache Kleinkindspiel ist ein Großteil unseres Routineverhaltens standardisiert und läßt sich damit formalisieren und algorithmisieren, sprich berechnen. Rollenvorschriften, wie etwa Vereinssatzungen und die Straßenverkehrsordnung, sind Beispiele dafür aus der *sozialen Lebenswelt*, die noch computerfähig sind. *Dramaturgisches Handeln*, unser bildhaftes, phantasievermitteltes und mehrdeutiges *Verhältnis* zu den Rollen und Regeln dürfte sich sträuben. Den Computer-Einsatz im psychotherapeutischen Gespräch gibt es bisher nur als Parodie. Und *kommunikatives, verständigungsorientiertes Handeln* im Sinne von Habermas, bei dem wir uns wechselseitig kritisieren und über die Richtung unseres Tuns verständigen können, ist schon gar nicht computerisierbar. Es sei denn, die Parlamente und Gruppen sind bereits völlig zu "Abstimmungsmaschinen" verkommen.

Die Maschinisierung wirkt vereinzelnd, aber auch vergesellschaftend. Sie trennt die Menschen voneinander, integriert und synthetisiert aber andererseits die Welt zu einer Einheit. Durch die Kommunikation mittels Computer (von Büro zu Büro oder auch in alle Kontinente der Welt) wird die Vergesellschaftung der Lebenszusammenhänge in weiten Teilen vom Maschinensystem übernommen. Computer sind implementierte Theorie, die das Denken in technisch-konkretes maschinelles Handeln umsetzen. Vorerst kontextungebunden wird programmspezifische Handlungstheorie realisiert. Davon kann man deshalb sprechen, weil ein Algorithmus auch als detailliertes Verhaltensmuster zur automatischen Lösung von Problemen gesehen werden kann. Dies prägt wiederum das Denken und Verhalten der Menschen und erreicht somit zivilisatorische Potenz[7], indem die Computer die materiellen und sozialen Lebensbedingungen verändern. Nichts desto weniger ist der Computer Produkt gesellschaftlicher Verhältnisse.

Welche psychologische Bedeutung hat nun der Umgang mit dem Computer? Er wird als Teil vom Menschen verstanden, die "Schnittstelle" zwischen Mensch und Maschine ist in den Menschen selbst hinein verlagert worden. Es ist also nicht die Fingerkuppe an der Tastatur die Grenze zwischen Mensch und Maschine, sondern die Maschine enthält Denkleistungen des Menschen im Sinne der Software, und der Mensch paßt sich an die Vorgehensweise des Computers an und wird so ein Teil von ihr.

Nach Schurz neigen Computerbegeisterte eher zum abstrakten, unpersönlichen Reden (mechanisches Denken und Sprechen). Sie haben eher wenig Einfühlungsvermögen, neigen zum Ritual, zur Reglementierung (Ordnungsbedürfnis), zu Allmachtsphantasien und haben Angst vor Sinnlichkeit. Trotzdem hat dies alles sehr viel mit Leidenschaft zu tun.

"Wer gerne an Computern arbeitet
- besitzt einen Hauscomputer
- scheut den Umgang mit seinen Mitmenschen
- denkt wenig an Sexualität
- hält sich für spätreif und zeigte auch relativ spät Interesse für das andere Geschlecht
- hält seinen Mitmenschen für kompliziert
- hält sich nicht für einen Tagträumer."[8]

Das sind mit den Mitteln der exakten Psychologie gewonnene Trend-Aussagen. Sollten Sie als Computer-Begeisteter empört sein, so nehmen Sie das nur als Denkanregung.

Viele Menschen dürften gegenüber dem Computer eine "prometheische Scham" (Günter Anders) verspüren, weil wir nicht so perfekt wie die Roboter, die Produkte des Menschen sind. Auf der anderen Seite stehen freilich immer noch Größen- und Sicherheitsgefühle. Wissenschaft und Technik dienen auch als Mittel zur Angstbewältigung. Es gibt eine Theorie, die besagt, daß der Computer vor allem auch ein Mittel ist, männliche Unterlegenheitsängste durch eine "omnipotente" Maschine zu kompensieren, die ständig etwas Neues hervorbringen, "gebären" kann. Er ist also Aufregungslieferant und Hilfsmittel für die Darstellung eines Größenselbst. Der Computer wird gar zum Selbstobjekt, zur Vergrößerung und Verschnellerung des eigenen Selbst in der phantasierten Verschmelzung. Der Psychoanalytiker Emilio Modena meint:

"Nur der 'Homo Faber', der Handwerker und Techniker hat den Gebärneid wirklich in gesellschaftlich wertvolle Tätigkeit umgesetzt und damit überwunden. Ebenso wie der Philosoph, der Denker und Dichter."[9]

Aber die Größenphantasie stößt auf Grenzen. Die Denkleistung der Maschine, Artificial Intelligenc krankt u. a. noch daran, daß stillschweigende Annahmen nicht formal repräsentierbar sind. Ein Arzt kann etwa ein (computergestütztes) Expertensystem zu Hilfe nehmen, in dem Erfahrungswissen von Hunderten seiner KollegInnen steckt. Dennoch gibt es ein in Computersprache Unsagbares, wie etwa der erste (Wahrnehmungs-) Eindruck, wenn ein Patient die Ordination betritt und den Arzt eine erste Vermutung anstellen läßt, noch bevor der Patient seine Leiden schildert. Auch Facharbeiter bauen "intime" Kenntnisse von Material und Maschine auf, die einer libidinös-symbiotischen Materialerfahrung gleichkommen.

"Detlef: Sie (die Prüferin) ist dem Computer überlegen, er kann nur sein Programm runterreißen, und wenn der Computer mir irgendetwas ausdruckt, was an sich nicht sein könnte, dann kann ich gefühlsmäßig sagen, irgendetwas stimmt da nicht. Ich prüf' die Platte noch mal, guck nach, ob irgendetwas falsch ist beim Anschließen oder sonst irgendwie. Insofern kann die Frau gefühlsmäßig auch an ihrem Arbeitsplatz handeln, allein schon von ihren Erfahrungen her. Der Computer druckt nur stur sein Programm. Diese Frau kann sagen: Komm, nächste Platte ... Der Computer druckt sein Programm treu und brav ab und der Reparateur kriegt so'n Ende Papier"[10]

Der Computer ist also immer nur so "gescheit", wie ihn die Programmierer machen.

Computer lassen sich, wie schon aus einzelnen Beispielen deutlich wurde, in den drei Sphären finden: Produktion, Zirkulation und Reproduktion, also in allen wichtigen Lebensbereichen. Der Computer kann sein: Spielzeug, Arbeitsmittel, Organisationsmittel, Produktionsmittel, Produkt und ein gesellschaftliches Problem. Damit verbunden sind auch zugeschriebene soziale Rollen: Spieler, Anwender, Manager, Produzent und bewußter Bürger[11].

In den folgenden Abschnitten soll versucht werden, jeweils zwei Fragen zu beantworten: a) Was macht der Computer mit den Menschen (Fremdbestimmung, Sozialisation, Verwertung)? b) Welche Möglichkeiten haben die Menschen in Richtung Selbstbestimmung?

"Weil alles kann so eine Maschine sowieso nie machen."[12]

Beginnen wir mit dem *Computer in der Produktion.* Standardisierung führt hier oft zu Monotonie. Die Arbeit wird zu abstrakt und verliert den Gegenstandsbezug. Arbeitsgänge werden der Maschine übertragen, indem Erfahrungswissen verobjektiviert wird, es kann dabei zu Unterforderung kommen. Durch isolierte Arbeitsplätze verarmt die Kommunikation, da sie beschränkt ist auf die Funktionsfähigeit des Arbeitsablaufes. Die Rationalisierung hat immer das Ziel der Gewinnmaximierung. Die Auswirkungen sind steigende Arbeitsbelastungen wie körperliche Zwangshaltungen, Streß, Entwertung der Qualifikation, Arbeitslosigkeit, verstärkte Kontrolle usw. Schichtarbeit, erforderlich um die teuren Maschinen auszulasten, ruiniert die Gesundheit. Der Mensch wird zum Störfaktor, was das Selbstwertgefühl stark beeinträchtigt.

"Wilke: Wenn die Maschine da 'nen Teil einsetzt, falsch einsetzt, dann kann ich nachprüfen, warum das Ding falsch eingesetzt wurde, während ich beim Menschen, beim Menschen kann ich nicht nachprüfen, warum der unlogisch gehandelt hat.

Paul: Dann wäre dies ein Arbeitsplatz, den ich unbedingt umkonstruieren müßte, wo ich gezwungen wäre, diesen unlogischen Fehler, der da auftreten kann, nicht durch Pausen zu ersetzen. Die würden viel zu viel kosten. Ich müßte eine Maschine bauen, die sie ersetzlich macht, schon um alle diese Fehlerquellen, die durch ihre Unlogik, Übermüdung oder Ermüdung auftreten könnten, abzuschalten. Würde ich dann sagen: nee Mädchen, da sind so viel Fehlerquellen bei, oder jemanden anderen: da muß ich 'ne Maschine hinsetzen, die also völlig logisch die Sache macht und auch nicht müde wird."[13]

Auch der körperkräftige Facharbeiter ist weitgehend obsolet geworden, diese Identität der männlichen Lohnarbeiter ist entwertet. Eine Destabilisierung von Selbstkonzepten führt zu einem Insuffizienzgefühl, einem Verlust von Sicherheit und Selbstachtung.

"Reinhard: So haben wir das vorher gemacht ... Ich krieg' die Zeichnung, da kam der Bereichsleiter zu mir: Hier, wir müssen die Werkzeuge machen, sehen Sie zu, wie Sie das schaffen. Und er selbst, er wußte noch nicht, wie ich die Werkzeuge machen sollte. Mir hat das gefallen, ich war doch mein eigener Herr. Ich hatte also meine Termine und der hat sich dann nicht mehr drum gekümmert. Ja, und heute ist das nun weg. Da bin ich nun oben gar nichts mehr, nicht wahr."[14]

Computergestützte Kontrollsysteme erzeugen Hilflosigkeit und sind nicht objektiv. Sie dienen der Herrschaftssicherung und Rationalisierung im Sinne einer ökonomisch-strukturellen Gewalt, auch in Form technologischer Arbeitslosigkeit. Selbst Führungsfunktionen verlagern sich immer mehr in die Computer hinein, der Computer wird zum Managementkonzept. Personenherrschaft verlagert sich zu Sach-Herrschaft (systemische Kontrolle). Die Regel: Je mehr (weniger) Qualifikation des Mitarbeiters desto weniger (mehr) Kontrolle gilt nicht mehr.

Ein traditionell Arbeitender in einem bereits weitgehend computerisierten Betrieb beschreibt:

"A[15]: dann scheint man natürlich auf, darum wird das jeden Tag in der Früh, kommt der oder die Sekretärin der Arbeitsvorbereitung mit den Arbeitsscheinen, gibt die in den Computer hinein

I[16]: mhm

A: Und schaut sich natürlich das auch an, ich meine, wenn man heute drei Tage bei einem (Werkzeug) herumarbeitet, welches normal schon in einem Tag fertig ist, das fällt eh jedem auf. Es gibt natürlich schon welche, die das probieren, aber die meisten sind eh nicht mehr da, die das gemacht haben."

Die Verantwortung wird beschränkt und taylorisiert (zerstückelt), sodaß nicht mehr klar ist, wer diese zu tragen hat. Entscheidungen fällen Machtträger, die ökonomische und gesellschaftliche Rahmenbedingungen vollziehen. Das ist weit entfernt von der Automations-Utopie, die einmal ein Herbert Marcuse hatte. Er meinte, es würde in Richtung Selbstbestimmung führen, wenn es uns gelingt, unlustvolle Tätigkeit zu mechanisieren, um damit die Triebenergie freizusetzen.

"Was geschieht, wenn eine mehr oder weniger totale Automatisierung die Einrichtung der Gesellschaft bestimmt und auf alle Bereiche des Lebens übergreift? In dem Ausmalen dieser Konsequenz halte ich mich an die Freud'schen Grundbegriffe selbst. Die erste Folge wäre, daß die Kraft der durch mechanisierte Arbeit freigesetzten Triebenergie nicht mehr auf unlustvolle Tätigkeit verwendet werden müßte und zurückverwandelt werden könnte in erotische Energie. Eine Reaktivierung aller der erotischen Kräfte und Verhaltensweisen würde möglich, die unter dem repressiven Realitätsprinzip abgesperrt und desexualisiert waren. Hiervon wäre die Konsequenz – und das möchte ich mit aller Schärfe betonen, weil an dieser Stelle das größte Mißverständis vorliegt – daß die Sublimierung nicht etwa aufhörte, sondern als erotische Energie zu kulturschaffenden Kräften sich steigerte. Die Konsequenz wäre nicht Pansexualismus, der vielleicht wesentlich zum Bilde der repressiven Gesellschaft gehört (Pansexualismus ist nur vorstellbar als Explosion repressiver Triebenegerie, nie aber als Erfüllung nicht-repressiver Triebenergie). In dem Maße, in dem erotische Energie wirklich frei würde, hörte sie auf, bloße Sexualität zu sein und würde zu einer dem Organismus in allen seinen Verhaltensweisen, Dimensionen und Zielen bestimmenden Kraft. Mit anderen Worten: der Organismus würde sich zu dem bekennen, zu dem er sich unter dem repressiven Realitätsrinzip nicht bekennen durfte. Streben nach Befriedigung in einer glücklichen Welt hieße das Prinzip, unter dem die menschliche Existenz sich entwickelte."[17]

Der Arbeitsplatz als Schule der Nation kann auch zur Mitbestimmung stimulieren, indem er Handlungsmöglichkeiten schafft und so zur Verantwortlichkeit und Demokratisierung beiträgt.

"Karl: ... Kontrollieren ist an und für sich eine sehr schwierige Arbeit.
Ivan: Jetzt kontrollieren, – muß man für gewisse Maßnahmen auch Verantwortung tragen.
Karl: Ja, das ist es nämlich."[18]

Transparenz des betrieblichen Geschehens und Engagement auf seiten der Beschäftigten sind dazu Vorbedingungen. Die große Unsicherheit auch auf seiten der Planer und des Managements bietet Chancen der Neugestaltung der innerbetrieblichen Beziehungen[19]. Softwareergonomie empfiehlt eine Betroffenenbeteiligung bei der Entwicklung (prototyping). Die Software sollte transparent für den Anwender sein. Um Softwaregestaltung zu einer Arbeitsgestaltung werden zu lassen, müssen Computersysteme von außen nach innen geplant werden. Eine Prozeßverkettung und der Aufbau in Modulen läßt bei der Verkopplung von Mensch und Maschine Spielräume offen, die individuell genutzt werden. Das Computersystem soll dabei an das menschliche angepaßt werden und nicht umgekehrt.

"Bis auf die Älteren ... Die gemeint haben,
ihr Arbeitsplatz kommt weg."[20]

Führen wir uns nun vor Augen, was im Bereich *Computer und Märkte* vor sich geht, so ist zu beobachten, daß es am Menschen-/Arbeitsmarkt einen härteren Konkurrenzkampf gibt. Die mannlose Fertigung wird angestrebt, bei der im Übergang noch Restarbeitsplätze vorhanden sind. Die Menschen werden diszipliniert, angepaßt und aus der Produktion verdrängt.

"da heißt es, ja ihr steht ja nur den ganzen Tag herum, das tut alles der Roboter." und: "Sicher, über kurz oder lang werden ah, wie gesagt, werden die ins Gras beißen müssen, die was sich nicht anpassen wollen."[21]

Starke Umschichtungs-, Auslese und Entwertungsprozesse sind im Gange, die das sozialdarwinistische Gesamtklima anheizen. Der Gedankengang des Maschinenprogrammierers ist im Ton einer "Identifizierung mit dem Angreifer" gesprochen. Der Eindruck der Ersetzbarkeit und Überzähligkeit nimmt stark zu. Hinsichtlich Lohndifferenzen und Aufstiegschancen gibt es eine starke Polarisierung. Das Hinterherhinken und Mitgeschleiftwerden kann massive Ängste hervorrufen. Ein traditionell Arbeitender erzählt es so:

A: "was is heutzutage z. B. ein springender Punkt, daß heutzutage ein Neger schief angeschaut wird,

I: mhm,

A: wer kann mir das erklären. Im Prinzip hat er nur eine andere Farbe, sonst nichts, ja, aber wenn man raus auf's Land fährt und (dort) fünf Chinesen spazieren gehen, wie jeder blöd schaut, ja also

I: mhm,

A: das ist im Prinzip nur, weil der eine andere Farbe hat als ich, ... ist das ja nur eine Einstellung, sonst überhaupt nichts, (bei) so einer Maschine praktisch das ganze. Sonst is' es überhaupt nichts.

I: mhm,

A: Und wahrscheinlich auch, es macht auch was aus, daß die Alten so skeptisch sind, weil halt relativ wenig Alte auf diesen Maschinen arbeiten."[22]

Der Interviewpartner tritt im Zusammenhang mit dem Computer-Thema für Toleranz gegenüber den Rassen und für Gleichberechtigung ein. Das Fremde soll nicht ausgegrenzt werden, das gilt für Neger, Chinesen, Alte und Leute, die mit dem Computer wenig Talent haben. Er begibt sich lieber auf die Ebene einer biologischen Idee der unterschiedlichen, aber doch gleichberechtigten Menschensorten, als daß er als "Tachinierer", als faul angesehen wird. Die Aussagen zeigen wohl auch etwas vom quasi-rassistischen Ausleseklima, das in unserer Kultur um den Computer herum entstanden ist.

In bezug zur Angst vor Arbeitsplatzverlust wäre auch noch die österreichische Lesart von "Neger-Sein" heranzuziehen, die "kein Geld haben" meint. Unser Interviewpartner ist durch den privaten Hausbau veschuldet, eine Arbeitslosigkeit würde ihn somit doppelt treffen. Auf gesellschaftlicher Ebene werden Arme meist ausgegrenzt, im Betrieb trifft es "Tachinierer", die nichts arbeiten wollen, Ältere, alle Langsamen, traditionell Arbeitende, HilfsarbeiterInnen und AusländerInnen.

Auch Volmerg, Senghaas-Knobloch und Leithäuser sind in der Erlebnisperspektive von Bandarbeiterinnen der Überzähligkeitsangst nachgegangen:

"Über ein Unersetzlichkeitsspiel gewinnen die Teilnehmerinnen mehr Klarheit über emotionale und kognitive Eigenschaften ihres persönlichen Arbeitsvermögens im Unterschied zu dessen realer Verwertung an den repetitiven restriktiven Arbeitsplätzen in der Produktion. Unser Vorschlag für diesen Verständigungsschritt besteht in der Aufforderung, sich für sich einmal zu überlegen, welche Eigenschaften oder Fähigkeiten mich gegenüber einer Maschine unersetzlich machen. Das Ergebnis dieses Nachdenkens wird in einem Satz, der mit Ich beginnt, aufgeschrieben. Auf diese Weise enstehen eine Reihe der folgenden Ich-Sätze, die für die Arbeiterinnen typisch sind.

'Ich kann weiter vorausdenken als die Maschine.'
'Ich habe ein Herz, mit mir kannst Du sprechen.'
'Ich habe eine Seele.'
'Ich kann weinen.'
'Ich bin unterhaltend, Gedanken austauschend.'
'Ich kann singen und sprechen.'
'Ich kann hören.'
'Ich habe einen Geruchssinn.'
'Ich kann helfen.'
'Ich kann husten.'
'ich kann schlafen.'
'Ich kann zur Toilette gehen.'
'Ich kann denken, ich bin müde.'

... Ganz allgemein fällt zum einen an diesen Sätzen ihr Protestcharakter auf, der aber – eigentümlich passiv gebrochen – weniger auf der Ebene einer willensmäßigen aktiven Äußerung, als auf der Ebene der Befindlichkeit ausgedrückt wird ('Ich kann weinen', 'Ich kann denken, 'Ich bin müde'). Zum anderen fällt auf, daß arbeitsspezifische Qualifikationen (ganz im Gegensatz zu etwa der Gruppe der Facharbeiter) kaum genannt werden. Besondere berufsspezifische Qualifikationen haben in dem Mensch-Maschine-Verhältnis, das die Arbeiterinnen ihren Überlegungen zur Unersetzlichkeit zugrundelegen, keinen Platz. Die Arbeit überhaupt ertragen und mit Hilfe der eigenen Subjektivität kompensieren zu können, scheint die wichtigste Qualifikation."[23]

Alte Arbeitsplätze verschwinden, demgegenüber entsteht die Informationsindustrie, die trotz tendentieller Aufhebung tradierter Berufsfelder Informationsarbeiter im sogenannten Quartärbereich beschäftigt. Beispielsweise ist ein Dreher bald nicht mehr zu finden, da die flexiblen Fertigungszellen Drehen, Schleifen, Fräsen usw. in sich vereinigen.

"Micki: In der heutigen Zeit also, das Menschliche, das kommt viel zu kurz. Man wird immer mehr als Nummer behandelt ... Ich finde also, man sollte nicht alles von diesen IC-Maschinen (Integrated Circuit = miniaturisierter Schaltkreis) abhängig machen. Man sollte auch noch was für den Mann, also so wie wir das früher gemacht, daß wir selbst was gemacht haben, da stehen lassen, also in der Werkstatt."[24]

Menschliche Kreativität wird durch den Computer kaum zu ersetzen sein. Warum? "Ideen haben" und entwickeln ist sehr oft ein phantasiegeleiteter Prozeß, bei dem vorher getrennte Bilder auf unserer inneren Vorstellungsbühne sich in vorher nicht geahnter Weise ineinanderschieben, neu organisieren. Dieser "dramatische" Aspekt der Kreativität ist wohl kaum durch den Computer zu ersetzen. Aus sich selbst heraus vermag er keine "Aha-Erlebnisse" zu produzieren.

Einen weiteren Blick auf den Computer-Markt erhalten Sie, wenn Sie die Seiten mit der Computerwerbung in einer x-beliebigen Illustrierten aufschlagen. Die Verkaufsversprechen erscheinen mehrdeutig. Ein "Menscheln" zeigt sich in den Werbeeinschaltungen. Der Computer sei attraktiv, sympathisch, intelligent, dynamisch usw. Andererseits klingen "positivistische" Töne an. Er hat höchste Effizienz, high speed, ist Miniatur, bringt enorme Leistung. "Sachlichere" Einschaltungen betonen den Aufgabenbezug, indem sie den Computer fehlertolerant, praxisgerecht und flexibel darstellen, als etwas, mit dem professionell gerabeitet werden kann. Nichtsdestoweniger schlägt das Sicherheitsbedürfnis in einer Beschwörung einer sicheren, geradezu programmierten Zukunft durch. Der Computer wird als risikofreie Positivvariante einer Revolution beschrieben. Mit Computer (-spielen) als Ware vermag die Industrie allerlei auf der Strecke gebliebenen Wünsche wirtschaftlich gut auszubeuten. Das Versprechen, bei einer Computerfirma gut aufgehoben zu sein, knüpft an den Wunsch nach "Familienanschluß" in einem größeren Kollektiv. Bestimmte Computermarken können auch zu "Totemtier" einer "Gemeinde" werden, die wie Götzen verehrt werden. Daraus läßt sich durchaus Prestige und Anerkennung gewinnen.

Wie weit ist der Computer nun in die *Reproduktionssphäre* eingedrungen? Beispielsweise ist in Kinofilmen der Computer wiederzufinden. Rambo pendelt zwischen naturburschenhaften, maschinenstürmerischen Phantasien, in denen er lustvoll das Zentrum der Computertechnologie zerstört, und solchen der souveränen, militärischen Wiederaneignung der neuen Technik. Körper werden unter dem Roboterideal zu wilden "Kriegsmaschinen". Dies kann auch als Antwort auf Arbeitslosigkeit und die Angst vor dem "Vergessenwerden" im sozialdarwinistischen Dschungel verstanden werden. Rambo tritt ja als Befreier der im Dschungel Zurückgebliebenen und Vergessenen auf. Der nun in der zweiten Folge auftauchende "Terminator" – ein Mischwesen aus Maschine und Arnold Schwarzenegger – ist eine Computer-Allmachtsphantasie, die die prometheische Scham überwinden hilft.

Computer werden auch zu psychologischen Tests, zur Unterstützung der Psychotherapie und im Rehabilitationstraining verwendet. Der Computer wird als neutral angesehen, als jemand der sich nicht beeindrucken läßt. Er sei genauer, gründlicher und schneller. Zeitaufwendige Routinearbeiten fallen weg und es sind mehr Informationen gleichzeitig bearbeitbar. Dies geht bis zum gutachterlichen Computerausdruck, der Entscheidungshilfe bieten soll. In einem Problemlöse-Ehevertragsspiel geht es etwa darum, Denkfehler anzuprangern, einen "Gedankenstop" zu erreichen und einen Aktionsplan aufzustellen. "Homo testolocicus" könnte man dieses technologisch verkürzte Menschenbild nennen.

Der Mensch wird in der Maschinenlogik auf technisch Reproduzierbares beschränkt[25].

Programmierer haben nach Schurz und Pflüger meist ein Maschinenweltbild, in das sie sich auch in der Freizeit flüchten können:

"Mechanisches Denken

- zeichnet sich durch einen starken Glauben an die Unfehlbarkeit von Systemen aus – korrespondiert eng mit einer konservativen Haltung
- bringt dem Computer in allen Bereichen keine Skepsis entgegen – reglementiert die Sinnlichkeit: alle Bereiche, die Spuren von Ambivalenz in sich tragen, verunsichern und sollen unter Kontrolle gebracht werden
- ist ungesellig (als hervorstechendes Merkmal des Freiburger Persönlichkeitsinventars) – attribuiert eine Rechenmaschine in bewundernder Form (gut, stark, lebhaft etc.) – versucht, das Leben so weit wie möglich zu systematisieren
- zeichnet sich durch Anspruchlosigkeit gegenüber der Kultur aus."[26]

Das im Programm simulierte Abbild erscheint als Realität schlechthin. Andererseits verstehen die Menschen es aber auch, sich durch Computerspiele von der Arbeit zu erholen und sich in eine künstliche Welt der lustvollen Technikbeherrschung zu begeben. Wir haben schon festgestellt, daß Menschen über eine innere "Vorstellungsbühne" verfügen, auf der beständig Simulationsdramen ablaufen. Computerspiele können als veräußerlichte, stark schematisierte Psycho-Dramen verstanden werden, die dann wieder eine subjektive "innere" Bedeutung bekommen. Fritz Simon verglich die Krankheit in einer Familie mit einem imaginären Interaktionspartner und der imaginären Zahl i in der Mathematik. Genauso können wir den Computer als imaginären Partner und neues Familienmitglied sehen. Andererseits können wir uns an den Gedanken von Freud anlehnen, und den Spielcomputer als Sorgenbrecher verstehen, mit dem wir uns jederzeit dem Druck der Realität entziehen und in einer eigenen Welt mit besseren Empfindungsbedingungen Zuflucht und Zerstreuung finden können.

Für das Geschlechterverhältnis hat der Computer einige Implikationen. Beispielsweise wird er zur Partnervermittlung eingesetzt oder bietet Entscheidungshilfe über Verhütungsmittel. Der Zyklus der Frau wird errechnet und die fruchtbaren Tage werden wie bei einer Verkehrsampel angezeigt.

Im Umgang mit dem Computer wird dieser eher gleichgeschlechtlich positiv besetzt. Dies deutet auf "Identitätskrücken" hin, die verunsicherte Geschlechtswesen stützen. So ein "Kumpel" vermag einen Mann zu stärken. Wird der Computer von einem Mann eher weiblich gesehen, so ist mehr von der Zuschreibung "launenhaft" zu hören.

Aneignungs- und Verarbeitungsformen sind geschlechtsspezifisch. Mädchen und Frauen haben mehr Interesse an zwischenmenschlichen Beziehungen als an der Technik. Sie gehen weniger spielerisch und experimentell mit dem Computer um und zeigen geringere Risikofreudigkeit. Statt Faszination ist mehr die Gebrauchswertorientierung im Vordergrund. Realität und Simulation werden von ihnen unterschieden und sie bleiben skeptisch gegenüber neuen Entwicklungen.

Dennoch sind gerade Frauen durch Heimarbeit und Gentechnologie stärker betroffen. Männer gebären Maschinen, geradlinig, eindeutig, berechenbar, gefühl- und sprachlos. Der Computer ist eine Maschine, die zumindest den Anschein erweckt, selbst wieder eine Fülle von Möglichkeiten gebären zu können. Dies ist eine männliche Form, sich narzißtisch zu spiegeln. Aber der "homo faber", der Handwerker und Techniker hat den Gebärneid auch in gesellschaftlich wertvolle Tätigkeit umgesetzt – ein Beispiel für die Freud'sche "Sublimierung" eines zunächst asozialen Affekts.

"Die Entfaltung der Produktionsmittel und der Wissenschaft hat die biologischen Unterschiede zwischen den Geschlechtern ein großes Stück weit aufgehoben."[27]

Wenn wir jetzt einen Gedankensprung in die biographische Dimension machen, und uns den Bereichen Sozialisation und Aneignung widmen, stellen wir fest, daß der Kontakt mit dem Computer eventuell schon bei der Zeugung stattfindet. Biologie und Medizin sind heute nicht mehr ohne Computer denkbar. Pränatale Untersuchungen mit Ultraschall oder perinatal im Kreissal sind weitere Begegnungen mit dem Computer. Die Grenzen zwischen Lebendigem, Künstlichem und Totem sind völlig verändert. Die Gentechnologie greift tief in die körperliche Identität ein. Es kommt einer Enteignung unserer natürlichen Lebensgrundlagen gleich. Welche Phantasien macht sich wohl ein Kind aus der Produktionsstätte der Gen- und Reproduktionstechnologien über seinen oder ihren Vater? Wie sieht sein ödipaler Konflikt aus?

Max Frisch läßt seinen (Homo) Faber sagen, daß die Primitiven versuchen, den Tod zu annulieren, indem sie den Menschenleib abbilden – wir, indem wir den Menschenleib ersetzen. Technik statt Mystik![28]

Staatliche und private Programme in bezug auf Computer gibt es in der Schule, im Bildungssystem und der beruflichen Sozialisation. In der Schule verkommt das Erwerben von Fertigkeiten durch Computerspiele meist zu geheimen Lehrsystemen. Das Leben über der Schulbank könnte mit dem "Unterleben" zusammengebracht werden. Beispielsweise ließen sich kleine Computerspiele, bei denen geometrische Figuren in eine Reihe zu bringen sind, doch mit dem Unterrichtsfach Darstellende Geometrie verbinden. Lernen, Spiel und Simulation fallen dabei zusammen. Ein spielerischer Rollentausch mit dem Computer kann zu Angstabbau führen, was für Lernen eine wichtige Bedingung ist, und die Aneignung erleichtern.[29]

Bei sprachbehinderten Kindern kann der Computer einen selbständigen Zugang zu schriftsprachlichen Mitteln erleichtern. Durch das Neugier- und Explorationsverhalten ist die Frustrationstoleranz höher. Damit kann ein angstfreieres Lernfeld eröffnet werden, das Erfolgserlebnisse und Anerkennung schafft.

Die "Chipgeneration" hat sowieso eine starke affektive Beziehung und großes Vertrauen zum Computer. Der Computer fördert abstrakt logisches Denken, übersprungen wird dabei allerdings die Entwicklung des konkret-anschaulichen Denkens. Das Kind stellt sich die Welt ebenso logisch vor wie im Computerabbild. Die emotionale Entwicklung verarmt und entfaltet sich zugleich. Der Computer wird auch zu einer Ersatzbezugsperson, die Suchtverhalten, Allmachtsphantasien und Souveränität provoziert. Der Computer führt eventuell einerseits zu sozialer Isolation, andererseits interagieren die Jugendlichen am Spielzeug Computer untereinander. Computerfans sind eher männlich, was aber auf die geschlechtsspezifische Sozialisation zurückzuführen ist. Mädchen haben einen weicheren Programmierstil, der bastlerisch, ausprobierend und interaktiv ist. Die Wirkung des Computers hängt vom sozialen, gesellschaftlichen Kontext ab. Die jugendkulturelle Aneignung des Computers findet in der Freizeit und meist in Gruppen statt. Es werden auch Verbote übertreten, was Überlegenheit und Kompetenzerlebnisse ermöglicht.[30] In ansonsten verbauten Räumen, etwa einer Großstadt, lassen sich Räume am Bildschirm und im Computerspiel fiktiv aneignen. Es gibt auch eine Suche nach Beachtung durch die – teilweise zurückgebliebenen – Erwachsenen.

Das Lernen in der technologischen Gesellschaft hat Prämissen. Benötigt wird Flexibilität, ganzheitliches Denken, Abstraktionsfähigkeit, Mobilität, die Fähigkeit, im Team zu arbeiten und gemeinsame Entscheidungen zu treffen, die Bereitschaft, Verantwortung zu übernehmen, ausreichende Konflikt- und Kommunikationsfähigkeit, Kritikfähigkeit und Kreativität. Durch die Entwicklungsdynamik der (EDV-)Berufe scheint die Grundausbildung an Bedeutung zu verlieren.

Es gilt, eine Lerntheorie zu entwickeln, die diesen Gegebenheiten Rechnung tragen kann. Donald Schön ist einer der Protagonisten, deshalb zitieren wir ihn hier ausführlich:

"In the early stages of the journey, I planned a book on professional knowledge and education. Later, I became clear to me that it would be necessary to split the book in two. In the first part, published in 1983 as The Reflective Practitioner, I argued for a new epistemology of practice, one that would stand the question of professional knowledge on its head by taking as its point of departure the competence and artistry already embedded in skillful practice – especially, the reflection-in-action (the "thinking what they are doing while they are doing it") that practitioners sometimes bring situations of uncertainty, uniqueness, and conflict. In contrast, I claimed, the professional schools of contemporary research universities give privileged status to systematic, preferably scientific, knowledge. Technical rationality, the school's prevailing epistemiology of practice, treats professional competence as the application of privileged knowledge to instrumental problems of practice. The school's normative curriculum and separation of research from practice leave no room for reflection-in-action, and thereby create – for educators, practitioners, and students – a dilemma of rigor or relevance. The argument of The Reflective Practitioner implies a question: What kind of professional education would be appropriate to an epistemiology of practice based on reflection-in-action? ... I propose that university-based professional schools should learn from such deviant traditions of education for practice as studios of art and design, conservatories of music and dance, athletics coaching, and apperenticeship in the crafts, all of which emphasize coaching and learning by doing. Professional education should be redesigned to combine the teaching of applied science with coaching in the artistry of reflection-in-action."[31]

Hier ist also keine Rede mehr von Eindeutigkeit und Geradlinigkeit. Schon das Erkennen eines Problems wird zum ersten kreativen Akt. Das Sich-Einlassen auf eine Situation erfordert Selbstreflexion und ein erkundendes Ausprobieren (exploratives Experimentieren). Dabei kommen intuitive Fähigkeiten zum Zug, die Ähnlichkeiten eines besonderen "Falles" aus einem großen Repertoire an Fallbeispielen erkennen. Dies macht handlungsfähig. In allen diesen Schritten soll es in der Ausbildungssituation die Unterstützung eines Trainers (Coach) geben.

In Anlehnung an die Gebrüder Dreyfus hat Baumgartner[32] das Erlernen des Autofahrens beschrieben. Das Auto ist zwar nicht unbedingt die neueste Technologie, die Ausführungen können aber als Anhang zum vorigen Kapitel verstanden werden. Für die Aneignung von Computertechnologien wären die fünf Schritte erst noch zu entwickeln. Die Neulinge beim Autofahren lernen Fakten und Regeln (wissen, daß), beispielsweise Verkehrszeichen und bei welcher Richtgeschwindigkeit sie in den zweiten Gang schalten sollten. Die fortgeschrittenen AnfängerInnen haben schon Erfahrungen in praktischen Situationen. Beim Schalten in den höheren Gang kennen sie aus Erfahrung Motorengeräusche und Straßenverhältnisse. Aber erst im nächsten Schritt als Kompetente können sie die Faustregeln auch modifizieren, um vielleicht rasanter zu fahren. Das Gangschalten geht nun ohne nachzudenken. In dieser Phase passieren wohl durch Selbstüberschätzung die meisten Unfälle. Die Stufe der Gewandtheit wird erreicht durch ganzheitliches Erkennen von Ähnlichkeiten, es ist ein intuitiver Vorgang. Ein Muster wird erkannt, ohne es zu zerlegen (Implizites Wissen, szenisches Verstehen). Bei regennasser Fahrbahn können gewandte AutofahrerInnen bewußt entscheiden, ob sie bremsen, herunterschalten oder nur das Gas wegnehmen. Das Expertentum ist nahezu ein arationaler Vorgang. Erst durch einen Zusammenbruch, etwa einen Autounfall sind die Vorgänge wieder bewußt zu machen.

"Fahrexperten verschmelzen mit ihrem Wagen zu einer Einheit. Sie sind sich lediglich bewußt, daß sie fahren, nicht aber, daß sie ein Auto fahren – und zwar genauso, wie sie sich zu anderen Zeiten als gehend wahrnehmen und nicht, wie ein Kind, ihren Körper bewußt und angestrengt überlegend vorwärts bewegen."[33]

Gerade die empirischen Befunde aus der Arbeitswelt haben gezeigt, daß der eigene unverwechselbare Erfahrungsschatz unterschätzt wird, wenn an die technologische Ersetzbarkeit geglaubt wird. Das Konzept des reflektierenden Handelns setzt dem einen Kontrapunkt.

Bei einem geplanten Projekt werden wir versuchen, diese Lerntheorien in ein Kurskonzept für Betriebsräte im Umgang mit dem Computer einzubauen.

"... das kann man vielleicht auch gar nicht verlangen,
daß so eine Maschine sich mit einem
Älteren noch gewöhnt"[34]

Die Zukunft wird die weitere Entwicklung rund um den Computer zeigen. Die Halbwertzeit des Wissen ist in technischen Bereichen schon bei drei bis fünf Jahren, das heißt die Hälfte des Wissens ist dann schon veraltet. Die Computer verstärken die Aufspaltungs- und Verdrängungstendenzen in der Bevölkerung und verfestigen sie zugleich. Der "unzeitgemäße" Mensch droht ein Anhängsel und auf sozialen 'Parkplätzen' abgeschoben zu werden. Viele haben unter den neuen klimatischen Bedingungen "Dinosaurierängste".

"Michael: ... letzten Endes behaupte ich, ist das (diese NC-Technik = Numerical Control = computergesteuert) etwas Unbekanntes, so daß wir im Grunde genommen eigentlich jeder Angst hat, weil er nicht weiß, wie sich diese Sache ... letzten Endes für ihn persönlich auswirken wird, auf das, womit er sein Geld verdient und seine Zukunft sichert."[35]

Es kommt zu einer 'Parentifizierung' der Jungen. Sie kommen in die Rolle, die Alten zu lehren. Die Generationen scheinen sich umzukehren. Nicht zufällig wurde dieses Kapitel "unter Mitarbeit" eines Professors geschrieben. Im Bereich künstlicher Intelligenz droht eine monopolisierte geistige Macht. Wenn die Individuen den Computer und damit ihre soziale Umgebung nicht verstehen, werden sie sich bald auch selbst nicht mehr verstehen können. Die Perspektive wäre also, in die Forschung und Entwicklung von Technologie einzugreifen und demokratische Aneignungsformen zu entwickeln.

Anmerkungen:

1. Wir hatten schon festgestellt, daß hinter dem Ausschluß einer "dritten Möglichkeit" im Denken (Parmenides), der Verleugnung der realen Vielfalt und Mehrdeutigkeit, die Angst vor dem eigenen Ausschluß steht.
2. Das in einem früheren Kapitel schon beschriebene Bild Simons müssen wir allerdings noch etwas differenzieren. Wir können Maschinen doch auch "geschichtsabhängig" beschreiben, indem ihre internen Zustände genauso von früheren bestimmt sind. Ihre Beobachtung ist auf eine andere Art schwierig, da sich die Zustände schnell ändern können. Durch Verlangsamung und Anhalten der Vorgänge lassen sie sich aber ohne Interpretationskunst messen.
3. S. Freud, Jenseits des Lustprinzips, zitiert nach G. C. Tholen, Platzverweis. Unmögliche Zwischenspiele von Mensch und Maschine. In: Fagmente. Schriftenreihe zur Psychoanalyse. 6/91, Nr. 35/36, S. 196–197.
4. zitiert nach G. C. Tholen, a. a. O., S. 197.
5. S. Freud, Jenseits des Lustprinzips, zitiert nach G. C. Tholen, a. a. O., S. 198.
6. J. Lacan, Das Ich in der Theorie Freuds und in der Technik der Psychoanalyse, zitiert nach G. C. Tholen, a. a. O., S. 200.
7. A. Bammé, Telematik und Gesellschaft. Geschichtsmetaphysische Spekulationen nach Marx. In: H. T. Blattner, G. Getzinger, W. List, H. Roracher (Hg.), Telematik. Gestaltungsmöglichkeiten und soziale Folgen. München 1990, S. 21–55.
8. R. Schurz, J. Pflüger, Die Seele des Computermenschen. In: Psychologie heute 1/1987, S. 50.
9. E. Modena, Der Gebärneid des Mannes. In: Psychologie heute 12/1986, S. 47.
10. B. Volmerg, E. Senghas-Knobloch, Th. Leithäuser, Betriebliche Lebenswelt. Eine Sozialpsychologie industrieller Arbeit. Opladen 1986, S. 209.
11. P. Baumgartner, Ziele, Inhalte und Didaktik von EDV-Kursen in der Erwachsenenbildung. In: Informatik Forum, Jg. 3, Heft 1/1989, S. 25–33.
12. Traditionell Arbeitender aus M. Wieser, Soziale Auswirkungen und Gestaltungsmöglichkeiten von neuen Technologien. Eine empirische Studie am Beispiel des Computereinsatzes in Konstruktion und Fertigung im Maschinenbau. Unveröffentlichte Diplomarbeit: Salzburg 1990, S. 129. (M. Wieser hat sich bemüht, die Interviewtexte von der Mundart in die Schriftsprache zu übertragen).
13. B. Volmerg u. a., a. a. O., S. 210.
14. a. a. O., S. 20.
15. A ... traditionell Arbeitender, a. a. O., S. 135.
16. I ... M. Wieser als Interviewer.
17. H. Marcuse, Die Idee des Fortschritts im Lichte der Psychoanalyse. In: Freud in der Gegenwart (Frankfurter Beiträge zur Soziologie, Band VI), S. 436–437, zitiert nach I. A. Caruso, Die Trennung der Liebenden. Eine Phänomenologie des Todes. Frankfurt/M. 1983, S. 308.
18. B. Volmerg u. a., a. a. O., S. 97.
19. Th. Morscher, M. Wieser, G. Lochner, Sozialverträgliche CAD/CAM-Gestaltung. AK-Studienreihe, Salzburg o. J. (1992) und als Zusammenfassung dies., Universität Salzburg Projektgruppe CAD/CAM. In: Informatik Forum 5. Jg., 3/91, S. 121–122.

20. Traditionell Arbeitender, a. a. O., S. 137.
21. Maschinenprogrammierer aus M. Wieser, a. a. O., S. 137 und 138.
22. Traditionell Arbeitender, a. a. O., S. 134.
23. B. Volmerg u. a., a. a. O., S. 30–31.
24. a. a. O., S. 89.
25. P. Schötzau-Fürwentsches, S. Grubitzsch, Der Einsatz des Computers in der psychologischen Diagnostik. In: S. Grubitzsch (Hg.), Testtheorie, Testpraxis. Reinbek bei Hamburg 1991, S. 297–313.
26. R. Schurz, J. Pflüger, Die Angst des Computermenschen. In: Psychologie heute 2/1987, S. 50.
27. E. Modena, a. a. O., S. 47.
28. M. Frisch, Homo faber. Ein Bericht. Frankfurt 1957.
29. M. Wieser, K. Ottomeyer, Psychodrama. Ideen und Erfahrungen. In: A. Bammé und H.-J. Schellenberg (Hg.), Technologieentwicklung und Weiterbildung. München 1991, S. 311–331.
30. K. J. Bruder, K. Strempel, Jugendkulturelle Aneignungsformen des Computers. In: Störfaktor, Heft 2, Jg. 2, 1988, S. 7–20.
31. D. A. Schön, Educating the Reflective Practitioner. San Francisco, London 1987, S. XI–XII.
32. P. Baumgartner, Reflektierendes Handeln. Zur Ausbildung von PraktikerInnen. In: Informatik Forum, 5. Jg., Heft 2, 1991, S. 58–71 und P. Baumgartner, Reflektierendes Handeln. Unveröffentichtes Lehrveranstaltungsmanuskript, Klagenfurt 1991.
33. H. J. Dreyfus, St. E. Dreyfus, Künstliche Intelligenz. Von den Grenzen der Denkmaschine und dem Wert der Intuition. Reinbek bei Hamburg 1987, zitiert nach Baumgartner, Reflektierendes Handeln. Zur Ausbildung von PraktikerInnen, a. a. O., S. 37.
34. Traditionell Arbeitender, a. a. O., S. 128.
35. B. Volmerg u. a., a. a. O., S. 90.